STEFAN RISSE

DIE INFLATION KOMMT

Wie Sie sich schon jetzt schützen

FBV

Bibliografische Information der Deutschen Nationalbibliothek
Die Deutsche Nationalbibliothek verzeichnet diese Publikation in der Deutschen Nationalbibliografie.
Detaillierte bibliografische Daten sind im Internet über http://dnb.d-nb.de abrufbar.

Für Fragen und Anregungen
info@finanzbuchverlag.de

Originalausgabe
1. Auflage 2021
© 2021 by FinanzBuch Verlag, ein Imprint der Münchner Verlagsgruppe GmbH
Türkenstraße 89
80799 München
Tel.: 089 651285-0
Fax: 089 652096

Redaktion: Ulrich Wille
Korrektorat: Silvia Kinkel
Umschlaggestaltung: Sonja Vallant, München
Umschlagabbildung: © Wiesslaw Smetek
Satz: Helmut Schaffer, Hofheim a. Ts.
Druck: GGP Media GmbH, Pößneck
Printed in Germany

ISBN Print 978-3-95972-482-1
ISBN E-Book (PDF) 978-3-96092-914-7
ISBN E-Book (EPUB, Mobi) 978-3-96092-915-4

Weitere Informationen zum Verlag finden Sie unter

www.finanzbuchverlag.de

Beachten Sie auch unsere weiteren Verlage unter www.m-vg.de

Für meinen Radsporttrainer, ersten Börsenmentor
und Mentor meiner ersten Schritte am Mikrofon
Hans-Dieter Buthmann
*12.08.1939 † 25.03.2021

INHALT

VORWORT VON HENDRIK LEBER

»Die ich rief, die Geister, werd ich nun nicht los.« So spricht der Zauberlehrling in Goethes bekannter Ballade aus dem Jahr 1797. Die Flut an Wasser (heute würde man Liquidität sagen) steigt und steigt, weil der Zauberlehrling zwar eine Entwicklung in Gang setzen, aber nicht mehr stoppen kann.

Die Notenbanken sind unsere modernen Zauberlehrlinge. Sie haben seit 30 Jahren jedes Problem mit mehr und mehr Geld geflutet. Die Staaten haben zeitgleich gelernt, dass man mehr und mehr Schulden machen kann und (bei Negativzinsen) für das Schuldenmachen sogar noch bezahlt wird.

Lässt sich diese Entwicklung überhaupt noch stoppen und zurückdrehen? Sollte man sie stoppen? Stimmen die volkswirtschaftlichen Modelle der »solide und sparsam wirtschaftenden Hausfrau« möglicherweise gar nicht? Und die ganz große Frage lautet – wer bezahlt am Ende eigentlich für die riesigen Schulden- und Geldmengen? Wer tilgt die Schulden, und bekommen alle Gläubiger ihr Geld wieder zurück?

Diese und ähnliche Diskussionen führe ich mit Stefan Riße seit Ende der 1990er-Jahre, als wir gemeinsam im Frankfurter Traditionscafé Wacker versuchten, den Geschäftsbericht der Deutschen Telekom zu verstehen und mit dem damaligen Börsenhype in Einklang zu bringen. Wir konnten es nicht, und die Kursentwicklung gab uns nachher Recht. Und wir lernten gemeinsam: Wenn etwas keinen Sinn ergibt, dann liegt es häufig nicht an unserem mangelnden Verständnis, sondern an einer verzerrten Realität.

Seit Stefan Riße bei ACATIS Investment als Kapitalmarktstratege begann (sein erster Arbeitstag 2018 startete mit einem Flug nach Omaha zu Warren Buffett), diskutieren wir die volkswirtschaftlichen Entwicklungen regelmäßig. Wir fühlen uns beide mit der Verantwortungslosigkeit von Politik und Notenbanken sehr unwohl und sind uns einig, dass ein Teil des Preises für die sorglose Politik vom Bürger und Anleger in Form von Inflation gezahlt werden wird. Als professionelle Firmen können wir uns von Banken einen gezielten Schutz gegen Inflation schneidern lassen. Aber wie sieht es für Privatanleger aus?

Stefan Riße war es wichtig, einen großen historischen Bogen zu schlagen. Die Krisen von gestern sind schnell vergessen, und viele jüngere Anleger kennen sie nur vom Hörensagen. Wer keine volkswirtschaftliche Ausbildung hat, dem fehlen heutzutage wichtige Basisinformationen. Darum dieses Buch.

Bisher ist noch alles gut gegangen – die Inflation ist moderat, die Schulden werden vom Markt finanziert, die Warnungen gingen bisher ins Leere. Endet diese Phase der Ruhe bald? Brennt irgendwo schon eine Zündschnur?

In diesem Buch schildert Stefan Riße die starken Kräfte, die derzeit die Inflation fördern. Er gibt einen Rückblick auf die Historie der Institutionen und Krisen, die zu der heutigen Situation geführt hat. Und er argumentiert, dass man sich durchaus schützen kann.

Dr. Hendrik Leber[1]

EINFÜHRUNG

Deutschland Anfang März 2021. Das Land befindet sich noch immer in der zweiten Corona-Welle und liegt weitestgehend lahm, zumindest was das gesellschaftliche Leben betrifft. Restaurants, Kinos, Theater, Museen, Einzelhandel, Baumärkte, körpernahe Dienstleistungen wie Tattoo-Studios oder Massagepraxen, alles ist geschlossen. Nach der schwersten Rezession seit dem Zweiten Weltkrieg im zweiten Quartal 2020 bahnt sich das nächste Quartal mit rückläufiger Wirtschaftsleistung an. Die versprochenen unbürokratischen Hilfen sind bürokratisch wie alles hierzulande, und vielen Selbstständigen steht das Wasser bis zum Hals. Gäbe es nicht die Aussetzung der Insolvenzpflicht bei Zahlungsunfähigkeit, würde das Land eine nie da gewesene Pleitewelle erleben. Mehr oder minder sieht es in der gesamten westlichen Welt auch so aus, wobei die USA – unter Präsident Donald Trump zunächst planlos in die Pandemie gestolpert – nun mit ihrer Impfstrategie Deutschland und die meisten anderen Länder der Europäischen Union deutlich überholen. Nur das kürzlich ausgeschiedene Großbritannien macht es auch besser, was den Brexit aber nicht besser macht. Doch auch wenn es manche extrem hart trifft, die kollektive Angst vor einer schweren und langen Rezession mit hoher längerer Arbeitslosigkeit will sich nicht einstellen. Die Aktien legen rund um den Globus nach kurzem scharfem Rücksetzer zu, befinden sich fast überall auf Rekordniveau und scheinen als Seismograf eine rosige Zukunft zu verheißen. Ist die Durchimpfung so weit fortgeschritten, dass geöffnet werden kann, sollte es kräftig nach oben gehen. Den USA wird für 2021 ein Wirtschaftswachstum von 7 Prozent vorausgesagt.

Wir scheinen mit unserem Geldsystem das Perpetuum mobile gefunden zu haben. Zwar sind wir nicht immun gegen Krisen, diese tauchen immer wieder auf und sind wohl nicht zu vermeiden, aber wir haben offensichtlich einen sicheren Weg gefunden, wie wir uns sehr schnell aus diesen wieder befreien können und der nächste Wirtschaftsaufschwung eingeleitet wird, der uns dann zu noch mehr Wohlstand führt. Die Staaten gehen ganz einfach in die Vollen, leihen sich Geld und kurbeln damit die Konjunktur an. Die dadurch entstehenden Schulden übernehmen die eigenen Notenbanken, indem sie ganz einfach die Staatsanleihen aufkaufen, die der Staat zur Finanzierung herausgibt. Außerdem senken sie die Zinsen bis auf null und kurbeln so auch die Kreditvergabe im privaten Bereich an. Kurz darauf wächst die Wirtschaft wieder, es entstehen Arbeitsplätze und die Krise ist abgehakt.

Zu schön, um wahr zu sein? Könnte man meinen, doch den Skeptikern ist zu entgegnen, dass diese Politik doch schon nach der Finanzkrise angewendet wurde und sich seither bewährt hat. Ihre Kritiker wurden also durch nun bald 13 Jahre Praxis widerlegt und wenn man Japan mit einbezieht noch viel länger. Dort finanzierte die Notenbank schon vor der Finanzkrise den eigenen Staat. Negative Nebenwirkungen gab es offenkundig keine. Auch die Inflation, die viele von der Politik dieser Geldvermehrung erwarteten – ich gehörte auch dazu, wie einige Leser sicherlich wissen –, stellte sich nicht ein.

Was jedoch eintrat, war das, was eine Inflation üblicherweise mit sich bringt, nämlich ein negativer Realzins – also ein Zins, der unter der Inflationsrate liegt. Dieser sorgt dann real betrachtet für ein sukzessives Auffressen der in festverzinslichen Anlagen befindlichen Ersparnisse. Nur stieg diesmal nicht die Inflation über den Zins, sondern der Zins sank so weit ab, dass er unter die Inflation rutschte, obwohl sich diese nie über dem Zielsatz der Notenbank befand. Im Ergebnis war es für Sparer das gleiche Ergebnis, ihre Ersparnisse schrumpften real betrachtet. Insofern war es schon nach der Finanzkrise richtig, auf Sachwerte wie Gold, Immobilien, aber natürlich auch Aktien zu setzen.

Aus Sicht des Verbrauchers kam es allerdings nicht zu durchgehend höheren Preisen beim Bezahlen an der Kasse. Also müssen wir uns keine Sorgen machen und können uns nach der Durchimpfung der Gesellschaft und dem Ende des Lockdowns auf den nächsten schönen inflationsfreien Wirtschaftsaufschwung freuen? Es hört sich zu schön an, um wahr zu sein, und der gesunde Menschenverstand – so man über ihn verfügt – sagt einem unüberhörbar, dass es so einfach nicht sein kann.

Doch ich will gleich eines vorwegnehmen: Sie halten nicht das Buch eines Crashpropheten in der Hand, der die große Katastrophe verkündet, den Systemcrash, die Währungsreform, die Hyperinflation, in der alle Vermögen vernichtet werden, oder den repressiven Staat, der uns alle enteignet. Es gibt für all diese Prognosen überhaupt keine logische Herleitung. Mag sein, dass man mit so steilen Thesen Bücher verkauft, mit der Realität haben sie nichts zu tun.

Warnt jemand vor Inflation, so wie ich es tue, dann vermutet man ihn zunächst im Lager der Österreichischen Schule, deren prominentester Ökonom Friedrich August von Hayek war. Diese Lehre steht für eine durch reale Güter wie etwa durch Gold gedeckte Währung, in der der Markt den Zins bestimmt und nicht die Notenbanken. Doch weit gefehlt, diese Idee ist ein vollkommener Irrweg. Auch bin ich nicht gegen die aktuelle Politik der Notenbanken und war es auch nach der Finanzkrise nicht. Da, wo wir angekommen sind, ist sie die beste Alternative, denn viel zu weit ist der Rubikon überschritten, als dass zu einer konservativen Geld- und Fiskalpolitik zurückgekehrt werden könnte. Dieser Weg würde in eine Katastrophe führen. Ich erkenne einfach nur an, dass Inflation eine unvermeidliche und auch notwendige Folge der Fiskal- und Geldpolitik sein wird, keine galoppierende, aber eine trabende.

Denn natürlich haben sich durch das über Jahrzehnte überproportionale Wachstum der Verschuldung und der Geldmenge Ungleichgewichte aufgebaut. Denn mag der Wohlstand in den vergangenen Jahren auch gestiegen sein, er wuchs sehr ungleichmäßig für die einzelnen gesellschaftlichen Schichten.

Donald Trump und die Bewegungen, die er vertrat und noch vertritt, Boris Johnson und sein Brexit, der Front National in Frankreich, die Lega Nord in Italien, aber auch die AfD in Deutschland und andere extreme Bewegungen sind kein Zufallsprodukt. Sie wurden zu großen Teilen nach oben gespült durch diejenigen, die von der Globalisierung der vergangenen drei Jahrzehnte nicht profitieren, die nicht Teilhabe an den Wohlstandsgewinnen hatten, sondern sich zunehmend abgehängt fühlen. Die größten Zuwächse hatten vor allem diejenigen, die Kapitaleinkommen hatten, weil sie massiv von den steigenden Aktien-, Anleihen- und Immobilienpreisen profitieren. Lohneinkommen stiegen nur für die hochqualifizierten und in Führungspositionen befindlichen Arbeitnehmer, die vom Erfolg ihrer Firmen profitierten und als Fachkräfte den rasanten technischen Fortschritt gestalteten. Sie waren gefragt und profitierten von steigenden Gehältern. Die Menschen mit geringerer Qualifikation, die sich in den unteren Lohngruppen befinden, erlebten lange Zeit gar keine Realeinkommenssteigerungen mehr. Teilweise fielen ihre Reallöhne sogar. Relativ gesehen zu den anderen Einkommen sogar sehr deutlich. Und nicht nur die unteren Lohngruppen, auch die mittleren haben wenig Zuwachs in den vergangenen Jahren erfahren. Dazu kamen steigende Preise weit über der Inflation. Wer seinen Arbeitsplatz in einem Ballungsgebiet hat und keine Immobilie besitzt, der muss heute immer größere Teile seines Lohns für Miete aufwenden. Es ist schön, dass die Inflation in den vergangenen Jahren im Durchschnitt nie mehr als 2 Prozent betrug, doch nützt es dem im Rhein-Main-Gebiet tätigen Berufstätigen eben gar nichts, wenn günstige Mieten auf dem Land in Mecklenburg-Vorpommern die durchschnittlichen Mietsteigerungen herunterziehen. Sein Job ist eben im Rhein-Main-Gebiet, wo die Immobilienpreise und auch die Mieten explodiert sind. Hier hat sich in den vergangenen Jahren ein großer Druck aufgestaut. Wollen wir unseren sozialen Frieden bewahren, das wichtigste aller politischen und ökonomischen Ziele, wird es Veränderungen geben müssen. Und diese werden Geld kosten und die Preise steigen lassen.

Obwohl weite Teile der Wirtschaft sich noch im Lockdown befinden, spüren wir bereits, wie sich die Inflation anschleicht. Viele Preise klettern bereits. Und es wird nicht bei Einmaleffekten bleiben, weil es langfristige Trends gibt wie den ökologischen Umbau unserer Volkswirtschaften und die sich verändernde Demografie, die für höhere Preise sorgen werden. Gerade für uns Deutsche wird dies zu einer enormen Herausforderung. Da sich viele allein auf die staatliche Rente verlassen, die den Lebensstandard im Alter nicht mehr wird erhalten können, sind Sparen und der Aufbau einer parallelen Altersvorsorge dringend geboten. Doch diese lohnt sich nur, wenn die Anlage auch einen Ertrag abwirft und man vom sogenannten Zinseszins profitiert. Liegen die Zinsen aber bei null, gibt es auch keinen Zinseszins, stattdessen frisst auch schon eine geringe Inflation das Ersparte auf und die Altersarmut ist vorprogrammiert. Doch so weit muss es nicht kommen. Jeder kann frei entscheiden, wie er sein Geld anlegt. Und schon mit 100 Euro im Monat in der richtigen Anlage lässt sich über längere Zeiträume ein nennenswerter Betrag ansparen. Dieses Buch analysiert und erklärt daher nicht nur, warum wir an höheren Inflationsraten nicht vorbeikommen, sondern zeigt Wege auf, wie der Leser daraus sogar großen Nutzen ziehen kann.

Stefan Riße
Frankfurt im März 2021

Die Corona-Pandemie: Einschneidender als alles zuvor

Die Corona-Pandemie und die Krise, die sie auslöste, sind mit den vorherigen Krisen nicht vergleichbar. Diese entstanden in der Wirtschaft selbst, am Finanzmarkt oder am Immobilienmarkt. Meistens hatte es vorher zu viel Kredit und Verschuldung gegeben, die Geldpolitik wurde restriktiver und die Blase platzte. Es ist vergleichbar mit einem Rad, dem plötzlich die Schmiere ausgeht, so dass es aufhört, sich zu drehen. An den Finanzmärkten geht der Crash zwar auch schnell, aber die Wirtschaft bremst zunächst langsam ab, bevor sie dann in eine Rezession rutscht. So haben wir es immer und immer wieder in verschiedenen Ausformungen erlebt. Doch in der Corona-Pandemie war es so, als hätte jemand dem sich ordentlich drehenden Rad einen Stock in die Speichen gesteckt, so dass es abrupt stehen blieb.

Zu vergleichen ist die Situation wahrscheinlich am besten mit einer Volkswirtschaft, die überraschend in einen Krieg gezogen wird. Die Menschen gehen aus Angst vor dem, was kommt, und den Bomben nicht mehr aus der Wohnung, und das wirtschaftliche Leben kommt zu weiten Teilen zum Erliegen. Diesmal allerdings wurde das Erliegen staatlich angeordnet. Während man das Entstehen der Finanzkrise –wie in den folgenden Kapiteln noch sehr ausführlich beschrieben wird – in seinen ganzen Verästelungen erklären muss, damit Ursachen und Wirkung deutlich werden, kann die Corona-Krise jeder nachvollziehen. Dafür muss man sich in seinem Leben nicht mit Volkswirtschaft beschäftigt haben. Denn wir haben ihn ja alle selbst erlebt, den plötzlichen Lockdown, die Ausgangssperren. Mit einem Mal standen fast alle Räder still. Länder, die sich dem zunächst widersetzten, wie Brasilien oder Schweden, zahlten einen hohen Preis und zogen später notgedrungen nach. Natürlich, man hätte es schon auch ahnen können, denn in China gab es das Virus und dann auch in Norditalien, aber ich glaube, wir alle, oder sagen wir die meisten von uns – mich eingeschlossen – konnten sich nicht vorstellen, dass plötzlich die Welt buchstäblich stillstehen würde. An die Vogelgrippe und an Ebola habe ich durchaus sehr genaue Erinnerungen, denn sie hinterließen ihre Spuren an den Finanzmärkten, deren Verfolgung mein Beruf und gleichermaßen mein Hobby seit über 35 Jahren ist. Aber sie erreichten uns und unsere Realwirtschaft nicht. Auch gab es im »Bericht zur Risikoanalyse im Bevölkerungsschutz 2012« von der Bundesregierung für den Deutschen Bundestag eine Modellierung einer »Pandemie durch Virus Modi-SARS[2]«, die dem Verlauf der Corona-Pandemie sehr nahekommt, doch wer hatte den Bericht schon gelesen? Und so erlebten wir im zweiten Quartal 2020 die weltweit schwerste Rezession seit dem Zweiten Weltkrieg.

Ist die Pandemie beendet aufgrund von Durchseuchung oder Durchimpfung, worauf es hinausläuft, geht ähnlich wie nach Beendigung eines Krieges – so es keinen politischen Umsturz gab – das Leben natürlich wieder normal weiter. Die Frage ist nur, wie viel zuvor zerstört wurde oder durch den wirtschaftlichen Stillstand einfach weggestorben ist. Genau diese Frage stellte sich wegen des Lockdowns insbesondere für besonders stark betroffene Branchen. Dazu gehörten Hotels, Fluglinien, Busunternehmen, Kreuzfahrtunternehmen, kurzum alles, was mit Tourismus zu tun hat. Restaurants wurden ebenfalls hart getroffen, wie auch die Eventbranche. Nicht zu vergessen ist der Einzelhandel, den es ebenfalls schwer

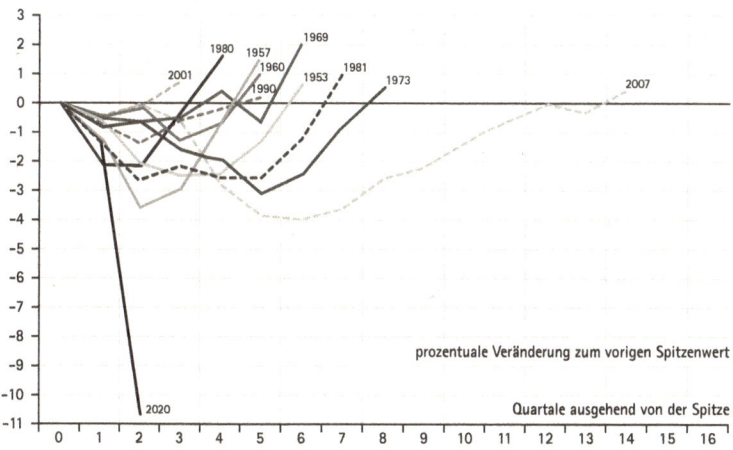

US-BIP reale Veränderung zur Vorwoche in Prozent

Quelle: Borodovsky, Lev (2020): »The Daily Shot: Online Job-Seeking Activity Slows«,
The Wall Street Journal online, 31.07.2020, https://www.wsj.com/articles/
the-daily-shot-online-job-seeking-activity-slows-01596185892

erwischt hat. Zu befürchten war eine Kettenreaktion, in deren Folge sich eine nie da gewesene Pleitewelle anschließen würde. Diese Angst nahmen die Finanzmärkte vorweg, als sich abzeichnete, dass das Virus nicht auf China beschränkt bleiben würde und sich auch nicht auf Norditalien begrenzen ließ, wo es in Europa zuerst nachgewiesen worden war.

Corona-Crash hatte auch markttechnische Gründe

Dennoch, die extreme Geschwindigkeit des Absturzes ist nicht allein mit der Angst vor der Pandemie zu erklären. Denn der Absturz der Börsenkurse war beispiellos. Zwar gab es keinen Tagesverlust von

22 Prozent wie 1987, dafür aber eine Anreihung von Verlusttagen, die den Absturz zum schnellsten Börsenabsturz aller Zeiten werden ließ. So schnell ging es nicht einmal 1929 abwärts. Das Coronavirus schien aus Sicht der Aktienbörse gefährlicher für die Weltwirtschaft und das Finanzsystem zu sein als die Finanzkrise und die Pleite von Lehman Brothers und als die Kubakrise, die die Welt an den Rand eines Atomkriegs brachte. Doch war das gerechtfertigt und war es die tatsächliche Sicht der Akteure? In der Finanzkrise wurde das Finanzsystem ins Mark getroffen. Die Banken waren hochgehebelt mit uneinbringlichen Krediten und mit wertlosen Immobilienanleihen vollgeladen. Und der Geldmarkt drohte auszutrocknen. Diesmal waren die Banken gar nicht direkt betroffen. Erst unmittelbar konnte eine Gefahr drohen, wenn das Runterfahren der Weltwirtschaft im Kampf gegen das Coronavirus vor allem hoch verschuldete Unternehmen in die Pleite reißen würde. Aber war das zu diesem Zeitpunkt eine ausgemachte Sache? Nein. Fast vom ersten Tag an signalisierten die Notenbanken und Regierungen schnelles Eingreifen. Und das taten sie auch, indem sehr schnell die Zinsen gesenkt wurden. Im Unterschied zur Finanzkrise, wo sie am Anfang noch etwas hilflos wirkten – die Bank of England lehnte Zinssenkungen sogar anfangs ab –, ging diesmal alles ruckzuck. Der Satz »whatever it takes« von Mario Draghi von 2012 wurde von deutschen Politikern wie Bayerns Ministerpräsident Markus Söder übernommen. Rund um den Globus wurde allgemeine Bereitschaft erklärt, nicht nur geldpolitisch zu stützen, sondern auch durch Konjunkturhilfen bis hin zu direkten Steuerrückzahlungen oder Helikoptergeld den Konsum aufrechtzuerhalten. Wenn Reiseunternehmen wie TUI und Lufthansa oder andere ins Wackeln kommen würden, würden sie mit Sicherheit Überbrückungskredite erhalten. Gleiches galt für Banken, die noch etwas schwach auf der Brust waren. Es war ja dieses Mal auch kein leichtsinniges Verhalten der Banken (»Moral Hazard«), weil die Banken ja nicht durch eigene spekulative Geschäfte und ihre Gier getroffen wurden, sondern unverschuldet durch diese Pandemie. Niemand würde im Ernst ablehnen wollen,

ihnen über diese Phase hinwegzuhelfen. Nichts anderes war zu erwarten und so kam es dann auch. Und dennoch stürzten die Kurse ab, als ginge die Welt vollends unter. Allerdings nicht in China. Im Ursprungsland des Virus war die Börsenreaktion von Anfang an viel verhaltener, was außerdem die These stützt, dass sich die extremen Kursverluste an den etablierten Börsen mit dem Virus allein schwer erklären lassen.

Denn im Unterschied zu China, wo sich ein großer Teil der Aktien in Händen von privaten Anlegern befindet, liegt das Gros der Aktien in der alten Welt bei institutionellen Anlegern. Und diese agieren völlig gleichgeschaltet, wie der Kurssturz gezeigt hat. Der Grund liegt in den vielen Algorithmen, die mittlerweile das Anlage- und das Risikomanagement bestimmen. »Value at Risk« lautet der Überbegriff. Dazu kommen Produkte wie Risk Parity, klassische Trendfolgemodelle und Short-Spekulation auf Volatilität. Solange es nach oben läuft, verdienen alle ordentlich Geld mit geringen Schwankungen. Kommt es dann aber doch mal zu stärkeren Einbrüchen durch den Verkauf klassisch diskretionär agierender Anleger, erreichen diese Systeme ihre Stop-Loss-Marken und werfen computergesteuert ohne Wenn und Aber alles auf den Markt. Die Risikomessung und Begrenzung durch Value at Risk läuft genauso. Steigt die Volatilität, werden die Risiken reduziert, sprich Aktien und Rohstoffe verkauft und Anleihen gekauft. Dieses Vorgehen wirkt extrem trendverstärkend. Denn je höher die Volatilität steigt, desto stärker müssen die Akteure, die diesen Algorithmen gehorchen, Aktien auf den Markt werfen.

Diese Form des Risikomanagements und die hierfür zur Verfügung stehenden derivativen Finanzprodukte müssen kritisch hinterfragt werden. Nun könnte man argumentieren, dass sich die Kurse ja fast genauso schnell wieder erholt haben, dennoch schaden solche Kursabstürze in Ausmaß und Geschwindigkeit der Aktienkultur, die in Deutschland trotz eines langsamen Wiederentdeckens der Aktien in den letzten Monaten nach wie vor ein zartes Pflänzchen ist, das es zu pflegen gilt. In Umfragen äußerten sich deutsche Anleger vor rund einem Jahr noch dahingehend, dass Aktien unüberschaubare Risiken beinhalten. Durch Kursstürze wie den im Corona-Crash dürften sich diese Anleger nur bestätigt fühlen. Bei aller Überlegenheit der Aktie als Anlageklasse – wenn die Gefahr besteht, innerhalb von nur wenigen Handelstagen 35 Prozent seines Kapitals einzubüßen, traut sich keiner heran.

Falsche Vergleiche mit den 1930er-Jahren

Die massiven Kursverluste lösten dann auch wieder Ängste aus, eine große Depression wie 1929 stehe ins Haus. Doch so wie diese Befürchtung schon 1987 unbegründet war, so war sie es auch in der Corona-Krise. Wer diesen Vergleich zieht, zeigt, dass er sich mit der Großen Depression nicht wirklich auseinandergesetzt hat und von Ökonomie und Währungsfragen nicht allzu viel versteht.

Der Startpunkt der Großen Depression der 1930er-Jahre war der Aktiencrash im Oktober 1929, den ich in Kapitel 4 näher beschreiben werde. Doch selbst abgesehen davon, dass es zwar durchaus eine optimistische Stimmung vor Ausbruch der Pandemie an den Aktienmärkten gab: Eine Spekulationsblase wie 1929 gab es nicht. Und dass auf den Aktiencrash 1929 eine Depression folgte, die aus einer schweren Rezession und Deflation bestand und in deren Folge das nominale Bruttoinlandsprodukt der USA um 40 Prozent schrumpfte, lag nicht an den schwerwiegenden Auswirkungen der geplatzten Aktienblase. Es war die falsche Geldpolitik, mit der auf die Krise reagiert wurde. Denn statt wie in allen kleinen und großen Krisen der vergangenen rund 35 Jahre wurde die Geldmenge damals nicht erhöht, sondern in der Krise weiter verknappt. Erst diese Tatsache führte dazu, dass die Depression immer schlimmer wurde und die Menschen am Ende verhungerten und erfroren. Dabei folgte die Politik damals nicht per se einem falschen Credo. Es war das Währungssystem, das sie zu dieser prozyklischen Verschärfung der Krise zwang. Da die Wirtschaftskrise in den 1930er-Jahren von den

USA ausging, war sie dort zunächst auch schwerer als in Europa. In der Folge gab es eine Flucht aus dem US-Dollar vorwiegend in das Britische Pfund, die damals neben dem US-Dollar wichtigste Währung. In einem System frei floatender Wechselkurse hätte der US-Dollar naturgemäß abgewertet. Genau dies war aber damals nicht möglich, da das Goldstandard-Währungssystem bestand. Sehr kurz erklärt funktionierte dieses System so: Die Währungen standen in einem festen Tauschverhältnis zueinander, schwankten also nicht. Und die Geldmenge musste von der jeweiligen nationalen Notenbank oder Regierung mit Gold unterlegt werden. Neigte die eigene Währung zur Schwäche, musste sie die Notenbank mit den Goldreserven aufkaufen, um sie zu stützen. Dieses System führte dazu, dass ein Land, das sich in einer Krise befand, die Geldmenge verknappte und die Krise damit noch schlimmer wurde. So war es eben auch 1929 in den USA. Erst als Präsident Franklin D. Roosevelt den Goldstandard für den US-Dollar aufgab, konnte man die Geldmenge erhöhen, die Banken rekapitalisieren und die Krise war beendet.

1944 wurde im Ort Bretton Woods in New Hampshire der Goldstandard wieder eingeführt, um den Handel mit verlässlichen festen Wechselkursen zu fördern, bis es 1971 wieder zu größeren Verwerfungen kam und das nach dem Ort seiner Begründung benannte Bretton-Woods-System 1973 außer Kraft gesetzt wurde. Seitdem leben wir im Papiergeldsystem. Dieses erlaubt es den Notenbanken, die Geldmenge durch ihre Zinspolitik oder Wertpapierkäufe und -verkäufe zu steuern. Wann immer sie die Geldmenge erhöhen möchte, ist sie dazu in der Lage. Und seit dem Börsenkrach von 1987 tut sie dies auch, allen voran die amerikanische Zentralbank Federal Reserve (Fed). Dazu muss man wissen, dass Alan Greenspan, der beim Börsenkrach am 19. Oktober 1987 als Vorsitzender der Fed ziemlich frisch im Amt war, sein Nachfolger Ben Bernanke wie auch dessen Nachfolgerin, die heutige US-Finanzministerin Janet Yellen, sich in ihrem Studium intensiv mit der Krise der 1930er-Jahre beschäftigt haben. Und die Lehre daraus ist die oben genannte. Gerät eine Volkswirtschaft in eine Krise, muss die

Notenbank alles tun, um sie liquide zu halten, und die Geldmenge erhöhen. Und so passierte es in jeder der folgenden Krisen, als da wären die Südostasienkrise 1997, die Russlandkrise 1998 mit dem Zusammenbruch des Hedgefonds LTCM, das Platzen der Internetblase 2000/2001, die Terroranschläge vom 11. September 2001 und dann schließlich 2007/2008 das Platzen der Immobilienblase und die Lehman-Pleite. Jedes Mal wurden die Zinsen auf ein noch tieferes Niveau heruntergeschleust als in der vorherigen Krise. So wuchs die Weltverschuldung schon vor der Corona-Pandemie über knapp 40 Jahre überproportional und zwar mehr als doppelt so schnell wie das nominale Bruttoinlandsprodukt. Bezogen auf die USA war der Faktor noch höher. Wer sich anschauen möchte, wie schnell die Schulden in den USA wachsen, der kann dies mit der amerikanischen Schuldenuhr tun.

Hintergrund: Die US-amerikanische »Bundesschuldenuhr«

Wie hoch ist die US-amerikanische Staatsverschuldung aktuell genau? Am besten sehen Sie selbst nach. Die exakte Schuldenhöhe finden Sie bei der »U. S. National Debt Clock«, dem US-amerikanischen Gegenstück zur deutschen Bundesschuldenuhr. Im Internet finden Sie sie unter www.usdebtclock.org. Ich verspreche Ihnen, Sie werden beeindruckt sein davon, welch horrende Summe sie dort vorfinden. Und wie rasant sich diese Zahl vergrößert.

Zentralbanken sind omnipotent

Immer wieder meinten viele Volkswirte in vorherigen Krisen, dass die Notenbanken ihr Pulver nun aber verschossen hätten. Im Auge hatten sie vor allem die Europäische Zentralbank (EZB), die mit negativen Zinsen den Zinssenkungsspielraum in der Tat ausgeschöpft hatte. Doch was viele von ihnen nicht erkennen wollten, ist die Tatsache, dass Notenbanken im Papiergeldsystem omnipotent sind. Was ab der Finanzkrise geschah, hatten sich die meisten zuvor nicht vorstellen können. Denn plötzlich senkten die Notenbanken nicht nur die Zinsen wie in den vorherigen Krisen, sondern sie begannen im großen Stil für Milliardenbeträge Wertpapiere zu kaufen, im Wesentlichen Staatsanleihen. Mehrere Programme dieser Art legte die amerikanische Notenbank Federal Reserve (Fed) auf und auch die EZB begann damit groß angelegt ab dem Jahr 2015. Und ab dem Zeitpunkt, zu dem Shinzō Abe in Japan sein Amt als Premierminister antrat, trat die japanische Notenbank Bank of Japan (BoJ) als aggressivster Aufkäufer auf. Die wichtigsten Notenbanken vervielfachten ihre Bilanzsummen ab der Finanzkrise, und in der Corona-Krise nahm die Geschwindigkeit nochmals massiv zu.

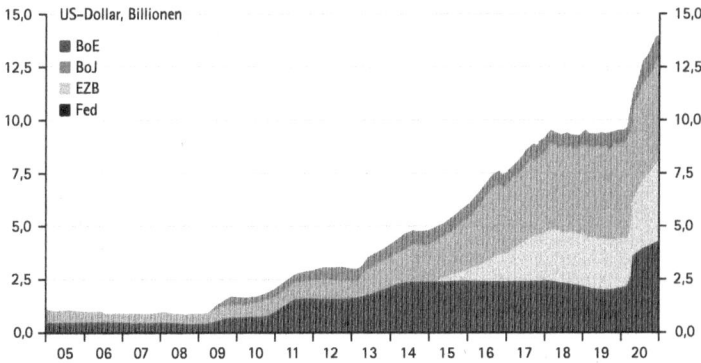

Bestände an Staatsanleihen der G10-Zentralbanken

Quelle: Nordea and Macrobond

Denn es lag ja auf der Hand, dass sie das Volumen, das in den Programmen nach der Finanzkrise sich im monatlichen Rahmen von 50 bis 100 Milliarden US-Dollar bewegte, auch noch steigern

konnten, im Grunde so weit, bis die letzte Staatsanleihe bei den Notenbanken liegen würde. Und auch dann wäre nicht Schluss, wenn
die Staaten sich kräftig weiter verschuldeten und neue Anleihen he-
rausgäben. Die Logik war eigentlich zwingend, und doch wurde sie
von vielen erst jetzt in der Corona-Krise erkannt. Denn was die Fed
in den Quantitative-Easing-Programmen nach der Finanzkrise pro
Monat aufkaufte, hat sie auf dem Höhepunkt der Corona-Krise, als
auch die Aktienkurse noch abstürzten, pro Tag aufgekauft. Mittlerweile hält die Fed 30 Prozent aller ausstehenden Staatsanleihen, die
Europäische Zentralbank (EZB) hält 20 Prozent und bei der Bank
of Japan liegen sogar 50 Prozent der japanischen Staatsschulden.

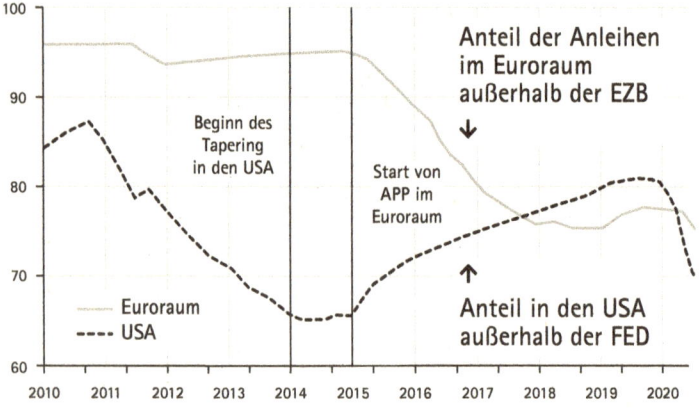

Entwicklung des Streubesitzes von Anleihen (in Prozent)

Quelle: SHS, ECB, ECB evaluations

*Anmerkung: Das Maß für den Streubesitz ist definiert als der Anteil der zehnjährigen äquivalen-
ten Bestände an Staatsanleihen aller Investoren mit Ausnahme der inländischen Zentralbank
am Gesamtangebot. Der Anleihe-Streubesitz für den Euroraum bezieht sich auf die »großen
Vier« (Deutschland, Frankreich, Italien und Spanien). Letzte Beobachtung: 4. Quartal 2020.*

Staatliche Konjunktur- und Hilfsprogramme im Überfluss

Nicht nur die Notenbankpolitik, auch die fiskalischen Ankurbelungs-programme rund um den Globus sprengen alle vorher gekannten Dimensionen. Wurde in den USA infolge der Finanzkrise mit knapp 2 Billionen US-Dollar über einen Zeitraum von 19 Monaten stimu-liert, hat der amerikanische Staat infolge der Corona-Pandemie be-reits nach gut 100 Tagen diesen Betrag in die Wirtschaft geblasen. Die 2020 verabschiedeten Hilfspakete in den USA beliefen sich auf insgesamt 4,2 Millionen US-Dollar. Dies entsprach rund 16 Pro-zent des Bruttoinlandsprodukts (BIP) von 2019. Auch in Europa griffen die Regierungen kräftig in die Tasche. Mit auf den ersten Blick 33 Prozent vom Bruttoinlandsprodukt stimulierte Deutsch-land sogar stärker als alle anderen Länder auf der Welt. Allerdings täuscht diese Zahl, denn das meiste davon sind Garantien, die über die Kreditanstalt für Wiederaufbau (KfW) geleistet wurden. Dieses Instrument kennen wir schon aus der Finanzkrise. Geld fließt nicht wirklich, und damit gibt es auch keine direkte Konjunkturstimu-lierung, es wird nur dafür gesorgt, dass die Banken ausreichend Kredite ausreichen. Direkte nachfragewirksame Konjunkturhilfen gab es aber auch in Deutschland in Höhe von knapp 9 Prozent des BIP. Auch dies war deutlich mehr als nach der Finanzkrise. Das Instrument der Kurzarbeit bewährte sich wieder einmal, um Massenarbeitslosigkeit zu vermeiden. Es gab so gut wie kein Land, das nicht stimulierte und die Verschuldung nicht deutlich erhöhte, um der Wirtschaft über die Corona-Krise hinwegzuhelfen. Japan brachte Hilfen von rund 17 Prozent des BIP auf den Weg, Frank-reich von gut 11 Prozent und auch das hart getroffene Italien von gut 7 Prozent.

Fiskalische Unterstützung, in Prozent des BIP 2019

USA	
Japan	
Australien	
Frankreich	
Kanada	
Deutschland	
Italien	
Brasilien	
Großbritannien	
China	
Indonesien	
Südkorea	
Indien	

■ CARES Act (2,4 Billionen US-Dollar)
■ COVID-19-Hilfe (900 Milliarden US-Dollar)
■ Bidens fiskalische Rettung (1,9 Billionen US-Dollar)

0   5   10   15   20   25

Biden pumpt die Fiskalpolitik auf

Quelle: Moody's Analytics

Ein Grund für dieses beherzte Eingreifen ist sicherlich in der geglückten und offenbar folgenlosen Rettungspolitik nach der Finanzkrise zu sehen. Wurden die Wertpapierkäufe am Anfang von vielen Ökonomen sehr kritisch beäugt und als waghalsiges Manöver betrachtet, in Deutschland wurde sogar vor dem Verfassungsgericht dagegen geklagt, schienen sie sich als Mittel der Konjunkturstabilisierung ja ganz offensichtlich bewährt zu haben. Denn trotz der fortwährenden Aufkäufe und einer Vervielfachung der Notenbankbilanzen gab es keine erkennbaren negativen Folgen und auf jeden Fall keine ausufernde Inflation. Und wenn es offenbar ohne schädliche Nebenwirkung möglich ist, dass die Notenbank de facto einen Teil der Staatsschulden übernimmt, können die Staaten offenbar auch unbegrenzt Schulden machen. Ist Japan nicht das beste Beispiel? Dort liegt die Staatsverschuldung nun bei 250 Prozent vom Bruttoinlandsprodukt und die Hälfte der Schulden bei der Notenbank. Hat dies für Inflation gesorgt? Nein, Japan kämpft bis heute eher mit der Gefahr der Deflation.

Und auf die bestehenden Schuldenberge wird auch 2021 weiter mutig draufgesattelt. 750 Milliarden Euro hat die Europäische Union für einen Wiederaufbaufonds locker gemacht. Erstmals wird dieser über sogenannte Eurobonds finanziert, Anleihen der Euro-Zone mit gesamtschuldnerischer Haftung durch alle Länder. Das hatte man vor der Corona-Krise in Deutschland stets abgelehnt, würde doch so die Gefahr bestehen, dass der deutsche Steuerzahler am Ende für die Rückzahlung der Anleihen aufkommen müsste, wären beispielsweise Griechen, Italiener, Spanier oder auch Franzosen nicht dazu in der Lage. Nun ist diese Befürchtung seit jeher unbegründet, weil am Ende ohnehin die Europäische Zentralbank dafür wird aufkommen müssen. Doch aus Angst vor einer ungerechten Lastenverteilung streitet man in Europa schon wieder darüber, wie das Geld auf die einzelnen Länder aufgeteilt wird und was die Länder damit dann machen dürfen beziehungsweise leisten müssen. Die USA hingegen schnürten unter ihrem neuen demokratischen Präsidenten Joe Biden ein neues Fiskalpaket über noch einmal 1,9 Billionen US-Dollar. Ein großer Teil davon wird wieder per Schecks direkt an die Privathaushalte geschickt. Dazu wird die zusätzliche Arbeitslosenunterstützung weiter verlängert. Schon im vergangenen Jahr sind die Einkommen der Amerikaner so stark gestiegen wie noch nie und das dürfte sich 2021 fortsetzen, weil die Einnahmeausfälle längst nicht so hoch wie befürchtet ausfielen. Jobs verloren vor allem eher schlecht bezahlte Arbeitskräfte aus dem Servicesektor, etwa in Restaurants und im Tourismus. Die Besserverdienenden behielten ihre Jobs und so manche erhielten sogar einen Corona-Extrabonus. Auch in Deutschland konnten Unternehmen ihren Mitarbeitern 1500 Euro steuerfrei auszahlen. Dennoch scheint die Angst vor den längerfristigen Folgen der Pandemie so groß zu sein, dass man auf eine Überstimulierung setzt. John Maynard Keynes, der Verfechter der nachfrageorientierten Wirtschaftspolitik, ist wieder en vogue – im Grunde schon seit der Finanzkrise. Der wohl größte Ökonom der Geschichte ging davon aus, dass die durch staatliche Ausgabenprogramme erzeugte Nachfrage Investiti-

onen und damit durch die Schaffung neuer Arbeitsplätze einen sich
selbst tragenden Wirtschaftsaufschwung erzeugen könne.

Hintergrund: John Maynard Keynes

John Maynard Keynes (1883–1946) war Sohn des britischen National-
ökonomen John Neville Keynes, eines Mannes, dessen Bekanntheit er
später bei Weitem übertreffen sollte. Nach dem Studium und einigen
Lehrjahren in Cambridge arbeitete Keynes im Schatzamt der britischen
Regierung.

Während des Ersten Weltkriegs beriet er seine Regierung in Fragen der Kriegsfinanzierung. 1919 nahm er als Vertreter des britischen
Schatzkanzlers an den Friedensverhandlungen von Versailles teil. Als
Ökonom war er damals entsetzt über die immensen Reparationszahlungen, welche die Siegermächte dem Kriegsverlierer Deutschland abver-
langten. Keynes vertrat die Ansicht, dies würde unausweichlich – nicht
nur in Deutschland – in eine schwere wirtschaftliche Krise führen. Und
so kam es schließlich auch.

Unter dem Eindruck der Weltwirtschaftskrise verfasste Keynes 1936
sein bedeutendstes Werk, die *Allgemeine Theorie der Beschäftigung, des
Zinses und des Geldes*.

Bis heute berühmt ist John Maynard Keynes für seine Auffassung,
dass die Marktwirtschaft versagt, wenn sie nicht durch die Kräfte der
Politik gezügelt und gelenkt wird. Vollbeschäftigung sei in einer komplett freien, unregulierten Marktwirtschaft nicht selbstverständlich.
Vielmehr könne es aufgrund ausbleibender Nachfrage sehr lange Pha-
sen von Unterbeschäftigung geben. Dann sei es die Aufgabe des Staates,
der Regierung und der Notenbank, sich in die Wirtschaft einzumischen
und den Arbeitsmarkt zu unterstützen. Nur so ließe sich ein größerer
Zusammenbruch verhindern. Keynes hielt es daher für richtig, dass der
Staat – notfalls um den Preis der Verschuldung – die Wirtschaft ankurbelt, wenn es überall an Geld und damit an Nachfrage nach Konsum-

und Investitionsgütern fehlt. Seine Theorie findet noch heute viele Anhänger und ist unter der Bezeichnung »Keynesianismus« bekannt.

Keynes war Anfang der 1980er-Jahre zunächst ziemlich verpönt. Staatliche Konjunkturprogramme hatten in den 1970er-Jahren nur Strohfeuer entfacht und am Ende die Inflation angeheizt. Es dominierten die angebotsorientierten Ökonomen. Der wohl bekannteste unter ihnen war der mittlerweile verstorbene Nobelpreisträger Milton Friedman. Anstelle staatlicher Ausgabenprogramme setzten er und seine Anhänger auf weniger Staat und niedrigere Steuern. Diese Politik wurde Anfang der 1980er-Jahre insbesondere unter Ronald Reagan und Margaret Thatcher durch große Steuerreformen, in denen die Steuersätze radikal gesenkt wurden, konsequent umgesetzt. Seit sich die Konjunkturprogramme nach der Finanzkrise jedoch häuften, ist Keynes auch offiziell wieder salonfähig. Zu behaupten, dass das, was zurzeit passiert, dem Ansatz der angebotsorientierten Wirtschaftspolitik folgt, wäre auch lächerlich.

Mit Auszahlung des neuen Hilfspakets werden die Amerikaner dann in Summe 6,1 Billionen US-Dollar in die Wirtschaft gepumpt und neue Schulden aufgenommen haben. Das entspricht knapp 25 Prozent des Bruttoinlandsprodukts der USA. Spiegelbild der Verschuldung ist immer die Geldmenge. Das eng gefasste Geldmengenaggregat M1, das alle umgehend verfügbaren Gelder erfasst, ist in den USA Stand 31.12.2020 um 67 Prozent gegenüber dem Vorjahr gewachsen. Und die breiter gefasste Geldmenge MZM (*money of zero maturity*) ist 2020 um 21 Prozent gestiegen, was nichts anderes bedeutet, als dass zu jedem je geschaffenen US-Dollar 2020 21 Cent dazugekommen sind. Insgesamt wird die Weltverschuldung sprunghaft auf 370 Prozent des Welt-Bruttoinlandsprodukts ansteigen. Dieses enthält nicht nur die Staatsschulden, sondern auch die von Privathaushalten und Unternehmen sowie dem Finanzsektor, die in der Krise natürlich auch gestiegen sind.

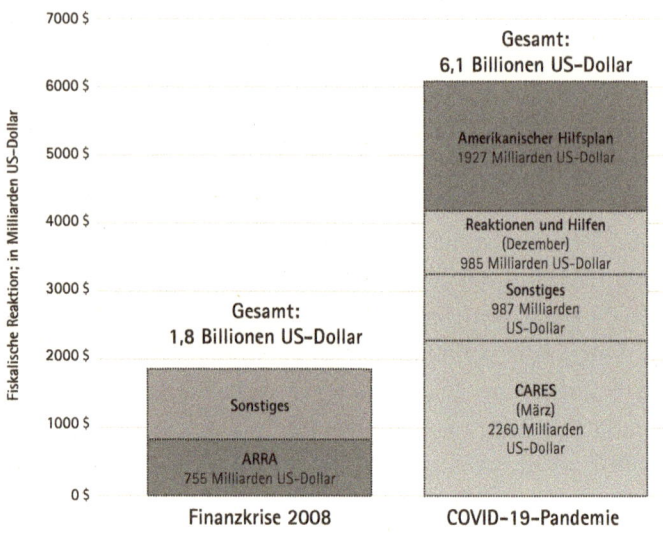

Dieses Mal deutlich mehr Geld

Quelle: Committee for a Responsible Federal Budget

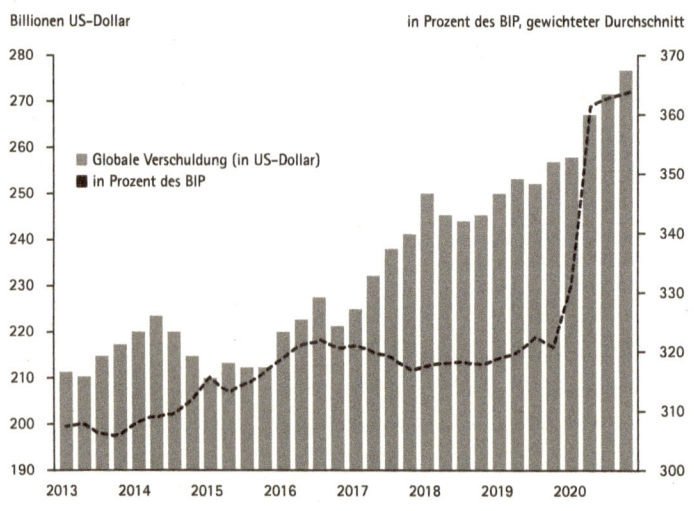

Globale Verschuldung übersteigt 272 Billionen US-Dollar im dritten Quartal 2020

Quelle: IIF, BIS, IWF, nationale Quellen

Fraglos ist es dem beherzten Eingreifen von Regierungen und Notenbanken zu verdanken, dass die Aktienkurse sich nach ihrem scharfen Fall auch so schnell erholten wie noch nie zuvor in der Geschichte während einer scharfen Rezession. Mittlerweile haben wir sogar einen regelrechten Aktienboom. Fraglos war das eine zunächst sehr positive Begleiterscheinung dieser Politik. Es bleibt die Frage, ob sich nicht irgendwann auch negative einstellen werden.

Von der schwarzen Null zur Bazooka

Deutschland ging in Bezug auf Verschuldung und Staatsdefizite seit dem Ende der Finanzkrise andere Wege als andere Länder. Während die USA unter Donald Trump eine extrem teure Steuerreform finanzierten und die Chinesen ebenfalls seit nun schon Jahrzehnten in die Vollen gehen, um das modernste Industrieland der Welt aus dem Boden zu stampfen, das bald auch das größte Industrieland sein dürfte, glaubte man hier, das Heil für eine gute Finanz- und Wirtschaftspolitik liege in einem ausgeglichenen Staatshaushalt. Gespart wurde überall. Bei der Bahn, den Straßen, dem Polizeiapparat. Da gab es während des Flüchtlingsansturms den geschichtsträchtigen Satz »Wir schaffen das«, aber die Politik war nicht bereit, das nötige Geld aufzuwenden, um die zu uns gekommenen Menschen so schnell wie möglich zu integrieren, würdig unterzubringen und auszubilden. Und so wurde die schwarze Null unter Finanzminister Wolfgang Schäuble zum Symbol deutscher Austeritätspolitik. In Europa wären viele Länder gerne einen anderen Weg gegangen, um aus der Euro-Krise herauszukommen, ähnlich dem der Amerikaner, doch Deutschland, Österreich, die Niederlande und auch Finnland ließen dies mit Verweis auf den Stabilitätspakt und die Schuldenbegrenzung durch den Maastricht-Vertrag nicht zu. Als größtes Land der Gruppe der sparsamen Länder, zu der auch die Niederlande, Österreich, Dänemark und Finnland gehörten, bekamen wir den meisten Zorn ab. Dies dürfte auch der Grund dafür gewesen sein, dass uns unsere Nachbarn in der Flüchtlingskrise 2015 allein ließen. Die Ergebnisse dieser Politik ließen sich in der Corona-Krise gut am kaputtgesparten italienischen Gesundheitssystem beobachten.

Hinter der Idee der schwarzen Null steht das sich zunächst vernünftig anhörende Konzept, dass man schließlich ja nur das ausgeben könne, was man vorher erwirtschaftet habe. Doch das ist offensichtlicher Unsinn. Schauen wir doch nur mal auf die Unternehmenswelt und dabei auf die neuen Unternehmen der Internetindustrie, die wir alle so bewundern. Da gibt es Uber, Airbnb, Spotify, Facebook, Amazon – und die Liste ließe sich unendlich verlängern. Haben die erst erwirtschaftet, was sie dann ausgegeben haben? Nein! Sie haben Millionen und teilweise Milliarden US-Dollar von Geldgebern bekommen, um ihre Ideen und Investitionen umzusetzen. Die Erntezeit kommt dann erst viele Jahre später. Nicht anders ist es mit einem Staat, der in seine Infrastruktur, in sein Bildungssystem und moderne Technologie investiert. Irgendwann zahlen sich diese Investitionen durch höheres Wachstum und damit höhere Steuereinnahmen aus. Dann werden kommende Generationen auch nicht mit Schulden belastet, sondern bekommen im Gegenteil ein Land übergeben, das hoch wettbewerbsfähig ist und Investitionen aus der ganzen Welt anlockt. Von der schwarzen Null hingegen kann sich niemand etwas kaufen, denn sie bleibt eine Null, auch wenn sie schwarz ist.

Staatsschulden zu machen ist per se natürlich nicht automatisch positiv zu bewerten. In der Euro-Zone und ihren Krisen der vergangenen Jahre wurde dies deutlich. Doch nicht die Schulden selbst sind das Problem, sondern das, wofür sie gemacht werden. Entstehen sie, um mit der Gießkanne Wahlgeschenke in Form von Sozialleistungen zu verteilen, um so die Nachfrage anzukurbeln, bleibt in der Regel nur ein kurzer Aufschwung, der wie ein Strohfeuer schnell abgefackelt ist. Die Schulden aber bleiben und belasten den zukünftigen Haushalt. Wird das Geld hingegen wie zuvor beschrieben für Infrastruktur, Bildung, Integration und Forschung investiv eingesetzt, dann machen sich die Schulden in jedem Fall bezahlt.

Und da die Zinskupons negativ sind, würden im Fall von Deutschland und vielen anderen europäischen Ländern nicht einmal Zinszahlungen den Haushalt belasten, sondern sogar noch unterstützen.

Ab 2029 wird Deutschland einer Berechnung des Finanzministeriums zufolge mit seinen Staatsschulden Milliarden verdienen, weil dann fast alle ausstehenden Anleihen negative Zinsen abwerfen dürften. Das war und ist wie ein Lottogewinn für einen Staat. Er kann in seine Zukunft investieren und für das Geld, das er sich leiht, bekommt er noch etwas dazu. Doch die Bundesregierung holte ihren Lottogewinn bis zum Ausbruch der Corona-Pandemie nicht ab. Daran änderte sich auch nichts, als die SPD in der Großen Koalition das Finanzministerium übernahm und den Ministerposten mit Olaf Scholz besetzte. Olaf Scholz hielt an diesem unseligen Dogma der schwarzen Null weiterhin fest. Natürlich muss man einräumen, dass es ja sogar eine im Gesetz verankerte Schuldenbremse gibt. Doch Gesetze lassen sich im Zweifel auch wieder ändern, wenn deutlich wird, dass sie kontraproduktive Wirkung entfalten. Doch auch diesbezüglich gab es von Scholz keinerlei Einlassungen. Das verstand zuletzt bald keiner mehr. Selbst konservative Ökonomen wie Clemens Fuest vom Ifo-Institut in München und Michael Hüther vom Institut der deutschen Wirtschaft (IW) in Köln, die nun wirklich keine Verfechter waghalsiger Schuldenpolitik sind, zweifelten bei dieser Zinssituation daran, ob die Strategie der schwarzen Null die richtige ist.

Doch nun haben wir die Corona-Krise. Und die schwarze Null gilt nicht mehr. Nun spricht Olaf Scholz von der »Bazooka«, vom ehemaligen EZB-Chef und heutigen italienischen Ministerpräsidenten Mario Draghi übernommen, wie auch sein »whatever it takes«. Nun muss man einräumen, dass Ausnahmen vom ausgeglichenen Haushalt von Beginn an vorgesehen waren für den Fall, dass die konjunkturelle Situation dies erfordere. Doch was der Staat an Corona-Hilfspaketen beschließt, stellt alles in den Schatten, was vor der Corona-Pandemie von den Verfechtern der schwarzen Null auch nur ansatzweise für ordnungspolitisch noch vertretbar angesehen worden wäre. Leider verheddern wir uns aber mit dem Wunsch nach Verteilungsgerechtigkeit in einem armseligen Bürokratiewust. Während die Amerikaner einfach Schecks an ihre Bürger verschicken, um die Konjunktur anzukurbeln, müssen hierzulande wieder seitenweise Formulare ausgefüllt werden und gibt es so viele Programme, dass die vielen Selbstständigen überhaupt nicht wissen, welches Programm für sie das richtige ist. Und so haben wir Anfang März 2021 und viele Unternehmer warten noch immer auf die Novemberhilfen. Von 40 Milliarden Euro, die zur Verfügung stehen, wurden angeblich erst 4 Milliarden ausgezahlt. Finanz- und Wirtschaftsministerium schieben sich gegenseitig die Verantwortung für ihr kollektives Versagen zu.

Und anstatt dafür zu sorgen, dass das Geld schnell ausgezahlt wird, streitet man sich in der CDU bereits wieder über die Schuldenbremse. Der Aufschrei in seiner Partei war riesig, als Kanzleramtsminister Helge Braun eine Abschaffung ins Spiel brachte. Und noch mitten im Lockdown fällt Finanzminister Olaf Scholz nichts Besseres ein, als schon einmal über Steuererhöhungen zur Finanzierung der noch gar nicht ausgezahlten Hilfsgelder zu schwadronieren. Das Gleiche passiert mit dem Wiederaufbauprogramm der EU über 750 Milliarden Euro. Das Geld ist noch gar nicht an die Länder ausgezahlt und schon wird der Ruf nach schneller Rückzahlung laut. Vielleicht sollte man mehr darüber nachdenken, wie dieses Geld in die Zukunft Europas investiert wird, damit wir im Wettstreit zwischen den USA und China nicht untergehen. Wenn diese Investitionen ihre Früchte tragen und das Wachstum beschleunigen, erledigt sich die Frage der Schuldentilgung von selbst, weil Schulden dann in der Relation zur Wirtschaftsleistung immer geringer werden.

Dennoch bleibt die Hoffnung, dass auch in Zukunft Argumente wie: »Das ist nicht finanzierbar« und: »Es muss erwirtschaftet werden, was ausgegeben werden kann« nicht mehr die Überzeugungskraft haben wie zuvor. Denn nun lässt sich trefflich entgegenhalten: »In der Corona-Krise war es auch möglich, in fast unbegrenzter Weise Schulden zu machen. Wieso dann nicht jetzt, wenn es um so wichtige Anliegen geht wie den ökologischen Umbau unserer Gesellschaft, die medizinische Versorgung oder die Ausbildung und Betreuung unserer Kinder et cetera.«

Und tatsächlich wäre es ein Segen, wenn das Paradigma der schwarzen Null und der Schuldenbremse in den Geschichtsbüchern verschwinden und dieser Staat und Europa in ihre Zukunft investieren würden, anstatt sich kaputtzusparen und den Chinesen und Amerikanern das Feld im internationalen Wettbewerb zu überlassen. Eine solche Politik und nicht ein ausgeglichener Staatshaushalt sichert den Wohlstand künftiger Generationen.

China wieder der Retter in der Not

Wie schon in der Finanzkrise scheint China auch die Corona-Krise schneller zu überwinden als dies den westlichen Industrieländern gelingt, und das obwohl das Coronavirus wohl in der chinesischen Stadt Wuhan seinen Ursprung hat. Goethe sagte einmal: »Amerika, du hast es besser.« Muss es mittlerweile heißen: »China, du hast es besser«? Fraglos ist das chinesische Gesellschaftssystem unserem bei der Pandemiebekämpfung haushoch überlegen. Während bei uns massiv die Grundrechte eingeschränkt werden, gibt es vergleichbare in China ja gar nicht. Die Chinesen schränkten nicht ein, sondern riegelten einfach konsequent mit einem Ring rund um Wuhan ab. Da war es egal, ob Familien über Monate getrennt waren. Die Pandemiebekämpfung hatte Vorrang. Und während bei uns die groß angekündigte Corona-App zum Rohrkrepierer wurde, war sie in China längst obligatorisch. Wer eine Begegnung mit einem Infizierten hatte oder hat oder infiziert war, muss sich sofort testen lassen oder sofort in Quarantäne. Und selbstverständlich meldet die App das nicht nur dem Nutzer, sondern parallel auch den Behörden. Immer wieder müssen diejenigen, die sich in Quarantäne befinden, Selfies übermitteln, um zu belegen, dass sie sich in der Nähe ihres Handys befinden, anhand dessen der Aufenthaltsort kontrolliert wird. Ich persönlich bin sehr froh, in einer offenen demokratischen Gesellschaft zu leben, in dem die Rechte des Individuums zählen und nicht in erster Linie das Kollektiv. Doch nicht nur in der Pandemie, auch an anderen Stellen zeigen sich Vorteile des staatskapitalistischen Systems. So ist China eines der wenigen Länder, die auch 2020 gewachsen sind und sich beim Schreiben dieser Zeilen schon wieder auf einem kräftigen Wachstumspfad befinden. Wie schon nach der Finanzkrise ist Deutschland einer der großen Profiteure dieses Booms. Dass unsere Automobilindustrie mit positiven Zahlen überrascht, verdanken wir allein China. Denn nach wie vor kommt unser Wachstum im Export vor allem von dort. Wir wollten keine Schulden mehr machen, dafür machen sie andere Länder und kurbeln unsere Konjunktur an. Denn bei aller Bewunderung des chinesischen Aufstiegs muss auch hier festgestellt werden, dass ein großer Teil durch massive Verschuldung finanziert wird. Der Staat erschafft das Geld und investiert es in den Aufbau des Landes, und auch hier bisher ohne negative Nebenwirkung. Nichtsdestotrotz tragen auch die Chinesen mittlerweile einen ordentlichen Teil zur wachsenden Weltverschuldung bei. Dennoch wird im Reich der Mitte keine Schuldenblase platzen, weil der Hauptteil der Unternehmensschulden bei den Staatsunternehmen liegt, wodurch sie faktisch Staatsschulden sind, und die werden wie beschrieben immer beglichen, so sie in der Landeswährung emittiert werden.

Fazit:

Die Corona-Krise hat uns Hals über Kopf in die schwerste Rezession seit dem Zweiten Weltkrieg katapultiert. Noch in keiner Wirtschaftskrise waren alle Bürger so in ihrem persönlichen Alltag von Veränderungen betroffen wie in der Corona-Krise. Und diese Krise versetzte auch sehr erfahrene Börsianer in Erstaunen, zunächst mit einem radikalen Absturz der Aktienkurse und dann mit einer in ihrer Geschwindigkeit noch erstaunlicheren Erholung. Sie wird fraglos in die Geschichte eingehen und eine ganze Generation prägen. Und sie wird die Welt in vielerlei Hinsicht verändern.

KAPITEL 2

Die Inflation kommt

Seit nunmehr über drei Jahrzehnten steigen die Schulden in der Welt überproportional zur Wirtschaftsleistung und da die Geldmenge immer ein Spiegelbild der Verschuldung ist, da neues Geld in unserem Geldsystem durch neue Schulden entsteht, ist damit auch die Geldmenge doppelt so schnell gestiegen wie das Bruttoinlandsprodukt der Welt. Übersetzt bedeutet das nichts anderes, als dass für jeden US-Dollar, jeden Euro, jeden Yen und seit der Finanzkrise auch jeden Yuan neues nominales Bruttoinlandsprodukt im Durchschnitt 2 US-Dollar, 2 Euro, 2 Yen und 2 Yuan neue Schulden gemacht werden mussten. Möglich war dies, weil in der gleichen Zeit die Leitzinsen gemessen an den USA von über 18 Prozent Anfang der 1980er-Jahre auf null Prozent heruntergeschleust wurden, nicht linear, sondern in Wellenbewegungen. Denn in jeder Krise, in der die Notenbanken die Wirtschaft stimulierten, um diese Krise schnell zu überwinden, gaben sie stärker Gas und machten das Geld noch billiger. Ihr Glück war, dass ein Anstieg der Verbraucherpreisinflation im Gegensatz zu den 1970er-Jahren und auch noch zu Anfang der 1980er-Jahre plötzlich kein Problem mehr war. Egal wie stark sich der Staat, aber auch Unternehmen verschuldeten, die Verbraucherpreisinflation schwankte in den USA und auch Europa stets relativ eng um die Zielmarke der Notenbanken von 2 Prozent. In den vergangenen rund 30 Jahren sorgte man sich häufiger um zu geringe Inflation als um zu hohe.

Nach altem ökonomischem Verständnis, vor allem der Monetaristen, deren bekanntester Vertreter der Nobelpreisträger Milton
Friedman war, konnte das eigentlich gar nicht sein. Er hatte em-
pirisch belegt, dass Geldmenge und Teuerungsrate eine enge Ver-
bindung haben. Wuchs die Geldmenge plötzlich schneller, zogen
irgendwann auch die Verbraucherpreise an. An dem Beispiel wird
wieder einmal deutlich, dass die Wirtschaftswissenschaft eben keine
Naturwissenschaft ist. Es lassen sich keine eindeutigen und immer
gültigen Beweise führen wie in der Physik oder der Mathematik.
Alle Modelle der Volkswirtschaftslehre sind theoretische Gebilde,
weil sie die Variablen stark vereinfachen müssen, um der Komple-
xität der Einflussfaktoren Herr zu werden. Doch von ihnen gibt es
so viele unvorhersehbare, die sich auf die wirtschaftliche Entwicklung auswirken können. Zuallererst ist da der technische Fortschritt
zu nennen, aber auch die Demografie kann sich ganz anders entwickeln als angenommen.

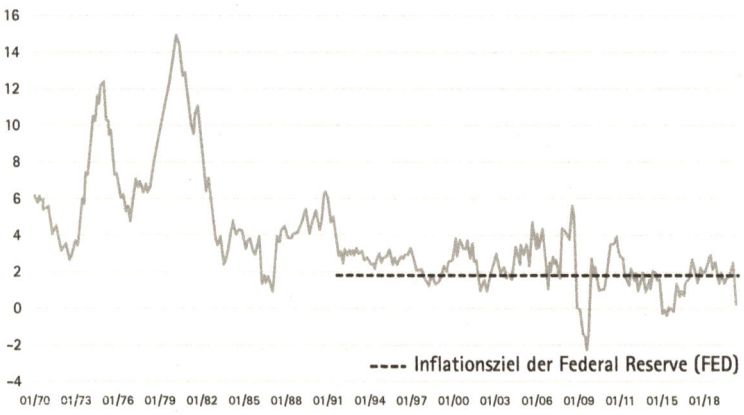

US-Verbraucherpreise Jahresveränderung in Prozent

Quelle: Bloomberg

Nun mögen Sie zunächst womöglich einwenden, dass die Inflation
doch viel schneller gestiegen sei als offiziell ausgewiesen. Und ich

weiß natürlich selbst, dass Wohnen vor allem in Ballungsgebieten sich viel stärker verteuert hat als um 2 Prozent pro Jahr. Auch die Pizza kostet heute in Euro das, was sie einst in D-Mark gekostet hat, was einer Verdopplung der Preise seit Einführung der Gemeinschaftswährung vor 19 Jahren gleichkommt. Aber vergessen wird oft, dass viele Dinge in den vergangenen drei Jahrzehnten nicht teurer wurden, sondern im Preis massiv gesunken sind. Nehmen Sie beispielsweise den Fernseher. Im Internet fand ich eine Zeitungsanzeige der Firma Brinkmeyer Audio-Video-Technik in Herten-Langenbochum aus dem Jahre 1979. Brinkmeyer bewarb einen Fernseher der Marke Grundig mit 66-Zentimeter-Bildschirm für 1698 D-Mark, was umgerechnet auf Basis des Umstellungskurses zum Euro 868,17 Euro entspricht. Dieser Betrag machte damals 68 Prozent des durchschnittlichen Monatsbruttoeinkommens eines deutschen Arbeitnehmers aus. Heute kaufen wir Fernseher nicht mehr im Fachgeschäft. Die Firma Brinkmeyer konnte ich nicht mehr ausfindig machen. Der Sturm der Zeit hat sie wahrscheinlich davongefegt wie auch den Hersteller. Grundig meldete 2003 Insolvenz an.

Nein, heute bestellen wir Fernseher online auch bei Lebensmitteldiscountern wie Lidl. Da fiel mir kürzlich eine Anzeige eines Grundig-Fernsehers – die Marke überlebte – mit 110-Zentimeter-Bildschirm für 343 Euro ins Auge. Die Preise für Farbfernseher haben sich in 40 Jahren also mehr als halbiert. Aber das stimmt natürlich nicht, denn parallel dazu sind die Durchschnittseinkommen in den letzten 40 Jahren natürlich auch gestiegen. Der erwähnte Fernseher von Lidl macht heute nämlich nur noch 13 Prozent des monatlichen Bruttodurchschnittseinkommens eines Deutschen aus. So gesehen haben sich die Fernseher im Preis mehr als gefünftelt. Und so ist es mehr oder weniger mit allen technischen Geräten. Bei den Autos wäre es nicht anders gewesen, wenn diese nicht mit immer mehr Schnickschnack ausgerüstet worden wären. All diese Dinge sind günstiger geworden zum einen durch den technischen Fortschritt und die Automatisierung der Produktion, zum anderen

Quelle: Recklinghäuser Zeitung

aber auch durch die Globalisierung und die Einbindung von Hunderten Millionen neuer Arbeitskräfte vor allem in China. Das war sozusagen der demografische Faktor. Zwar wuchs die Zahl der sich im arbeitsfähigen Alter befindenden Bevölkerung in den alten Industrieländern nicht mehr, doch durch die Globalisierung rückte die Welt Stück für Stück dichter zusammen. Die immer leistungsfähigere Logistik mit den riesigen Containerschiffen und der Luftfracht macht es möglich, dass Güter eben auch Tausende von Kilometern

entfernt gefertigt werden können und dennoch trotz der Transportkosten viel günstiger sind, als wenn sie beispielsweise in Westeu-
ropa oder in den USA gefertigt würden. Durch diesen Umstand erhöhte sich die Anzahl der zur Verfügung stehenden Arbeitskräfte
immens. Und je mehr Arbeitskraft im Angebot ist, desto geringer
fallen Lohnsteigerungen aus. Und im Fall von China und Südostasien, aber auch Osteuropa, als diese Regionen globalisierungs-
bedingt und durch die Öffnung des Ostens ebenfalls eingebunden
wurden, war es ja noch viel extremer. Die Arbeitskräfte, die da zur
Verfügung standen, waren viel billiger als die in den alten Industrieländern. Ihre Produktivität war zwar auch geringer, aber längst
nicht so viel geringer, als dass sie am Ende nicht viel günstiger gewesen wären. Die Löhne und damit die Arbeitskosten blieben also
nicht gleich oder sanken leicht, wie es bei einem hohen Angebot an
Arbeitskräften üblicherweise der Fall ist. Nein, ein Fabrikarbeiter
war plötzlich ein Bruchteil so teuer wie der, den man vor Verlagerung der Produktion in ein Billiglohnland beschäftigt hatte. Und
sie sind ja auch heute noch günstiger. Im Reich der Mitte werden
heute 90 Prozent aller Smartphones, 67 Prozent aller Fernseher und
65 Prozent aller PCs hergestellt.

Doch nicht nur technische Produkte kommen aus China, Indonesien, Bangladesch oder anderen Ländern der Region, auch Spielsachen, Sportschuhe, sämtliche Formen von Bekleidung, aber eben
auch viele Vorprodukte unseres verarbeitenden Gewerbes kommen
heute von dort. Auch der Preis für Bekleidung ist absolut gesehen,
aber natürlich vor allem vor dem Hintergrund der zitierten Lohnsteigerungen, günstiger geworden. Eine Jeans war vor Jahrzehnten
ebenfalls teurer als heute. Natürlich, es gibt Marken, die sich für
das Prestige, das sie verkörpern, einen hohen Preis bezahlen lassen,
aber wer mal bei Kick, H&M oder bei Primark war, der weiß, für wie
wenig Geld man dort mit vollen Tüten herauskommt. Diese auf der
einen Seite sinkenden Preise bildeten die ganzen Jahre das Gegengewicht zu den steigenden Mieten und Immobilienpreisen wie auch
zu den steigenden Preisen im Service- und Dienstleistungsbereich.

Denn natürlich lohnt es sich nicht, zum Friseurbesuch nach Thailand zu fliegen, weil der Haarschnitt da umgerechnet nur 5 Euro kostet. Hier lässt sich die heimische Arbeitskraft nicht so einfach durch eine billigere ersetzen. Doch durch den Umstand, dass viele Arbeitsplätze in der Fertigung in den alten Industrieländern verschwanden, mussten sich diese im Dienstleistungssektor etwas Neues suchen. Das Angebot an Arbeitskräften war in diesem Bereich damit immer reichlich, so dass die Löhne hier kaum stiegen. Insofern wirkte sich die Globalisierung auch hier preisdämpfend auf die Gehälter aus. Und wie wir nicht erst nach dem Ausbruch von Corona in Schlachtbetrieben wissen, wenn auch seitdem besonders gut, gibt es eine Menge ausländische Arbeitskräfte hierzulande, die für Hungerlöhne schuften und damit ebenfalls das Lohnniveau insgesamt unten halten. Aber nicht nur Automatisierung und Globalisierung dämpften die Preise in den letzten Jahrzehnten, es war auch die hundertprozentige Preistransparenz, die das Internet schuf. Ich bleibe bei dem Beispiel des Fernsehers. Kauften meine Eltern früher einen neuen Fernseher, gingen sie zu zwei Händlern, um zu vergleichen. Der eine war Barlage in Bremen-Vegesack, der andere war Elsner im Nachbarort Schwanewede. Das war's. Heute gehen wir ins Internet auf Vergleichsplattformen, sehen, wer den besten Preis hat, und lassen uns das Produkt zuschicken. Wenn wir es zuvor anschauen wollen, gehen wir zu Saturn oder Media Markt und kaufen es dann aber doch bei Amazon, weil es dort ein Händler günstiger anbietet und wir es als Amazon-Prime-Kunde ja auch gratis geliefert bekommen. Und so ist es mit allen Produkten. Kein Händler kann heute aufgrund einer Monopolstellung in seiner Region höhere Preise durchsetzen. Das war früher mal anders. Die oben genannten Händler gibt es in der heutigen Form natürlich auch nicht mehr. Barlage ging pleite und Elsner entwickelte sich zu einem IT-Dienstleister weiter, um zu überleben.

In Deutschland und auch anderen Ländern kam dann noch die Deregulierung in einigen Bereichen dazu, die vieles billiger machte. Die Privatisierung der Deutschen Bundespost in Deutsche Post/DHL und Deutsche Telekom sorgte dafür, dass Telefonieren viel billiger wurde. Kostete in meiner Jugend eine acht Minuten dauernde Ortseinheit 30 Pfennig, also rund 15 Eurocent, und ein Ferngespräch von Hamburg nach München ruckzuck 30 D-Mark (circa 15 Euro) telefonieren wir für einen solchen Betrag heute mit unserem Handy einen Monat flat und surfen dazu noch im Internet. Und wir sind vor 30 Jahren auch nicht für 30 Euro nach Mallorca oder mal eben nach Salzburg geflogen. Auch das ist ein Ergebnis der Deregulierung des Luftverkehrsmarktes.

All diese preisdämpfenden Faktoren hielten die Inflation klein und erlaubten es, die Zinsen immer weiter zu senken und damit die Verschuldung immer weiter hochzufahren. Es ist wichtig, diesen ab Mitte der 1980er-Jahre gültigen Dreiklang aus Inflation, Zinsen und Verschuldung zu verstehen, weil man sonst nicht versteht, wo wir uns heute mit der Weltwirtschaft befinden. (Siehe hierzu auch das Kapitel 3 »Die Schuldenepoche: 1987 bis heute«.)

Denn es war nicht immer so. In den 1970er-Jahren war es anders. Da wartete man auf einen neuen Mercedes oder Porsche schnell mal zwei Jahre. Verträge mit sofortiger Lieferung wurden für 10.000 D-Mark gehandelt. Heute, im Zeitalter der *Just-in-time*-Produktion, ist das überhaupt kein Thema mehr. Das Auto wird bestellt und ist mit individueller Ausstattung wenige Wochen später beim Händler abholbereit. Und der technische Fortschritt, den wir nun »Digitalisierung« nennen und der derzeit die Welt und die Art und Weise, wie wir leben, arbeiten und produzieren, massiv verändert, wirkt weiterhin preisdrückend.

Doch an anderen Stellen fangen die preisdämpfenden Faktoren an, auszulaufen und sich umzudrehen. Sechs Inflationstreiber, die uns zukünftig über eine längere Zeit höhere Teuerung bescheren werden, können derzeit ausgemacht werden.

Inflationstreiber 1: Aufgestaute Nachfrage trifft auf verringertes Angebot

»Zur Not werden wir das Geld mit Helikoptern abwerfen«, sagte der damalige Präsident der amerikanischen Notenbank Fed, Ben Bernanke, bereits 2002. Damals drohte die US-Wirtschaft in Reaktion auf die Terroranschläge des 11. September und die geplatzte Internetblase in eine Rezession zu rutschen. Zwar gewährte man den US-Bürgern rückwirkend eine Steuerrückzahlung, aber so richtig wie Helikoptergeld fühlte es sich noch nicht an.

In der Corona-Krise ist Bernankes Vision nun Wirklichkeit geworden. Inklusive des gerade verabschiedeten Hilfspakets von 1,9 Billionen US-Dollar unter dem neuen US-Präsidenten Joe Biden haben die USA 6,1 Millionen US-Dollar oder rund 25 Prozent ihres Bruttoinlandsprodukts aufgewendet, um ihre Bürger zu unterstützen. Ein Großteil davon wurde direkt per Scheck den Bürgern ins Haus geschickt. Da war zum einen der CARES Act ganz zu Beginn der Pandemie, der jedem Bürger 1200 US-Dollar plus noch mal 600 US-Dollar für jeden von ihm im Haushalt Abhängigen zusprach. Im zweiten Hilfsprogramm gab es dann noch mal 600 US-Dollar pro Person und 600 US-Dollar pro Kind und im jüngst verabschiedeten bekommen alle Bürger unterhalb eines Einkommens von 80.000 US-Dollar 1400 US-Dollar pro Person. Eine verlängerte Arbeitslosenunterstützung von noch mal 300 US-Dollar pro Woche für alle, die ihren Job in der Corona-Krise verloren haben, gibt es zusätzlich plus Hilfen für Selbstständige, Unterstützung bei der Gesundheitsversorgung, Steuersenkungen für Unternehmen und diverse Zahlungen der regionalen Bundesstaaten. Was die Amerikaner hier machen, ist nichts anderes, als Helikoptergeld zu verteilen. In der Folge sind die Einkommen der amerikanischen Bürger explodiert. Diese haben 2020 etwa 13 Prozent mehr eingenommen als 2019, die größte Einkommenssteigerung seit Beginn der Aufzeichnung der Zahlen 1960. Die Angst der US-Regierung vor den

Auswirkungen dieser Krise mit ihrem Lockdown ist riesengroß, so dass sie massiv überstimuliert.

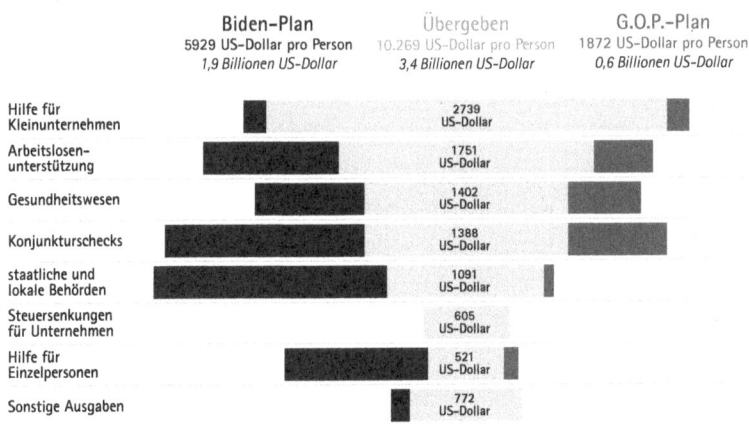

Quelle: *Committee for a Responsible Federal Budget*

Um das Inflationspotenzial, das sich hier aufgestaut hat, abzuschätzen, lohnt es sich, die Details des ersten Hilfspakets einmal genauer unter die Lupe zu nehmen.

So hat die US-Regierung allein von März bis November 2020 ihren Bürgern 1,046 Billionen US-Dollar an Unterstützung zukommen lassen. Die gesamte Lohnsumme ist dagegen nur um insgesamt gerade einmal 43 Milliarden US-Dollar eingebrochen, was eine fast zu vernachlässigende Zahl ist. Wie lässt sich das vor dem Hintergrund Millionen neuer Arbeitsloser erklären? Ganz einfach, es hat nicht die gut bezahlten Jobs erwischt, sondern die unteren Lohngruppen, die in Restaurants, im Einzelhandel oder am Check-in am Flughafen arbeiten. Teilweise handelte es sich auch nur um Teilzeitjobs. Parallel dazu bekamen Arbeitnehmer in Berufsgruppen, die im Homeoffice weiterarbeiten konnten, teilweise Bonuszahlungen ihrer Arbeitgeber als Anerkennung für ihre »tapferen« Dienste in der Corona-Zeit. Auch in Deutschland konnten Arbeitgeber Mitarbeiter eine steuerfreie Corona-Prämie auszuzahlen, wovon auch viele Gebrauch machten. Im Ergebnis hatten die Amerikaner also eine Einkommenssteigerung von 1,03 Billionen US-Dollar allein von März bis November 2020 durch die massiven Zahlungen des Staates.

Schaut man nun auf die andere Seite, nämlich die persönlichen Ausgaben der US-Bürger in dieser Zeit, dann wurde etwa für Einrichtung und Fitnessgeräte mehr ausgegeben, aber insgesamt doch deutlich weniger aufgrund all der Dinge, die man nicht tun konnte, wie Restaurantbesuche oder Reisen nach Las Vegas oder Miami. Kurz gesagt, die Amerikaner gaben 535 Milliarden US-Dollar weniger aus als im Jahr 2019 von März bis November. Beides zusammengenommen kamen die US-Bürger also auf zusätzliche liquide Mittel von 1,56 Billionen US-Dollar.

Das im Dezember verabschiedete Konjunkturpaket und das neueste kommen noch dazu und werden die Ersparnisse der Bürger weiter erhöhen. Und die USA sind nicht das einzige Land, in dem die Ersparnisse deutlich gestiegen sind. Zwar haben die Amerikaner am stärksten geklotzt in Bezug auf die direkte Unterstützung der Bevölkerung, doch auch in anderen Ländern gab es teilweise Extrazahlungen. In Deutschland zum Beispiel das erhöhte Kindergeld. Insgesamt haben sich so Extra-Ersparnisse von 2,5 Billionen Euro angesammelt und es werden täglich mehr. Allein in Deutschland haben sich 2020 weit über 200 Milliarden Euro mehr angesammelt.[3]

Während ich an diesem Buch schreibe, steckt Deutschland noch inmitten der Pandemie und kämpft bereits wieder mit steigenden Infektionszahlen. Doch es ist absehbar, dass selbst bei der von der Politik katastrophal gemanagten Impfstrategie in Deutschland hier mit der fortschreitenden Durchimpfung der Bevölkerung ab Sommer weitestgehend geöffnet wird und die Wirtschaft schnell wieder auf die Beine kommt. In anderen Ländern, wie den USA, Israel, aber auch Großbritannien, die deutlich schneller mit dem Impfen vorankommen, wird es schon früher der Fall sein. Dennoch werden einige Unternehmen es am Ende nicht überlebt haben. Täglich lesen wir von Restaurants und Hotels, die dauerhaft schließen. Und wenn hierzulande die Insolvenzantragspflicht wieder gilt, werden noch viele Unternehmen dazukommen.

Eine bei den Konsumenten mental aufgestaute Nachfrage nach Shoppingtouren, Reisen und Restaurantbesuchen und prall gefüllte Bankkonten wie noch nie treffen so auf ein verringertes Angebot. In den USA wird schon jetzt der *Output gap*, also der Abstand zwischen Produktionspotenzial und erwarteter Nachfrage, auf 1 Billion US-Dollar geschätzt. Ein Inflationsanstieg ist damit ausgemachte Sache. Viele Ökonomen erwarten nur einen Einmaleffekt. Doch da könnten sie irren. Einen weiteren Grund zum Geldausgeben, vor allem wenn die Preise sichtbar anziehen, werden die Leute in den tiefen Zinsen sehen. Wird alles teurer und gibt es dafür aber keinen Ausgleich durch Zinseinnahmen, liegt es näher, das Geld auszugeben, als es zu horten. Und so könnte der zu erwartende Nachfrage- und Inflationsschub sich länger fortsetzen, als so mancher glaubt.

Inflationstreiber 2: Deglobalisierung der Lieferketten

Die Corona-Pandemie hat nicht nur gezeigt, wie verletzlich unsere Gesellschaft gegenüber einem Virus ist, trotz der hochmodernen Medizin. Sie hat uns auch gezeigt, wie verletzlich unsere Lieferketten geworden sind und wie sehr wir uns sogar mit der Versorgung von Medikamenten von China abhängig gemacht haben. Mehr oder minder sämtliche Antibiotika kommen von dort. Und als zur Viruseindämmung plötzlich ganze Regionen abgeriegelt und Einreiseverbote verhängt wurden, kam von da plötzlich nichts mehr. Extrem schnell gab es Lieferengpässe. Der Fokus auf maximale Rendite und damit Kostenoptimierung, letztlich auch, um im knallharten internationalen Wettbewerb bestehen zu können, hat eben auch zu einer Optimierung der Lieferketten geführt. War irgendetwas trotz Transportkosten woanders günstiger zu bekommen, dann wurde es auch dort eingekauft. In normalen Zeiten, wo alles funktioniert, störte sich natürlich auch niemand daran. Die Aktionäre verdienten mehr Geld, die Verbraucher bekamen die Ware günstiger. Klar, das hat an anderen Orten zu Arbeitsplatzverlusten geführt, aber daran hatte man sich gewöhnt. So sind Abhängigkeiten entstanden, die vielen bis zum Ausbruch der Pandemie gar nicht bewusst waren. Die Automobilindustrie ist ein gutes Beispiel. Die Renditeoptimierung hat beim Einkauf von Mikrochips zu einer vollkommenen Abhängigkeit von wenigen Herstellern geführt. Stammten vor 30 Jahren 37 Prozent der Halbleiterproduktion aus den USA, sind es heute noch 12 Prozent. Mehr oder minder sind alle mittlerweile von TSMC in Taiwan abhängig. Werden die Chips nicht pünktlich geliefert, wie seit Jahresende 2020, stehen die Bänder bei den Automobilherstellern still. Es sind kleine Teilchen, aber ohne sie geht heute nichts mehr. Und die Automobilindustrie ist in einer machtlosen Situation. Während sie die Chips dringend benötigt, können die Chiphersteller auf die Automobilindustrie verzichten. Diese Standardchips sind ein margenschwaches Geschäft. Aber zur Freude der Hersteller erhöhen sich nun die Margen, weil die Automobilindustrie verzweifelt zu höheren Preisen kaufen muss, um nicht massive Produktionsausfälle zu erleben. Sie hatte aufgrund der Unsicherheit zunächst weniger geordert, die Chips fanden jedoch trotzdem reichlich Abnehmer, weil Millionen von Homeoffices plötzlich mit Hardware ausgestattet werden mussten. Mehr als 100.000 Autos können in Deutschland wegen fehlender Halbleiter nicht produziert werden. Pkws dürften in diesen Tagen daher deutlich teurer sein, als sie es ohne Corona-Pandemie gewesen wären. In den USA ist der Preis für Gebrauchtwagen bereits um mehr als 20 Prozent seit Ausbruch der Pandemie gestiegen. Auch Spielekonsolen wie PlayStation oder Xbox waren vor Weihnachten schnell ausverkauft und wurden bei eBay zum doppelten Preis gehandelt. Auch hier war die Halbleiterknappheit entscheidend.

Das Ergebnis sind deutlich steigende Produzentenpreise – bisher bereits um 4 Prozent –, die sich mit Zeitverzögerung auch in den Verbraucherpreisen niederschlagen werden.

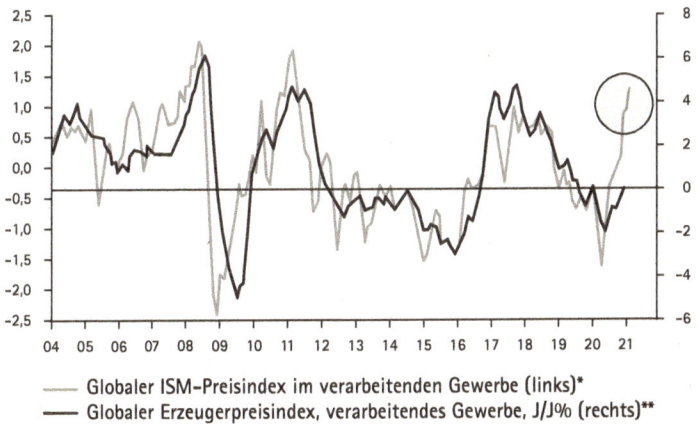

—— Globaler ISM-Preisindex im verarbeitenden Gewerbe (links)*
—— Globaler Erzeugerpreisindex, verarbeitendes Gewerbe, J/J% (rechts)**

Weltweite Kerninflation des Erzeugerpreisindex im 1. Quartal in die Höhe geschossen?
Quelle: @PantheonMacro, @IanShepherdson

Doch selbst mit der Normalisierung der Produktion in China und dem Ende der Unterbrechung von Lieferwegen sind die Probleme längst nicht behoben. Auch die Containerschifffahrt ist ein hochsensibles Gefüge geworden. Leerfahrten sind nicht vorgesehen, und so blieben Schiffe, die sonst gefahren wären, einfach dort, wo sie gerade waren, weil die Ware fehlte. Damit fehlten dann einige Wochen später aber die Container dort, wo sich Ware befand, die hätte verpackt und verladen werden müssen. So erlebte der Markt das größte Chaos seit Erfindung des Containers. Der Preis für einen 40-Fuß-Container stieg von März 2020 bis Januar 2021 von 2400 auf 8000 US-Dollar. Zuschläge kommen auch noch dazu. Und die hohen Preise könnten von Dauer sein, denn die Größe der Seefahrtflotte wird in den nächsten Jahren gleich bleiben. Verantwortlich dafür sind laut dem Verband Deutscher Reeder (VDR) in Hamburg unter anderem mangelnde Finanzierungsmöglichkeiten.[4] Über Jahre waren im Containerschiffbau Überkapazitäten entstanden. Ausgelöst wurden diese durch das Steuersparmodell der Schiffs-beteiligung, das deutschen Anlegern zuhauf verkauft wurde und aufgrund dessen viel mehr Schiffe gebaut wurden als benötigt. Das hatte die Margen jahrelang gedrückt. Viele Anleger verloren viel Geld und viele Reeder mussten Schiffe verkaufen, weil ihr Eigenka-pital aufgebraucht war. Seitdem halten sich die Banken nach vielen Kreditausfällen mit der Finanzierung zurück. Natürlich ist das im Wesentlichen ein deutsches Problem, Deutschland spielt im inter-nationalen Reedergeschäft jedoch seit jeher eine gewichtige Rolle. Der Einfluss auf den Welthandel ist daher nicht unerheblich. Dazu kommt noch ein Grund, der letztlich alle Reeder auf der Welt be-trifft: Niemand weiß genau, welche Treibstoffart in Zukunft noch erlaubt sein wird. Die Weltseefahrtorganisation IMO hat der Bran-che strenge Klimaziele gesetzt, die mit üblichem Schiffsdiesel nicht zu erreichen sind. Da man aber auch noch nicht weiß, ob es auf Flüssiggas, Ammoniak-Wasserstoff-Gemische oder Bio-Diesel hin-ausläuft, will keiner gerne Schiffe ordern, deren Nutzungszeit in der Regel 25 Jahre beträgt. Am Ende – so die Angst – könnten diese nicht mehr eingesetzt werden, weil sie die Klimaziele nicht erfüllen oder ihr Einsatz dann durch entsprechende Kompensationszahlung viel zu teuer wird.

Nun ließen sich das Chaos bei den Containern und auch die Engpässe bei der Produktion von Chips und anderen Produkten si-cher mit der Zeit beheben. Doch seitdem mit Donald Trump ein neues Verhältnis zu China entstanden ist, ist den verantwortlichen Politikern und auch den Unternehmen nicht mehr wohl bei der Ab-hängigkeit von China in so vielen Bereichen. Und diese Haltung zu China ist richtig und wird sich auch nicht ändern. Es mag sich der Ton und es mögen sich die Maßnahmen ändern, die Haltung bleibt. Das hat Joe Biden bereits deutlich signalisiert. Und er hat recht damit. China ist längst nicht mehr nur das Land, das für uns günstige Smartphones, Sportschuhe und Spielsachen fertigt, und auch längst nicht mehr nur der dankbare Abnehmer deutscher Automobile. Natürlich, China war in gewisser Hinsicht mit seiner Produktpiraterie von Beginn an auch ein Ärgernis für so manchen Hersteller, doch jetzt ist die Gefahr, die von China ausgeht, eine ganz andere, viel größere. Dieses Land beansprucht die Weltführerschaft – wirtschaftlich, technologisch und wahrscheinlich auch irgendwann militärisch. Das wäre ja an sich auch kein Problem, wir haben die USA als Hegemon in wirtschaftlicher wie militärischer Hinsicht immer akzeptiert und sind damit gut gefahren. Nur gibt es in Bezug auf China den entscheidenden Unterschied, dass dort ein vollkommen anderes Gesellschaftssystem herrscht. China ist keine offene freiheitliche demokratische Gesellschaft, sondern ein staatskapitalistisches System, das von einem Kollektiv getragen wird und nicht von den individuellen Freiheitsrechten des Einzelnen. Und die Öffnung Chinas ist unter dem amtierenden Staatspräsidenten Xi Jinping gestoppt worden. Die Vorgänge in Hongkong zeigen sehr deutlich, in welche Richtung seine Politik geht.

Niemand möchte von diesem Land in der Weise abhängig sein, wie wir es heute sind und wie es uns das SARS-CoV-2-Virus vor Augen geführt hat. Das bedeutet, die Lieferketten werden sich zukünftig nicht mehr allein am Kostenfaktor orientieren, sondern auch am Faktor Liefersicherheit und daher nationaler werden. Und das wird natürlich einiges teurer machen. Denn wenn wir die Produktion von Pharmazeutika nach China verlegt haben, weil sie dort günstiger ist, dann wird es teurer sein, wenn wir sie zukünftig wieder in Europa herstellen. Kurzum, ob Mikrochips, Batterien für Elektroautos, Pharmazeutika, Mobiltelefone oder auch militärische Ausrüstung, zukünftig soll hiervon wieder mehr in Europa und in den USA gefertigt werden. US-Präsident Joe Biden hat bereits ein Dekret erlassen, das es amerikanischen Firmen schwerer machen soll, Materialien zum Großteil im Ausland einzukaufen. Doch es geht nicht nur um Liefersicherheit, auch Datensicherheit ist ein Aspekt. So haben die westlichen Länder beschlossen, ganz oder zu großen Teilen beim Aufbau ihrer Netzwerke und insbesondere des 5G-Mobilfunknetzes auf Bauteile des Elektronikkonzerns Huawei aus China zu verzichten. Viel zu einfach ist es heutzutage, mikroskopisch kleine Module oder Software zum Ausspähen des potenziellen Gegners in diese Netzwerke einzuschleusen. Das stellt Konzerne wie die Deutsche Telekom, Vodafone, Telefónica und andere vor durchaus nicht kleine Probleme. Huawei hatte sich in den letzten Jahren zum dominanten Marktführer in diesem Bereich entwickelt. Teilweise hat es bei gewissen Bauteilen quasi ein Monopol. Nun müssen europäische oder amerikanische Unternehmen diese Produkte entwickeln und fertigen. Allein das ist schon eine Herausforderung, weil die Kapazitäten dafür gar nicht vorhanden sind. Auf alle Fälle wird der Netzwerkaufbau jetzt teurer als zuvor kalkuliert.

Ein weiterer Aspekt ist das Thema Nachhaltigkeit. Verbraucher in der westlichen Welt wollen keine Produkte mehr kaufen, an deren Produktion Kinderarbeit zum Einsatz kam. Doch während die Hersteller bisher immer noch die Wahl hatten und versuchen konnten, unentdeckt zu bleiben, regelt dies jetzt das neue deutsche Lieferkettengesetz. Im Januar wurde zudem beschlossen, dass es ein entsprechendes Gesetz auch auf europäischer Ebene geben soll. Zukünftig werden Unternehmen Bußgelder zahlen müssen, wenn sie Menschenrechtsverstöße in ihrer Lieferkette zulassen. Eine gute Sache, doch auch ein hoher bürokratischer Aufwand, der die Kosten erhöht.

Fazit: Das zukünftige Mehr an Liefersicherheit und Nachhaltigkeit in Lieferketten wird der Verbraucher durch höhere Preise bezahlen.

Inflationstreiber 3: Rohstoffknappheit

Im März 2020 fiel der Ölpreis auf minus 37 US-Dollar pro Barrel. Die Saudis warfen extrem viel Öl auf den Markt, um den Preis nach unten zu prügeln. Sie wollten damit die Produktion von amerikanischem Schieferöl im Fracking-Verfahren unrentabel machen. Viele Spekulanten hatten bei Preisen von 10 US-Dollar und weniger pro Barrel Rohöl die vermeintlichen Schnäppchenpreise zum Kauf auf Termin genutzt. Als der Liefertermin im März dann kam, wollten sie durch ein entsprechendes Gegengeschäft ihren Terminkontrakt wieder verkaufen. Andernfalls hätten sie das Öl irgendwo in Texas abholen müssen, wozu einem Spekulanten natürlich die Möglichkeiten fehlen. Er verfügt ja nicht über Tanklaster und Lagermöglichkeiten. Aber niemand wollte das Öl zu diesem Zeitpunkt haben. Bedingt durch den Lockdown stand die Welt still und es wurde viel weniger Öl benötigt als üblich. Und so mussten die Spekulanten am Ende zu Minuspreisen verkaufen, um dieser Verpflichtung zu entgehen. Zu diesem Zeitpunkt hat wohl niemand gedacht, dass wir ein Jahr später wieder Ölpreise von 70 US-Dollar sehen würden.

Doch der Ölpreis ist nicht der einzige Rohstoff, der nach einem heftigen Einbruch weit über das Niveau von vor der Corona-Pandemie gestiegen ist. Auf breiter Front legen seit Monaten fast sämtliche Rohstoffe deutlich zu.

Bekanntermaßen kam die chinesische Wirtschaft aufgrund sehr rigoroser Maßnahmen zur Eindämmung der Pandemie deutlich schneller aus der Wirtschaftskrise als die alten Industrieländer. Im Riesenreich boomt die Wirtschaft bereits wieder in allen Bereichen. Entsprechend stark haben die Stahlpreise angezogen. Der Preis hat sich von 400 Euro pro Tonne fast verdoppelt. Die vorherige Stahlschwemme hatte die Hersteller Produktionskapazitäten abbauen lassen, jetzt herrscht Knappheit bei allen Produktgruppen. Und es wird Zeit brauchen, bis die Produktionskapazitäten wiederaufgebaut werden. Vom Auftrag bis zur Lieferung dauert es in der Regel acht bis zehn Wochen, momentan liegt die Lieferzeit bei 22 Wochen. Ob Maschinenbau, Elektronikprodukte, Pharma- oder Chemieindustrie oder natürlich Metallbearbeitung: Überall läuft es besser und es fehlt der Stahl. Rapide wachsende Nachfrage trifft auf nur schleppend wachsendes Angebot. Auch der Preis für den Grundrohstoff Eisenerz steigt.

Außerdem brummt der Bau, doch das nicht nur in China. Man hätte meinen können, dass auch der private Wohnungsbau leidet, wenn viele Menschen ihre Jobs verlieren, dem ist allerdings überhaupt nicht so. Wie wir heute wissen, sind die Lohneinkommen in den USA nur sehr geringfügig eingebrochen, so dass durch die Hilfspakete des Staates die Bürger unterm Strich sogar mehr in der Tasche haben. Dies gepaart mit einem neuen historischen Tief bei den Hypothekenzinsen hat dafür gesorgt, dass der Bau von Wohnungen und Einfamilienhäusern deutlich anzieht. Die Pandemie und der Zwang, daheimzubleiben, haben für viele die Wichtigkeit der eigenen vier Wände erhöht. Und so geht der Preis für Kupfer, das für Dächer und Leitungen benötigt wird, sowie der für Bauholz deutlich nach oben. Bei Kupfer kam ein vermindertes Angebot hinzu. Coronabedingt wurde die Minenproduktion massiv zurückgefahren und lag teilweise 40 Prozent unter der des Vorjahres. Und die Nachfrage wird weiter steigen. Durch die zunehmende Elektrifizierung wird immer mehr Kupfer benötigt. Ein Elektroauto benötigt deutlich mehr Kupfer als ein üblicher Verbrenner. Der geplante »Green Deal« der neuen US-Regierung wird seinen Teil dazu beitragen. Schon jetzt befindet sich der Preis auf einem Achtjahreshoch.

Und nicht nur Kupfer, alle Metalle, egal ob Kobalt, Kupfer, Zinn, Nickel oder Silber, die für die Batteriefertigung und die Herstellung von Erneuerbaren Energien benötigt werden, steigen im Preis.

Die zunehmende Wasserstoffproduktion kurbelt die Nachfrage nach Platin an. Platin wird für Katalysatoren und für Brennstoffzellen benötigt. Setzt sich Wasserstoff durch, könnte allein dadurch eine Nachfrage von 130 Tonnen pro Jahr entstehen, so viel wie die gesamte Platinnachfrage 2020 ausmachte. Auf der anderen Seite versiegen die Minenkapazitäten in Südafrika.

Dazu kommt bedingt durch die Energiewende noch ein anderer »Rohstoff«, der uns ab jetzt zunehmend Geld kosten wird, obwohl wir ihn nicht verbrauchen, sondern selbst produzieren: Kohlenstoffdioxid, CO_2. Sein Ausstoß kostet bereits 25 Euro pro Tonne, und der Preis wird bis 2025 auf 55 Euro steigen. Die Energiewende würde ihren Preis haben, das war von Beginn an klar, und der deutsche Bürger spürt diesen schon seit Jahren aufgrund der EEG-Umlage.

Edelmetalle haben in der Corona-Pandemie ebenfalls deutlich zugelegt. Hier treibt die Nachfrage von Anlegern die Preise zusätzlich an, die sich wegen der überbordenden Geldvermehrung auf Sachwerte stürzen. Beim Gold ist dies für unser tägliches Leben egal, es ist ein Luxusgut, auf das man verzichten kann. Anders sieht es bei Silber, Platin und Palladium aus, wo es einen hohen Grad an industrieller Nutzung gibt. Absorbieren Anleger einen Teil des Angebots, steigt der Preis für die Industrie.

Seltene Erden ziehen im Preis an und könnten sich deutlich stärker verteuern. Sie werden in allen Hochtechnologieprodukten benötigt und damit auch in allen Zukunftstechnologien wie Elektroautos, Satelliten, Chips oder Windrädern. Auch für Dauermagneten werden sie benötigt, die beispielsweise in Lautsprechern, Kopfhörern oder Festplatten eingesetzt werden. 90 Prozent der Seltenen Erden kommen derzeit aus China, und die Regierung hat die Produktion nun unter staatliche Kontrolle gestellt. Im Handelskrieg stellen sie eine machtvolle strategische Waffe dar. Auch hier muss der Westen sich dringend unabhängiger machen. Das geht auch, denn so selten wie ihr Name vermuten lässt, sind die Seltenen Erden nicht, es gibt auch Vorkommen in Nord- und Südamerika und in Europa. Doch die Aufarbeitung ist energieintensiv und umweltbelastend, weshalb man die Produktion vor allem in China hat stattfinden lassen. Auch hier wird ein Produktionsaufbau und der Betrieb die Preise weiter treiben, denn allein die Kosten für Energie und Entsorgung von umweltschädlichen Beiprodukten sind in den USA und in Europa deutlich höher als im Reich der Mitte.

Auch Lebensmittel steigen im Preis auf breiter Front. Insbesondere der Preis für Sojabohnen hat enorm zugelegt. Der größte Nachfrager ist hier einmal mehr China. Nachdem aufgrund der Schweinepest Hunderte Millionen von Tieren geschlachtet werden mussten, werden nun neue Herden gezüchtet und dafür braucht es dementsprechend viel Futtermittel. Grundsätzlich gibt es zwar keine Nahrungsmittelknappheit, aber die zunehmenden extremen Wetterphänomene sorgen dafür, dass durch Trockenheit ganze Ernten verloren gehen oder annähernd verloren gehen. Wir haben dies 2018 sogar in Deutschland erlebt.

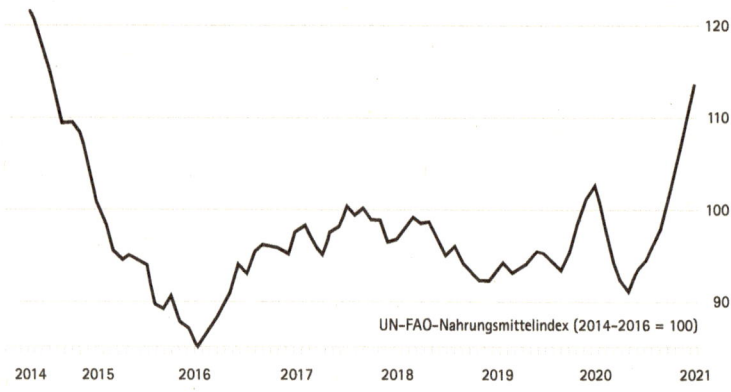

Globaler Preissprung bei Nahrungsmitteln

Quelle: FAO

Es ist durchaus denkbar, dass ein neuer Superzyklus für Rohstoffe begonnen hat. Es gab vier Superzyklen in den letzten 100 Jahren, der letzte endete 2008. Da hatte China alles aufgekauft von Kupfer über Baumwolle bis zu Agrarprodukten. Und steigen die Rohstoffpreise, dann ist es egal, wie viele Überkapazitäten in der Produktion von Smartphones und was sonst noch allem bestehen. Die nötigen Materialien zur Herstellung werden teurer und diese Kosten müssen durch steigende Preise der Endgeräte ausgeglichen werden.

Inflationstreiber 4: Lohninflation

Wie schon zu Beginn dieses Kapitels beschrieben, war auch die Demografie eine starke Inflationsbremse in den vergangenen Jahren, und dies in zweierlei Hinsicht. Mit der Einbindung von Ländern wie China und Indien aber auch den Ländern der ehemaligen Sowjetunion in den globalen Produktionsprozess kamen viele junge Arbeitskräfte hinzu. Durch einen immer größeren Anteil der im arbeitsfähigen Alter befindlichen Bevölkerung und zunehmender Urbanisierung steuerte allein China zwischen 1990 und 2017 370 Millionen neue Arbeitskräfte dem globalen Arbeitsmarkt bei. Durch den Zerfall der Sowjetunion waren es weitere 200 Millionen.[5] Arbeitskraft war damit kein knappes Gut und wurde daher nicht teurer, sondern in diesem Fall sogar viel billiger. Das wirkte auf der Angebotsseite inflationshemmend, während die Demografie in den alten Industrieländern mit immer mehr alten Menschen auf der Nachfrageseite preisdrückend wirkte. Es ist eben ein Naturgesetz, dass ältere Menschen weniger konsumieren, abgesehen von der Nachfrage nach medizinischer Versorgung. Junge Menschen hingegen müssen sich mit dem Heranwachsen zunächst alles anschaffen, und zwar nicht nur für sich, sondern auch für die eigenen Kinder. Das Wachstum war daher eher unterdurchschnittlich. Japan ist hier am schlimmsten betroffen, in Europa ist es besonders Deutschland. Der Volkswirt spricht daher auch vom »Potenzialwachstum einer Volkswirtschaft«, das sich vor allem aus ihrem Bevölkerungszuwachs ableiten lässt.

Der Faktor Demografie wird sich in den kommenden Jahren aber in einen Inflationstreiber verwandeln. Denn abgesehen von Afrika wird sich die Zahl der Menschen im arbeitsfähigen Alter in den nächsten Jahren nicht mehr vergrößern, sondern verkleinern. Insbesondere China wird aufgrund der jahrelangen Ein-Kind-Politik extrem betroffen sein. Kamen durch die Globalisierung mit China und Indien jahrelang immer mehr Arbeitskräfte dazu, dreht dieser Trend langsam um. Die Ökonomen Charles Goodhart und Manoj Pradhan haben dies in ihrem 2020 erschienenen Buch *The Great Demographic Reversal* eindrucksvoll und detailliert beschrieben.[6]

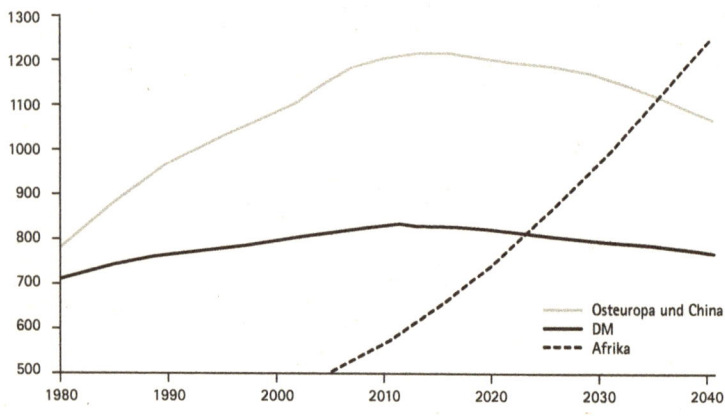

Bevölkerung im erwerbsfähigen Alter (in Millionen)
Quelle: Goodhart & Pradhan (2020): The Great Demographic Reversal

Der wahrscheinlich wichtigste Faktor für die stabilen Preise der letzten Jahrzehnte fällt damit weg. Arbeit wird also teurer werden. Und sie wird in China bereits deutlich teurer. Stieg jahrelang die Arbeitsproduktivität im Reich der Mitte schneller als die Löhne, ist es jetzt umgekehrt. Verdiente ein amerikanischer Arbeiter im Jahr 2000 34,6-mal so viel wie ein chinesischer, war es 2018 nur noch 5,1-mal so viel. In Europa, wo ja vieles an Produktion nach Osteuropa verlagert wurde, ist es ähnlich. Auch hier gleichen sich die Löhne zunehmend an die der westeuropäischen Länder an. Nur eine Einbindung Afrikas in den globalen Produktionsprozess würde wieder für einen globalen Anstieg an Arbeitskräften sorgen. Doch dies ist derzeit schwer vorstellbar. Viele Länder des Kontinents sind politisch zu instabil. Korruption ist an der Tagesordnung und die fehlende Säkularisierung stellt ein echtes Problem dar.

Auch in der alten Welt wird die Demografie zum Inflationstreiber. Wie zu Beginn dieses Kapitels beschrieben, lässt sich Produktion relativ leicht verlagern, wenn eine entsprechende Logistik zur Verfügung steht. Bei Dienstleistungen sieht dies schon anders aus. Klar, man kann Callcenter noch nach Indien auslagern, aber der Altenpfleger wird vor Ort benötigt. Automatisierung ist eine Möglichkeit, eine mangelnde Zahl an Arbeitskräften auszugleichen, und dies wird in der Zukunft sicher zunehmend passieren, doch noch sind wir auf dem Gebiet der Robotik nicht so weit. Sind wir es irgendwann, wird dies neue Probleme mit sich bringen, zunächst wird die alternde Gesellschaft aber für einen Mangel an Arbeitskräften sorgen. Eine alternde und schrumpfende Gesellschaft birgt zwar wie beschrieben auch weniger Nachfrage und Wachstumspotenzial. Doch auch die alten Leute konsumieren weiter, sie stehen aber nicht mehr als Arbeitskraft zur Verfügung. Und so läuft es auf die Situation hinaus, dass immer weniger Arbeitskräfte eine immer größere Zahl an Nicht-Arbeitskräften versorgen müssen. Kommt es nicht zu Einwanderung, ist absehbar, dass irgendwann nicht mehr genug Arbeitskräfte zur Verfügung stehen. Im Bereich der Fachkräfte haben wir das Problem in Deutschland schon lange. 2030 werden seriösen Schätzungen zufolge drei Millionen Fachkräfte in Deutschland fehlen. Schon jetzt sind Lohnsteigerungen deutlich über der Inflationsrate an der Tagesordnung. Und dies dürfte erst der Anfang sein. Auch hier setzt sich – wenn auch mit etwas Verzögerung – das Prinzip von Angebot und Nachfrage durch. Es sind vor allem die naturwissenschaftlichen und technischen Berufe, in denen Leute fehlen. Die Digitalisierung erfordert eine riesige Zahl an Informatikern und Programmierern. Aber auch im Pflegebereich – die Corona-Krise hat das für alle offenbar werden lassen – fehlen massenhaft Leute. Das ist ein knochenharter Job, den nicht viele machen wollen, vor allem nicht bei dieser miserablen Bezahlung. Ergo wird sie steigen müssen bei immer mehr alten Leuten, die zu pflegen sind.

Die zuvor prognostizierte demografische Veränderung kommt mit aller Macht auf uns zu, sie schreitet jedoch langsam voran.

Abgesehen von Fachkräften gab es bisher keinen Mangel an Arbeitskräften in den weniger qualifizierten Berufen, vor allem nicht in Ländern, die Einwanderung erlebten. Auch hierzulande – obwohl wir gar keine geregelte Einwanderung haben – finden wir im Servicebereich zunehmend Arbeitskräfte mit Migrationshintergrund. Kurzum, das Angebot an Arbeitskräften war ausreichend und Lohndruck nicht vorhanden. Auch deshalb wurde richtigerweise der Mindestlohn eingeführt. Denn die Gesellschaft hat sich in den vergangenen Jahren immer stärker aufgespalten in die zum einen hoch und gut Qualifizierten, die am Wirtschaftsaufschwung teilnahmen, und die weniger Qualifizierten, die aufgrund der Verlagerung von Jobs ins Ausland und der Automatisierung teilweise schlecht bezahlte Jobs im Dienstleistungssektor annehmen mussten. So nahm in den OECD-Ländern von 1995 bis 2015 die Zahl der hochqualifizierten Jobs zu und auch die, für die wenig Qualifikation notwendig war, also die Jobs im Dienstleistungssektor, wurden mehr. Die Jobs mit mittlerer Qualifikation wurden weniger. Dies war ein wesentlicher Treiber der Spaltung der Gesellschaft.

Deshalb wird nicht nur die voranschreitende demografische Veränderung im unteren Lohnsegment zu höheren Löhnen führen, sondern dies wird auch politisch getrieben sein. Denn der wieder stärker aufflammende Rassismus in den USA ist kein zufälliger Zeitgeist. So wie auch der Brexit, die Lega Nord in Italien, der Front National in Frankreich und auch die AfD in Deutschland keine Zufallsprodukte sind. Diejenigen, die das Kapitol zu stürmen versuchten, sind die Speerspitze einer gesellschaftlichen Gruppe in den USA, die sich im Wesentlichen aus Menschen speist, die in den vergangenen 20 Jahren einen wirtschaftlichen Abstieg erlebt haben. Betrachtet man die Lohnentwicklung in den USA seit den 1990er-Jahren, dann fällt auf, dass das untere Fünftel der Gesellschaft überhaupt keine Reallohnsteigerungen erlebte, das zweite Fünftel erlebte gerade noch minimale Lohnsteigerungen, während das obere Einkommensviertel 50 Prozent Reallohnsteigerung erfuhr. Die Spitze der bestverdienenden 5 Prozent konnte sich sogar über eine Verdopplung der Löhne freuen. Doch nicht nur die Gehälter trugen zur Spreizung der Gesellschaft bei, sondern auch die Kapitaleinkommen. Wer über großes Vermögen verfügte, und das sind eben auch die Wohlhabenden, weil nur diese überhaupt die Möglichkeit haben, Vermögen zu bilden, wurde durch den extremen Anstieg der Vermögenspreise reichlich belohnt. An den unteren Einkommensgruppen gingen diese Gewinne vorbei. Einer Studie der US-Notenbank aus der Zeit vor der Corona-Krise zufolge verfügt von den unteren 60 Prozent aller Einkommensbezieher nur ein Drittel überhaupt über Ersparnisse. In den USA ging die Schere stärker als in Europa auseinander, doch der Trend war auch hier sehr eindeutig.

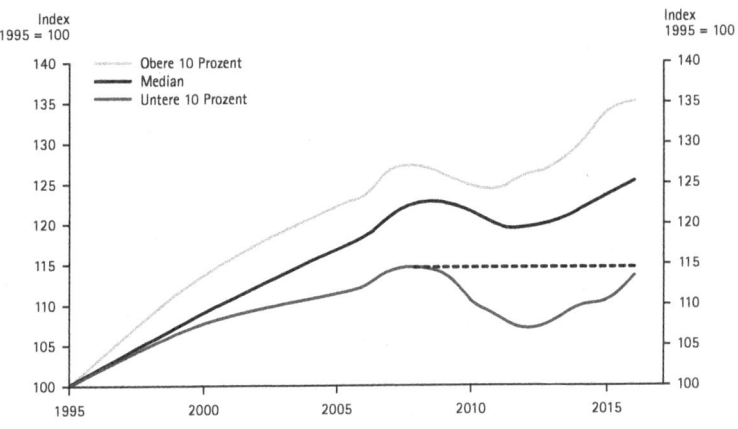

Einkommenswachstum nach Haushaltstyp in den OECD-Ländern
Quelle: OECD, DB Global Research

Der Vater, der arbeiten geht, die Mutter, die zu Hause bleibt und auf die aus der Schule kommenden Kinder wartet: Diese Vision ist Vergangenheit. Beide Eltern müssen in der Regel arbeiten und teilweise mehr als einen Job machen, um die Familie durchzubringen mit einem Lebensstandard, der als gesellschaftlich akzeptiert gilt. In den Urlaub zu fliegen, ist heute Standard, wer es sich nicht leisten kann, kann auf Instagram auch keine Fotos vom türkisen Meer posten. Ich bin als Kind nie in den Urlaub geflogen, wir fuhren ins Ostseeheilbad Dahme. Und das entsprach dem Standard. Natürlich, Reiche und ihre Urlaubsziele gab es immer, aber das war nicht der Maßstab.

Heroin ist in den USA – weil mittlerweile günstiger als Schmerz-mittel – zum Alltag ganz normaler Menschen geworden. Donald Trump versprach, den amerikanischen Traum zurückzuholen. Aller-dings hatte er nicht einmal auch nur ansatzweise ein Konzept. Seine Steuersenkung für Unternehmen und der Protektionismus waren es jedenfalls nicht. Viel tiefer liegen die Ursachen für diese Entwick-lung und sie haben auch viel mit der Krisenbekämpfungspolitik der letzten 30 Jahre zu tun, weil das immer billigere Geld natürlich der Antreiber hinter den steigenden Immobilienpreisen und Mie-ten war. Soll Donald Trump nicht wiederkehren und sollen diese Gruppierungen nicht irgendwann überall das Sagen übernehmen, werden große gesellschaftliche Veränderungen notwendig sein.

Es mag in den USA extrem sein, wir sehen aber ähnliche Ent-wicklungen auch in anderen Ländern und auch hierzulande. Die Bewegung hin zu extremistischen Parteien ist ein Phänomen der gesamten westlichen Welt. Mit der Abwahl Donald Trumps enden diese Probleme nicht. Sie müssen gelöst werden und können nur gelöst werden, wenn auch die weniger Qualifizierten wieder mehr Teilhabe am Aufschwung erleben. Dies wird entweder über eine massive Umverteilung durch Maßnahmen wie ein Bürgergeld funk-tionieren. Das wird aber nur gehen, wenn die gut Qualifizierten so viel verdienen, dass sie entsprechend viel abgeben können. Auch das bedeutet: Lohnsteigerungen sind nötig. Oder – und darauf läuft es zunächst einmal hinaus – es kommt beispielsweise zu einer mas-siven Anhebung der Mindestlöhne. In einigen US-Bundesstaaten passiert dies gerade in Größenordnungen um 10 Prozent. Diskutiert wird über einen landesweiten Mindestlohn von 15 US-Dollar. Die SPD in Deutschland fordert 12 Euro. Und es geht nur so. Andern-falls drohen die extremistischen Strömungen noch stärker zu wer-den und alle westlichen Gesellschaften weiter in die Spaltung zu treiben.

Diejenigen, die auch in den kommenden Jahren nicht mit einer höheren Inflation rechnen, argumentieren stets mit den Überkapazi-täten in der Produktion. Und die sind auch nicht zu bestreiten. Abgesehen von der coronabedingten Unterbrechung von Lieferketten ist fast alle Ware jederzeit schnell und auch mit steigendem Volumen erhältlich. Doch der Preis für ein Produkt setzt sich nicht allein aus Angebot und Nachfrage am Markt zusammen, sondern auch aus seinen Produktionskosten. Mag sein, dass zwischenzeitlich und bei Sonderverkäufen Waren auch unter ihren Produktionskosten verkauft werden, längerfristig würde dies aber logischerweise jedes Unternehmen in die Pleite führen. So müssen grundsätzlich jedes Produkt und jede Dienstleistung mindestens zu ihren Produktionskosten verkauft werden. Steigen die Produktionskosten aufgrund steigender Löhne, steigen auch die Endprodukte im Preis. Da ist es egal, ob ein Überangebot existiert oder nicht. Dieses hält allenfalls die Gewinnmargen klein, aber nicht die Löhne, wenn keine Arbeitskräfte mehr zu finden sind.

Inflationstreiber 5: Mieten und Immobilienpreise

Wenn ich zu Beginn dieses Kapitels beschrieben habe, dass es über Jahrzehnte nur eine Verbraucherpreisinflation im Bereich der Zielmarke der Notenbanken von 2 Prozent gegeben hat, dann ist das natürlich nur die halbe Wahrheit. Und hier meine ich jetzt nicht, dass die Inflation tatsächlich höher gewesen sei, was zwar immer wieder behauptet wird, statistisch aber nicht belegbar ist. Ich spreche von der Inflation der Vermögenspreise, der sogenannten *Asset Price Inflation*. Denn die hat es natürlich gegeben, und zwar in erheblichem Ausmaß an den Aktienmärkten, aber letztlich auch an den Anleihenmärkten. Fallen die langfristigen Zinsen, steigen die Anleihen im Preis. Und die Vermögenspreisinflation gab es natürlich auch bei den Immobilienpreisen. Sie wurde von den tiefen Zinsen und den damit günstigen Finanzierungsmöglichkeiten sowie dem vielen vorhandenen Geld befeuert. Denn es ist klar: Wenn mehr Geld geschaffen wird, als es die Wirtschaftsleistung hergibt, dann muss es sich irgendwo in den Preisen bemerkbar machen. Nur muss es eben nicht zwingend in den Verbraucherpreisen sichtbar werden. Das Ventil waren in den letzten Jahrzehnten die Vermögenswerte. Aber dort stört eine Inflation ja keinen. Wer Anleihen besitzt, bekommt zwar bei Neuanlage einen geringeren Zinscoupon, zunächst aber steigen die Anleihen im Preis. Und wer steigende Aktienkurse erlebt, freut sich ebenfalls. Und das Gleiche gilt für die Besitzer von Immobilien, wenn deren Preise steigen. Wer weder das eine noch das andere besitzt, profitiert zwar nicht, verliert aber auch nichts. So weit, so gut, wenn es da nicht die Mieten gäbe. Denn während es bei Aktien und Anleihen keine Schnittstelle zu den Verbraucherpreisen gibt, ist das bei Immobilien anders. Steigen die Immobilienpreise, steigen auch die Mieten, damit die Immobilieninvestoren noch eine anständige Rendite für ihr Objekt erhalten. Und so geschah es in den letzten Jahren vor allem in den Ballungsgebieten. Wer dort lebt und arbeitet und keine Wohnung oder Haus dort besitzt, muss heute immer mehr für Wohnen ausgeben. In der Folge ist schon die Quadratmeterzahl, auf der wir heute leben, im Durchschnitt geringer als noch vor 20 Jahren. Die Mietsteigerungen sind mittlerweile ein ernstes soziales Problem geworden, die mittlerweile vom Verfassungsgericht gekippte Mietpreisbremse in Berlin war Ausdruck der Hilflosigkeit, sich dieser Entwicklung irgendwie entgegenzustellen. Zwar sind die Mieten in Berlin teilweise dadurch zuletzt wirklich gesunken, aber die Wohnungsnot wird natürlich nur größer, weil niemand mehr bauen will, wenn er die Miete nicht am Markt orientieren kann. Immer weiter werden mittlerweile die Anfahrtswege zur Arbeit, weil es sich viele nicht mehr leisten können, im Zentrum zu wohnen. In ausländischen Metropolen ist das Problem noch größer als hierzulande. Ob London, Paris, New York oder Los Angeles, mit normalem Job und Gehalt ist es kaum mehr möglich, auch nur in der Nähe des Zentrums zu wohnen, egal ob da der Arbeitsplatz ist oder nicht. Und so muss der Feuerwehrmann, der auf der Wache in der Londoner City seinen

Arbeitsplatz hat, lange Wege mit den Regionalzügen und der U-Bahn auf sich nehmen, bevor er seine Schicht beginnen kann, und genauso, nachdem diese zu Ende ist. Im Bereich der Mieten haben wir in den vergangenen Jahren eine massive Inflation gesehen, die vor allem die weniger gut verdienenden Leute hart getroffen hat. Glücklich ist derjenige, der eine eigene Immobilie besitzt. Wer sie vor Jahren schon gekauft hat, der hat eine schöne Wertsteigerung zu verzeichnen. Für diejenigen, die zur Miete wohnen – das sind in Deutschland 60 Prozent der Menschen – und die gern etwas kaufen wollen und sollten, um steigenden Mieten zu entgehen, für die wird es immer unerschwinglicher, in die eigenen vier Wände zu kommen. Ökonomen streiten darüber, ob man auch Immobilienpreise und nicht nur die Mieten in den Verbraucherpreisindex aufnehmen soll. Meiner Ansicht nach gehören sie hinein, denn wer Eigentum erwerben will, muss ja den höheren Preis bezahlen.

Grundsätzlich sind die tiefen Zinsen und die damit günstigen Finanzierungskonditionen natürlich eine großartige Möglichkeit, Eigentum zu erwerben. Für Hypothekendarlehen mit zehnjähriger Laufzeit sind teilweise weniger als 1 Prozent Zinsen zu bezahlen. Der Staat hat hierzulande allerdings mit einer vollkommen unsinnigen Regelung dafür gesorgt, dass diese Möglichkeit vielen doch verbaut wird und sie die tiefen Zinsen nicht nutzen können. Denn der Gesetzgeber verlangt von den Banken, dass die Tilgungsvereinbarungen so ausgelegt sind, dass die Immobilie bis zum Lebensende oder zum Rentenalter abbezahlt ist. Und da bei vielen die Rente nicht reicht, um noch Tilgung für eine Immobilie leisten zu können, ist es in den meisten Fällen das Rentenalter. Wer also beispielsweise mit 45 eine Immobilie kaufen will, dem bleiben noch 20 Jahre für die vollständige Tilgung. Das macht die Annuitäten dann wieder extrem teuer. Mich wundert, dass diese Regelung nicht stärker diskutiert und hinterfragt wird. Dass man bei Eintritt ins Rentenalter eine Immobilie auch wieder veräußern kann, weil der Wohnraumbedarf, wenn die Kinder aus dem Haus sind, sich verkleinert, darauf ist wohl niemand gekommen. Dann ließe sich die Restschuld durch den Verkaufserlös locker tilgen. Im Ergebnis führt diese Regelung nur dazu, dass sich selbst junge Familien mit mittlerem Einkommen in Städten wie München, Frankfurt, Stuttgart, Düsseldorf, Köln, Hamburg und Berlin nie mehr Wohneigentum werden leisten können und damit dazu verdammt sind, ihr Leben lang Miete zu bezahlen. Das Baukindergeld mit maximaler Förderung von 1200 Euro pro Jahr und Kind, das zudem nun auch noch abgeschafft wird, ändert daran gar nichts. Eine Befreiung von der Grunderwerbssteuer beim ersten Kauf einer selbstgenutzten Immobilie wäre viel hilfreicher. Der Staat hierzulande tut wirklich nichts, Eigenheimerwerb zu fördern und erschwinglich zu halten, mit einer Besitzquote von 40 Prozent liegt Deutschland unter den Industrieländern ganz hinten. Das liegt auch daran, dass Bauen in Deutschland so teuer wie in keinem anderen Land ist und es wird aufgrund gesetzlicher Vorschriften auch weiter teurer werden. Insbesondere die Energiewende mit den Themen Isolierung und moderne Heizung wird immer mehr Geld verschlingen. Und auch marktgetrieben werden die Preise aufgrund der tiefen Zinsen überdurchschnittlich weiter steigen. Zum einen machen diese die Finanzierung günstig, zum anderen treiben sie Anlagegelder in Sachwerte. Was Immobilien im Gegensatz zu anderen Sachwerten so interessant macht, ist die Tatsache, dass sie im Unterschied zu beispielsweise Gold eben auch eine Rendite abwerfen, nämlich die Miete, die mit steigenden Wohnungspreisen ebenfalls überdurchschnittlich weiter steigen wird. Eine Blase, die manche bei Immobilien sehen, gibt es hingegen nicht. Blasen treten nur auf, wenn in hohem Maße mit Fremdkapital gearbeitet wird. Und sie platzen, wenn die Zinsen plötzlich steigen. Das eine ist nicht der Fall, denn die Vermögenden in Deutschland haben so viel Geld, dass sie nicht zu 100 Prozent finanzieren müssen, wie dies vor dem Platzen der Immobilienblase in den USA der Fall war. Die Zinsen werden ebenfalls lange nicht angehoben werden.

Inflationstreiber 6: Machtlose Notenbanken

Alle fünf zuvor genannten Inflationstreiber wären für sich genommen eigentlich überhaupt kein Problem. In früheren Zeiten hätten bei aufflammender Inflation die Notenbanken einfach die Zinsen angehoben, um die Inflation zu begrenzen. Diese Möglichkeit besteht theoretisch natürlich immer noch, praktisch fällt sie aber aus. Wir haben über mehr als 30 Jahre die Verschuldung auf so extreme Höhen getrieben, dass das ganze Gebilde überhaupt nur noch bei einem Zins von null oder nahe bei null funktionieren kann. Würden die Inflationsraten plötzlich, wie zu erwarten ist, über die Zielmarke von 2 Prozent nur in Richtung 3 bis 4 Prozent springen, dann müssten die Zentralbanken den Zins mindestens auf 4 Prozent anheben, wenn nicht eher auf 5, um eine inflationsbremsende Wirkung zu erzeugen. Denn solange die Inflation über dem Zins liegt, ist es ja attraktiver, das Geld auszugeben. Erst ein Zins über der Inflationsrate sammelt das überschüssige Geld wieder ein. Schon die Zinsanhebung von 1 auf 5,25 Prozent in den USA und von 2 auf 4,25 Prozent in der Euro-Zone zwischen 2003 und 2008 – damals stiegen die Rohstoffpreise und mit ihnen die Inflationsraten an – konnten die Volkswirtschaften der westlichen Welt nicht mehr verkraften. Überall, wo die Immobilienpreise zuvor stark gestiegen waren, platzten die Blasen und kamen die Banken unter Wasser, mit der Pleite der Investmentbank Lehman als Höhepunkt. Eine weitere Folge davon war bekanntlich die Euro-Krise mit Griechenland im Zentrum und der plötzlichen Angst vor dem Staatsbankrott. Die Notenbanken hatten die Verletzlichkeit des Schuldenturms vollkommen unterschätzt. Diese Lektion werden sie sehr wohl gelernt haben, zumal die Verschuldung ja nochmals deutlich gestiegen ist. Schon vor der Corona-Krise waren Zinserhöhungen keine Option mehr, sie sind es jetzt noch viel weniger. Zwar hat sich der Immobilienverschuldungsgrad insgesamt verringert, dafür sind die Staatsverschuldung und die Unternehmensverschuldung extrem gestiegen. Nun sind die meisten Schulden der Staaten in eigener Währung begeben, so dass eine tatsächliche Pleite nicht das echte Thema ist, allerdings würden die Schulden der Staaten natürlich ins Unermessliche schießen, weil immer mehr Kredite aufgenommen werden müssten, nur um den Zinsdienst zu leisten. Das Vertrauen in die Währungen würde zerstört, so wie wir dies von Ländern wie Argentinien oder Simbabwe kennen.

Aktuell ist die riesige Staatsschuld von Japan von über 250 Prozent vom Bruttoinlandsprodukt, aber auch die Italiens und letztlich auch die der USA, die nun in die Größenordnung von Italien auf deutlich über 100 Prozent ansteigt, kein Problem. Italien zahlt heute deutlich weniger Zinsen als noch vor einigen Jahren, obwohl sich die Schulden auf Rekordstand befinden. Deutschland wird irgendwann mit seinen Schulden Geld verdienen. Das alles würde sich ändern mit steigenden Zinsen. Und auch wenn Pleiten von Staaten durch die Notenbanken zunächst zu verhindern sind, bei den Unternehmen sind sie eine reale Gefahr. In den alten Industrieländern sind mittlerweile über 15 Prozent der an der Börse gelisteten Unternehmen »Zombie-Unternehmen«. So werden solche Unternehmen bezeichnet, deren Erträge nicht einmal mehr reichen, um die Zinsen zu erwirtschaften. Und auch weltweit ist die Verschuldung der Unternehmen massiv gestiegen, auf 94 Prozent des Welt-BIPs. Alles nur finanzierbar mit extrem tiefen Zinsen. Natürlich zahlen Unternehmen, deren Solvenz infrage steht, einen höheren Zins als der Staat. Aber der »Spread«, also die Differenz, die für das höhere Risiko bezahlt wird, wird immer auf den vermeintlich sicheren Zinssatz von Staatsanleihen draufgeschlagen. Ist dieser sehr gering, sinkt er auch für risikoreiche Unternehmensanleihen, außerdem nimmt die Nachfrage nach solchen Papieren zu, sind sie doch die einzigen, die noch einen positiven Realertrag erwirtschaften. Das lässt ihre Zinsen dann weiter fallen. Würde es nun von staatlicher Seite wieder attraktive Zinsen geben, bräuchten Investoren das Risiko dieser bonitätsschwachen Unternehmensanleihen nicht mehr in Kauf zu nehmen. Die Kurse der Papiere würden sinken und im Gegenzug die

Zinsen steigen. Viele dieser Unternehmen würden dann von lebenden Toten zu toten Toten mutieren. Millionen Arbeitsplätze gingen verloren. Und auch wenn die US-Bürger nicht mehr so hohe Schulden wie auf dem Höhepunkt der Immobilienblase haben, sie liegen noch immer bei knapp 100 Prozent des verfügbaren Einkommens. Autokredite, Studentenkredite und sicher auch immer noch einiges an Immobiliendarlehen würden notleidend. Auch in Europa liegen sie in einigen Ländern in dieser Region, nicht allerdings in Italien. Da ist die private Verschuldung verhältnismäßig gering. Aufgeholt haben zudem die Bürger Chinas. In der Finanzkrise noch gelobt für ihre geringe solide private Verschuldung von 40 Prozent des verfügbaren Einkommens, liegen ihre Schulden jetzt auf dem gleichen Niveau wie die der Amerikaner.

Kurzum, die Welt ist von den tiefen Zinsen abhängig wie ein Drogenabhängiger von seiner Nadel. Natürlich ist die Verschuldung nicht gleichmäßig hoch. Doch es ist das schwächste Glied, das entscheidend für das Reißen einer Kette ist. Und da mittlerweile auch die Finanzwelt und Zahlungsströme global sind und alles miteinander verwoben ist, besteht die Gefahr, dass alles wie ein Kartenhaus zusammenbricht, wenn die Kette irgendwo reißt.

Der Grat zwischen Inflation und Deflation ist so schmal geworden, dass die Gefahr eines Absturzes auf der einen oder anderen Seite immer größer wird. Es ist schon ein Wunder, wie lange es schon gut geht. Es lag auch daran, dass nach der Finanzkrise zunächst partiell entschuldet wurde und die Nachfrage eher schwach blieb. Der Wirtschaftsaufschwung ab dem Ende der Finanzkrise war einer der schwächsten der Geschichte.

Auf welcher Seite des Grats die Notenbanken abstürzen wollen, wenn das Balancieren irgendwann nicht mehr möglich ist, haben sie klar signalisiert: auf der Seite der Inflation! Und wenn sie anzuziehen beginnt, werden sie sie zunächst auch laufen lassen müssen. Viel zu groß ist die Gefahr, ansonsten die beschriebene Pleitewelle mit Massenarbeitslosigkeit und Depression auszulösen. Und die US-Notenbank hat sich dafür auch schon eine Rechtfertigung geschaf-

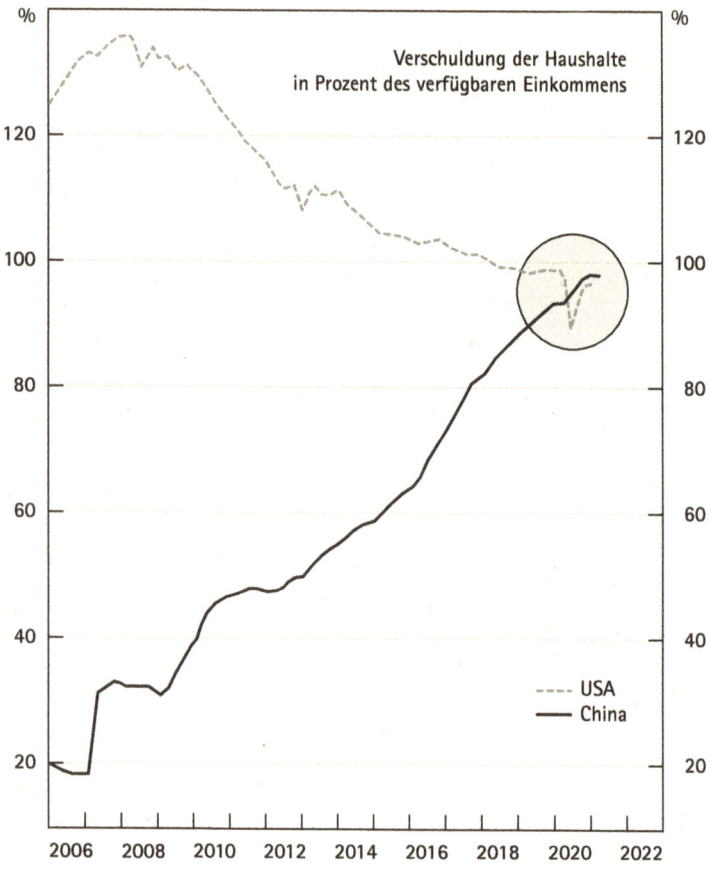

Chinesische Haushalte sind genauso verschuldet wie US-Haushalte
Quelle: PBoC & National Bureau of Statistics; Federal Reserve Flow Funds

fen. Sie ist bereits vor der Corona-Krise auf das *Average Inflation Targeting* umgestiegen. Das bedeutet, dass sie nicht mehr für jedes einzelne Jahr eine Inflationsrate von 2 Prozent anstrebt, sondern im Durchschnitt auf mehrere Jahre. Lag die Inflation ein paar Jahre unter 2 Prozent, kann sie dann auch ein paar Jahre eine Inflation von mehr als 3 Prozent akzeptieren. Und da die Teuerung in den

USA in den vergangenen Jahren unter 2 Prozent lag, kann sie ergo in den nächsten Jahren eben auch darüber liegen. Die Europäische Zentralbank (EZB) ist noch nicht auf ein solches Durchschnittsinflationsziel umgestiegen, sie kann es jedoch sehr leicht tun. In Europa fällt zudem auf, dass die breit gefasste Geldmenge M3 jetzt mit 12 Prozent expandiert, so stark wie noch nie seit Einführung des Euros. Auch das ist ein klares Zeichen dafür, dass sich auch in Europa, das die Konjunktur nicht so stark ankurbelt wie die USA, enormes Inflationspotenzial aufgebaut hat.

Ist die Inflation erst in Gang gekommen und wird nicht bekämpft, wird sie automatisch größer. Dass wir trotz der wachsenden Geldmenge bisher keine Inflation gesehen haben, lag daran, dass das Geld an den Finanzmärkten landete und quasi geparkt wurde und die Umlaufgeschwindigkeit des Geldes damit in gleichem Maße abnahm. Stellen Bürger und Unternehmer aber fest, dass der Wert des Geldes zu schrumpfen beginnt und sie dafür keine Kompensation mehr erhalten, werden sie das Geld investieren oder zunehmend konsumieren und die Umlaufgeschwindigkeit des Geldes wird sich erhöhen. Damit wird die Inflation zu einem sich selbst verstärkenden Prozess. Wie ausgeführt sind die Löhne der schwächeren Einkommensschichten in den vergangenen Jahren so gut wie gar nicht gestiegen. Eine aufflammende Inflation dürfte deshalb relativ schnell zu Forderungen nach einem Lohnausgleich der Teuerung führen. So entstünde eine Lohn-Preis-Spirale, die die Inflation weiter anheizen würde.

Es ist mit der Inflation ein bisschen wie mit einer Ketchupflasche. Zunächst will nichts herauskommen, man schüttelt und plötzlich ist der gesamte Inhalt der Flasche auf dem Teller.

Inflation – Folge und gleichzeitig Lösung des Verschuldungsproblems

Wenn jemand ein Buch schreibt, in dem er vor Inflation warnt, nimmt der Leser wahrscheinlich an, dass der Autor die weltweite Schuldenpolitik und die Inkaufnahme von Inflation missbilligt und anprangert. Keine Frage, der Zustand, in dem wir uns zurzeit befinden, ist nicht ideal, mehr noch, er birgt Gefahren. Für eine Rückkehr zu einer soliden Schulden- und Geldpolitik ist es jedoch längst zu spät. Viel zu weit ist der Rubikon überschritten. Man hätte in den vergangenen 30 Jahren zwischendrin immer mal eine Entschuldung stattfinden lassen sollen. Das hätte bedeutet, dass die Notenbanken nicht in jeder Krise sofort massiv das Geld verbilligt hätten und nicht lebensfähige Teile der Wirtschaft dann durch Pleiten verschwunden wären. Doch auch das ist leicht gesagt. Aufgrund der deflatorischen Faktoren und nicht vorhandenen Inflation drohte die Wirtschaft in jeder aufkommenden Krise immer gleich in eine Deflation abzudriften, aus der herauszukommen dann umso länger gedauert hätte. Denn fangen die Preise an zu fallen, treten die Käufer da, wo sie mit ihrer Kaufentscheidung warten können, in den Käuferstreik. Denn wenn ich weiß, dass morgen alles billiger wird, dann warte ich eben noch mit dem Kauf des neuen Autos, Computers, der Küche et cetera.

Es gibt im Grunde drei Wege, Verschuldung abzubauen. Der elegante Weg ist das normale Herauswachsen aus den Schulden ohne übermäßige Inflation. Unternehmen verdienen mehr, die Bürger verdienen mehr und der Staat verfügt über mehr Steuereinnahmen. Im Verhältnis dazu sehen die alten Schulden dann klein aus. Für diesen Weg ist das Wachstum aber zu gering, weil die Schuldenberge schon zu groß geworden sind und eine Wachstumsbremse darstellen. Es müssen sogar laufend neue Schulden gemacht werden, damit die Wirtschaft überhaupt noch wächst.

Es bleiben daher nur die Inflation, in der das Geld entwertet wird und mit ihm auch die Schulden, oder die große Pleitewelle, in der die Schulden zu großen Teilen nicht zurückgezahlt und abgeschrieben werden.

Die Notenbanken haben recht, wenn sie sich für Inflation entscheiden. Denn die Inflation trifft immer nur die Vermögenden, womit jedoch nicht nur vermeintlich »reiche« Bürger oder Unternehmen gemeint sind. Vermögend ist in dieser Betrachtung jeder, der netto – also nach Abzug etwaiger Schulden – über Guthaben verfügt. Dazu zählt auch jeder normale Bürger, der sich für sein Alter etwas zurückgelegt hat, und wenn es auch nur, sagen wir, 30.000 Euro sind. Hier würde der Volksmund zwar nicht von einem »Vermögenden« und schon gar nicht von einem »Reichen« sprechen; wer etwas gespart hat, gehört jedoch automatisch nicht zur unteren sozialen Schicht. Vom Normalfall ausgehend ist anzunehmen, dass er sein Erspartes nicht unter dem Kopfkissen aufbewahrt. Sieht man sich an, in welcher Form das meiste Vermögen der Deutschen noch immer gespart wird, ist von einem Sparkonto, Festgeld oder Anleihen auszugehen. Unser hier betrachteter »Durchschnittsbürger« gehört damit zur Gruppe der Gläubiger. Kommt es nun zu einer Inflation und erhält er zum Ausgleich keinen mindestens genauso hohen Zins, verliert sein Geld real an Wert. Schon bei einer Inflation von 2 Prozent und einem Zins von null wie derzeit, ist ein ursprünglicher Sparbetrag von 10.000 Euro real betrachtet nach fünf Jahren nur noch 9039,20 Euro wert. Bei 4 Prozent Inflation über dem Zins sind es nach fünf Jahren real nur noch 8153,72 Euro und nach zehn Jahren nur noch 6648,32 Euro.

Den Gläubigern gegenüber steht die Gruppe der Schuldner. Dazu gehören fast ausnahmslos alle Staaten, jedoch auch Unternehmen, die in Aussicht zukünftiger Erträge Investitionen mit Krediten finanzieren, weil die bereits erwirtschafteten Einnahmen hierfür nicht ausreichen. Und natürlich gehören in einer Gesellschaft auch Privatleute, deren Schulden ihr Vermögen übersteigt, zur Gruppe der Schuldner. So wie sich die Vermögen der Gläubiger real reduzieren, verringern sich real die Schulden der Schuldner.

Betrachten wir das mal für einen Staat. Sagen wir, dieser Staat hat ein Bruttoinlandsprodukt (BIP) von 1 Billion in seiner Landeswährung und eine Gesamtstaatsverschuldung von ebenfalls 1 Billion in dieser Währung. Sein Schuldenstand betrüge damit also 100 Prozent im Verhältnis zum BIP. Würde dieser Staat nun innerhalb eines Jahres eine Inflation von 100 Prozent erleben, dann würde sich sein BIP allein schon deswegen verdoppeln, weil dieses ja immer in den aktuellen Preisen gemessen wird. Was wir als Wachstum gemeldet bekommen, ist immer das reale Wachstum, also der Betrag, um den eine Volkswirtschaft oberhalb der Inflation gewachsen ist. Aber auch Inflation lässt eine Volkswirtschaft nominal wachsen. Folglich hätte der betrachtete Staat allein durch die Verdopplung aller Preise nun ein Bruttoinlandsprodukt von 2 Billionen. Seine Verschuldung betrug aber nur eine Billion. Somit sinkt die Staatsschuld in Bezug zum BIP auf 50 Prozent, und unser Staat hat sich ganz elegant real betrachtet die Hälfte seiner Schulden durch Inflation vom Hals geschafft. 100 Prozent Inflation innerhalb eines Jahres ist natürlich nicht realistisch und nichts, was ich prognostiziere. Der Prozess zieht sich in aller Regel länger, es gibt dafür schöne Beispiele in der Geschichte. Von 1946 bis 1955 wuchs die US-Wirtschaft real betrachtet jährlich im Durchschnitt um 2,3 Prozent. Die Inflation betrug in der gleichen Zeit durchschnittlich vier Prozent, was zu einem nominalen Wirtschaftswachstum von 6,3 Prozent führte. Der Schuldenstand von 118 Prozent des BIP 1946 reduzierte sich so bis 1955 auf nur noch 64 Prozent des BIP. Ganz einfach befreiten sich die Amerikaner so via Inflation von ihren Kriegsschulden. Und es wäre doch gelacht, wenn sie die Schulden, die sie zur Bekämpfung der globalen Finanzkrise und noch viel stärker zur Bekämpfung der Corona-Krise aufgenommen haben, nicht auch so loswürden.

Wir haben also Gläubiger und Schuldner und dazwischen noch diejenigen, die ihr gesamtes verfügbares Einkommen für den Konsum aufwenden, somit nichts sparen, aber auch keine Kredite haben.

Es liegt auf der Hand, dass die Schuldner und die gänzlich Unvermögenden, die üblicherweise aus der unteren sozialen Schicht stammen, unter einer Pleitewelle, in deren Folge Arbeitslosigkeit, Rezession und Deflation entstehen würden, am meisten zu leiden hätten. Denn in der Deflation wird im Gegensatz zur Inflation das Geld nicht entwertet, sondern aufgewertet. Da sie aber kein Geld besitzen, profitieren sie nicht vom Wertanstieg des Geldes in einer Deflation. Im Gegenteil, die Schulden, die sie haben, werden immer mehr wert im Vergleich zu ihrem Einkommen, was sie systematisch in den Bankrott treibt. Und viele verlieren zudem ihr Einkommen, weil Massenarbeitslosigkeit eine unvermeidbare Folge einer Pleitewelle und Rezession ist. So kommt es in einer Deflation zu einer Verelendung der unteren sozialen Schichten, die durch die steigende Arbeitslosigkeit außerdem immer größer werden. Auch das soziale Netz der Staaten kann dann nicht mehr helfen. Der Staat als Schuldner sieht sich ebenfalls einer real betrachtet immer höheren Verschuldung gegenüber. Ihm bleibt nur noch das Mittel, Ausgaben und auch Sozialleistungen radikal zu kürzen. Auf einmal hat die Gesellschaft eine große Zahl an Bürgern, die nichts mehr zu verlieren haben. Die USA, die trotz starken Wachstums in den vergangenen Jahrzehnten einen Teil ihrer Gesellschaft vergessen haben, sind ein anschauliches Beispiel in Bezug auf die extrem hohe Kriminalität. Man mag sich gar nicht vorstellen, was passieren würde, wenn die USA in eine schwere Wirtschaftskrise abdriften würden.

In der Inflation hingegen werden die Schulden entwertet. Wer verschuldet ist, verliert real also in Bezug auf sein dann steigendes Einkommen ganz elegant einen Teil seiner Schulden. Das gilt natürlich und insbesondere auch für den Staat. Der Vermögenslose genießt zwar keine besonderen Vorteile, vielleicht sogar gewisse Nachteile, wenn die Preise schneller steigen als sein Einkommen. Von akuter Massenarbeitslosigkeit wie in der Deflation ist er jedoch nicht bedroht.

Der Gläubiger hingegen, egal ob großer oder kleiner Gläubiger, ist der Leidtragende. Sein Geld wird Stück für Stück entwertet. Er sieht sich nach ein paar Jahren plötzlich einer realen Halbierung oder im schlimmsten Fall noch größeren Entwertung seiner jahrelang angelegten Reserven gegenüber. Er wird womöglich auch protestieren und anders wählen als zuvor, doch selbst wenn von seinem Ersparten real nicht mehr viel übrig ist: Sofern er seinen Job noch hat, gehört er längst noch nicht zu denen, die nichts mehr zu verlieren haben, und deshalb wird er keine Scheiben einschlagen, Autos anzünden und in die Illegalität abdriften.

So banal es klingen mag: Auf diese einfache Formel lässt sich herunterbrechen, warum die Inflation der Deflation unbedingt vorzuziehen ist, wenn keine andere Wahl mehr besteht. Die Deflationsvermeidung dient dem Zweck der Erhaltung des sozialen Friedens. Wem das Nötigste zum Leben fehlt und wer nichts mehr zu verlieren und keine Perspektive hat, der landet schnell in der Illegalität oder wählt extremistische Parteien.

Es ist schon etwas verrückt. Wegen der Hyperinflation nach dem Ersten Weltkrieg und der verdeckten Inflation und Währungsreform nach dem Zweiten Weltkrieg fürchtet sich kein Volk so sehr vor Inflation wie wir Deutschen. Doch eigentlich müssten wir uns noch viel mehr vor der Deflation fürchten und das auch mehr als jedes andere Volk. Denn es war die verheerende Deflationspolitik unter Reichskanzler Heinrich Brüning und seinem Reichsbankpräsidenten Hans Luther, die die ohnehin unter den Reparationszahlungen schwer leidende Wirtschaft der Weimarer Republik weiter schwächte und Adolf Hitler und allem, was mit ihm kam, am Ende zum Sieg verhalf. Es klingt fast verrückt, aber man muss es als historische Tatsache betrachten, dass die Machtergreifung durch die Nationalsozialisten am Ende das Ergebnis einer falschen Geldpolitik war.

Am Ende ist es ganz simpel. Die Welt hat sich in den vergangenen 30 Jahren immer stärker in Gläubiger und Schuldner aufgeteilt, und die Schere zwischen Arm und Reich ging immer weiter auseinander. Diese Verschuldung muss durch eine Umverteilung in die entgegengesetzte Richtung wieder abgebaut werden. Dies kann auch über Steuern geschehen, doch diese würden die Wirtschaft zu stark bremsen. Inflation ist daher der einzige verbleibende Weg.

Leider ist zu befürchten, dass die Inflation wahrscheinlich nicht so stark die sehr Vermögenden trifft. Die sind finanziell auf jeden Fall so gut beraten, dass sie die größten Teile ihres Vermögens in Sachwerte investiert haben und hier im Wesentlichen in Aktien, Immobilien und außerbörsliche Unterbeteiligungen wie *Private Equity* und *Venture Capital*. Gold wird sicher auch dazu gehören. Die Rechnung im Sinne der Geldentwertung zahlt der normale Sparer und hier allen voran der deutsche Sparer. Denn selbst wenn die Aktienquote erfreulicherweise zuletzt gestiegen ist, von den 6,7 Billionen Euro Geldvermögen der Deutschen sind gerade mal 730 Milliarden in Aktien investiert. Dazu zählen kann man mit zwei Dritteln noch die 670 Milliarden Euro, die in Investmentfonds investiert sind, weil hier ein großer Teil in Aktien- oder Mischfonds steckt. Macht in Summe dann aber trotzdem nur ein Aktienvermögen von rund 1,2 Billionen Euro oder knapp 20 Prozent vom Geldvermögen.[7] Der Rest steckt in Bargeld, Sparbüchern, Termin- und Festgeldern, Schuldverschreibungen und satte 2,4 Billionen in Versicherungen wie Lebensversicherungen, Riester- und Rürup-Renten oder anderen Altersvorsorgeformen. Und diese sind zum allergrößten Teil auch in festverzinslichen Anlagen investiert, weil alle Modelle so konstruiert sind, dass sie Kapitalerhalt garantieren müssen. Wenn es aber keine Zinsen mehr gibt, die über einen Zeitraum einen sicheren Ertrag erwirtschaften, der im absoluten *Worst-Case*-Szenario Aktienverluste ausgleichen kann, lässt sich auch kaum etwas in Aktien investieren. Wir haben mit Acatis Investment schon 2019 ein Altersvorsorgedepot vorgeschlagen, das steuerbegünstigt das Sparen in Investmentfonds ermöglichen würde. Es fand viel Resonanz in der Presse. Auch die Politik lud unseren Gründer Hendrik Leber ein, die Idee vorzustellen, doch passiert ist bisher nichts. Wen wundert es, unser Finanzminister Olaf Scholz erzählte in einem Interview, dass er sein Erspartes auf dem Sparbuch habe. Mehr zum Konzept finden Sie unter www.altersvorsorgedepot.de.

Das Fazit ist eindeutig: Der größte Teil des Geldvermögens deutscher Privathaushalte ist hoffnungslos der Inflation ausgesetzt. Schon jetzt verliert es real jedes Jahr an Wert, weil selbst bei den geringen Inflationsraten Kapitalverzehr stattfindet, wenn es keinen Zins mehr gibt. Und deutsche und Millionen anderer Sparer rund um den Globus werden noch in viel stärkerem Maße erhebliche Vermögenseinbußen erleiden, wenn die Inflation erst einmal stärker steigt. Am Anfang werden die meisten gar nicht bemerken, was da wirklich passiert. Die Zinsen werden genauso tief wie zuvor sein und die steigenden Preise zunächst als vorübergehendes Phänomen betrachtet werden. Erst nach einigen Jahren wird ihnen auffallen, dass real betrachtet große Teile ihres Vermögens sich verflüchtigt haben und sie für die Entschuldung der Staaten, Unternehmen und verschuldeten Privathaushalte bezahlt haben.

Doch, und das ist die gute Nachricht – sie müssen es nicht. Es gibt gute Möglichkeiten, der Inflation zu entkommen und sogar von ihr zu profitieren.

Keine Hyperinflation

Um jedem Missverständnis vorzubeugen: Auch wenn ich einen Anstieg der Inflationsraten prognostiziere, die sich auch ein Stück weit selbst verstärken können, ich rede hier nicht von einer Hyperinflation, einer Währungsreform oder sonst einem Megacrash. Ich weiß, mit so steilen Thesen kann man viel Aufmerksamkeit als Buchautor generieren, mit der Realität aber haben sie nichts zu tun, auch wenn die Crashprognosen zuletzt wieder Hochkonjunktur hatten. In den vergangenen rund 35 Jahren, in denen ich das Geschehen an den Finanzmärkten mitverfolge, gab es immer wieder Crashpropheten. Zuletzt machten die Herren Marc Friedrich und Matthias Weik sowie Professor Max Otte auf sich aufmerksam, in den Jahren zuvor waren es Paul C. Martin, der Bankier Johann Philipp Freiherr von Bethmann und Roland Leuschel. Sie sind die wohl bekanntesten im deutschsprachigen Raum. Nimmt man noch die aus dem angelsächsischen Raum dazu, ließe sich die Liste unendlich verlängern. Die auch hierzulande bekanntesten sind wohl Marc Faber und Albert Edwards. Bisher haben sich alle von ihnen geirrt. Dazu gehören im Übrigen auch der Autor Max Otte sowie das Autorendoppelpack Marc Friedrich und Matthias Weik, die sich lange auf der Bestsellerliste befanden. Denn auch sie haben schon in vorherigen Büchern den großen Untergang vorausgesagt. Max Otte muss man fairerweise aber zugestehen, dass er vor der letzten Finanzkrise ziemlich treffsicher einen Crash prognostizierte – der Untergang des Euros und andere Horrorszenarien, die er ebenfalls voraussagte, blieben jedoch aus.

Die Szenarien, die von den einzelnen Crashpropheten aufgezeigt werden, sind immer die gleichen: Hyperinflation mit anschließender Währungsreform, bei denen die Leute ihr Erspartes verlieren. Oder es kommt der Staatsbankrott, der dazu führt, dass die Anleihenbesitzer, wozu ja über Produkte wie Lebensversicherungen und Rentenfonds et cetera auch die breite Bevölkerung gehört, große Teile ihres Vermögens verlieren. Letztes Szenario ist die große Deflation und Depression, weil die Weltwirtschaft bereits überstimuliert ist durch die Notenbanken, die ihr Pulver nun verschossen haben.

Beginnen wir mal, die einzelnen Szenarien zu beleuchten. Da gibt es zum einen den Staatsbankrott. Fraglos haben die Autoren recht, wenn sie beschreiben, dass die Staatsverschuldung in den vergangenen Jahrzehnten stark angestiegen ist. Japan ragt heraus mit über 250 Prozent des Bruttoinlandsprodukts. Diese Summen seien nicht mehr rückzahlbar, lautet das Argument. Doch das ist natürlich totaler Unsinn. Denn wenn wir über die USA, über Japan, über China und über Großbritannien sprechen, dann reden wir über Länder, die sich in ihren eigenen Währungen verschulden. Und da alle diese Länder das Papiergeldsystem haben, in dem die Notenbanken so viel Geld erschaffen können, wie sie wollen, werden diese Länder ihre

Anleihegläubiger natürlich immer befriedigen können. Argentinien, um nur ein Beispiel herauszugreifen, ist ein anderer Fall. Dieses Land verschuldet sich genau wie die Türkei in Fremdwährung, überwiegend in US-Dollar. Diese Länder können natürlich pleitegehen, weil sie den Dollar ja nicht selber drucken können. Theoretisch sind seit Einführung des Euros daher auch Staatsbankrotte in der Euro-Zone vorstellbar. Denn die Griechen wie auch die Italiener können nun nicht mehr ihre eigene Währung nachdrucken. Nur das ist im Übrigen der Grund, warum plötzlich die Angst vor einer Staatspleite in Europa umging. Doch spätestens seit 2012 ist klar geworden, dass auch in der Euro-Zone die Europäische Zentralbank (EZB) die Staaten am Ende mit frisch gedrucktem Geld herauspauken wird.

Das nächste Szenario, das die Weltwirtschaft in ein Siechtum überführen soll, ist Deflation und Depression ähnlich wie in den 1930er-Jahren. Die Notenbanken hätten ihr Pulver verschossen. Schließlich seien die Zinsen schon bei null oder im Minusbereich und es seien schon massenhaft Staatsanleihen gekauft worden. Doch Unternehmen und Bürger seien zu hoch verschuldet, um noch weitere Kredite aufzunehmen und die Wirtschaft am Laufen zu halten. An diesem Argument ist durchaus etwas dran. Doch der Staat kann dann einspringen, wie er es nach der Finanzkrise bereits getan hat und in noch viel stärkerem Maße jetzt in der Corona-Krise. Zur Not kann sich der Staat ja unbegrenzt bei der eigenen Notenbank verschulden und über massive staatliche Investitionen, Steuersenkungen oder Grundeinkommen die Wirtschaft wieder ankurbeln – und das zum Nullzins, alles kein Problem. Es braucht nur den politischen Willen. Der fehlte in Japan lange Zeit nach dem Platzen der dortigen Immobilienblase 1990. Und in den 1930er-Jahren in den USA gab es kein Papiergeldsystem. Die Welt war unter dem Diktat des Goldstandards, in dem die Notenbanken die Geldmenge immer nur erhöhen konnten, wenn sie entsprechende Goldreserven hierfür hinterlegt hatten.

Nur Inflation kann und wird – wie ausführlich aufgezeigt – mit hoher Wahrscheinlichkeit irgendwann die Folge der zu hohen

Schulden sein. Doch auch die höheren Inflationsraten dürften sich in Grenzen halten, ähnlich wie in den 1970er-Jahren oder nach dem Zweiten Weltkrieg in den USA. Für Hyperinflation, die es natürlich nach Kriegen gab, als alles zerstört und nur das Geld noch da war, das in den Luftschutzkellern überlebt hatte, gibt es überhaupt keinen Anlass. Dafür sind die Verschuldung und die Geldmenge gar nicht stark genug ausgeweitet worden gegenüber dem doch reichlichen Warenangebot. Und sie ist auch nicht nötig, damit es zum Prozess der Entschuldung kommt. Es reicht eine durchschnittliche Realverzinsung (Zinsen minus Inflation) von minus 7,18 Prozent. Dann dauert es zehn Jahre – und Schulden und Vermögen haben sich real betrachtet halbiert. Ist dieser Prozess abgeschlossen, sind die Schulden auf ein gesundes Niveau gesunken. Dann können die Notenbanken die Zinsen wieder anheben und die Inflation abwürgen. An dem Tag, an dem das passiert, wäre die Party des billigen Geldes dann vorbei und die Musik würde an den Finanzmärkten zunächst aufhören, zu spielen. Doch bis dahin ist es noch ein weiter Weg, und solange die Musik spielt, sollte man mittanzen.

Ein Plädoyer für MMT

Seit einiger Zeit wird der Begriff der *Modern Monetary Theory* (MMT) diskutiert, und das einigermaßen emotional. Für die einen ist es gefährliche Voodoo-Ökonomie, für die Befürworter eine zeitgemäße Geldtheorie. Worum geht es bei MMT? Zunächst mal auch um die Feststellung, dass ein Land mit Papiergeldsystem, das seine eigene Währung herausgibt, zum einen nicht pleitegehen und zum anderen sich grundsätzlich unbegrenzt verschulden kann. Das habe ich in diesem Buch und auf meinen Vorträgen immer wieder deutlich gemacht, denn vielen ist diese Tatsache nicht bewusst.

Ausgehend davon, dass der Staat sich unbeschränkt verschulden kann, ist die Idee der MMT, dass ein Staat sich genau so lange verschuldet, bis Vollbeschäftigung herrscht. Dies kann er erreichen durch Investitionen in Infrastruktur, Steuersenkungen, Bürgergeld oder das direkte Schaffen von Stellen im Staatsapparat. So kann er jede Krise sofort bekämpfen. Für diesen Zweck gibt er Staatsanleihen mit einem Zins von null heraus. Diese werden direkt von der Zentralbank des Landes erworben. Laufen sie aus, können sie durch neue ersetzt werden.

Steuern haben in einer Ökonomie, die nach der MMT geführt wird, nicht mehr die Funktion, den Staat zu finanzieren, sondern dienen der Steuerung der Geldmenge. Ist zu viel Geld im Umlauf, geht der Staat hin und schöpft dieses einfach ab, indem er Steuern erhöht oder einführt. Außerdem wären sie ein Mittel der Umverteilung wie in unserem Geldsystem auch. Auch die Ausgabe von Staatsanleihen dient nicht der Finanzierung, sondern der Steuerung des Zinses. Durch die Ausgabe von Staatsanleihen kann die Notenbank den Zins am langen Ende bestimmen und so verhindern, dass dieser zum Beispiel auf null fällt. Der Staat würde sich also zu einem anderen Zins finanzieren als private Kreditnehmer und würde sich mit diesen nicht mehr in einer Konkurrenzsituation am Kapitalmarkt befinden.

Die Kritiker der MMT warnen vor Hyperinflation, sollte diese Theorie Realität in der Ökonomie werden. Zu den bekanntesten Vertretern dieser Kritik zählt der ehemalige US-Finanzminister und Wirtschaftsprofessor Larry Summers. Doch auch der bekannte Ökonom Kenneth Rogoff gehört dazu. Hätte der Staat diese Möglichkeit zur Hand, würde er allerlei Wahlversprechen über diesen Weg finanzieren und Inflation provozieren, lautet die Warnung. Die Befürworter, die vor allem aus dem Lager der linken Demokraten in den USA stammen, halten die Kritik für unberechtigt. Zu ihnen gehören aber auch Hedgefondsmanager wie Ray Dalio, Chef des weltweit größten Hedgefonds Bridgewater. Ihrer Ansicht nach ist die heutige Geldtheorie nicht mehr zeitgemäß und das geldpolitische Instrumentarium nicht effizient. Als ein Beispiel wird die Euro-Zone angeführt. Seit Jahren haben wir hier negative Zinsen, ohne dass die Kreditvergabe dadurch deutlich angekurbelt worden wäre. Erst die Corona-Krise mit den Staatsgarantien für Kredite hat das geschafft. Und in der Tat hat die Transmission nicht gut funktioniert, weil sich im Privatsektor bereits eine hohe Verschuldung angehäuft hat und die Bereitschaft zur weiteren Kreditaufnahme begrenzt ist. Der Staat könnte hier gemäß der MMT ganz einfach einspringen.

Den Kritikern der MMT halte ich folgende Frage entgegen: Was würde passieren, wenn die Notenbanken die Staatsanleihen, die sie in den vergangenen Jahren und ganz verstärkt noch mal seit Ausbruch der Corona-Pandemie in Form des *Quantitative Easing* (QE) bereits aufgekauft haben, für immer in ihrer Bilanz behalten und bei Auslaufen durch Anleihen mit einem Zins von null ersetzen würden? In Europa ist in Bezug auf Bundesanleihen der Zins ja ohnehin schon im negativen Bereich.

Soll das allein zu mehr Inflation führen? Denn auch wenn ich fest mit Inflation rechne, würde es wohl kaum mehr Teuerung auslösen, denn das geliehene Geld, für das jetzt die Notenbank der Gläubiger ist, wurde ja schon ausgegeben. Wenn es nicht das Vertrauen in das Papiergeld stark schädigen würde, könnte die Notenbank die Anleihen auch einfach schreddern. Kurzum, im Grunde haben wir, seitdem wir QE haben, MMT bereits durch die Hintertür. Was passiert denn gerade in den USA? Nach den billionenschweren Rettungspaketen im vergangenen Jahr kommen nun noch mal 1,9 Billionen US-Dollar dazu. Ein großer Teil dient der Finanzierung von Hilfsschecks für die eigene Bevölkerung. Das ist nichts anderes als eine Form von temporärem Bürger- oder Helikoptergeld, finanziert durch die eigene Notenbank. Und ebenfalls durch Defizite finanzieren will die neue US-Regierung massive Infrastrukturinvestitionen. Die Notwendigkeit steht außer Frage. Der Frost, der Texas komplett gelähmt hat, war ein eindringlicher Beweis. Ohne es so zu benennen, finanziert der Staat sich damit bereits im Wege der MMT. Denn wer glaubt denn, dass die bei der Notenbank liegenden Schulden jemals zurückgezahlt oder von der Notenbank durch Verkäufe in den

Markt gegeben werden? Der leichte Bilanzabbau der US-Notenbank Federal Reserve löste 2018 bereits eine kräftige Aktienbaisse aus.

Die Kritiker der MMT haben eine falsche Vorstellung von unserem Geldsystem. Sie halten Banknoten für so etwas wie eine Schuldverschreibung, die mit entsprechenden Werten hinterlegt sein muss, ähnlich wie im Goldstandardsystem. Doch Papiergeld hat keinen inneren Wert. Es ist in erster Linie ein Tauschmittel und ein Mittel der Finanzierung, das vom Staat ausgegeben und zum gesetzlichen Zahlungsmittel erklärt wird. Sein Wert basiert auf dem Vertrauen, heute und auch in Zukunft entsprechende Waren und Dienstleistungen zum gleichen Wert erwerben zu können. Aufgabe des Staates und seiner Notenbank ist es, die Menge des Geldes, das sie ausgeben, in ein gesundes Verhältnis zum Angebot an Waren und Dienstleistungen zu bringen, so dass die Preise stabil bleiben. Gibt es genügend Arbeitskräfte, Innovation und Produktivitätssteigerung, kann die Notenbank umso mehr Geld herausgeben. Solange die Angebotskapazität schnell wächst, bremst ein zu geringes Geldmengenwachstum die ökonomische Aktivität. Das war das große Problem in den goldgedeckten Währungssystemen. Und es muss die Frage erlaubt sein, ob wir mit unserem Geldsystem, in dem neues Geld immer durch neuen Kredit entsteht, das Potenzial der Volkswirtschaften voll ausschöpfen. Denn die Innovationskraft ist durch den technischen Fortschritt wie die Digitalisierung ganz enorm. Die Kritiker der MMT, von denen so manche auch zu goldgedeckten Währungen zurückkehren möchten, unterliegen dem Fehler, dass sie einen Staatshaushalt mit einem Privathaushalt vergleichen und eine Notenbank mit einer Geschäftsbank. Doch das ist verkehrt, weil der Staat in Einheit mit seiner Notenbank, so er sein eigenes Geld herausgibt, keinen Gläubiger hat. Eine Notenbank kann sich unendlich verschulden. Die Idee, es müsse erst erwirtschaftet werden, was ausgegeben wird, trifft nicht zu. Das wollen manche Ökonomen wie beispielsweise auch Hans-Werner Sinn nicht einsehen.

Auch unterliegen wir insbesondere in Deutschland vielfach dem Irrtum, die Stabilität einer Währung, die Stärke einer Wirtschaft und der Wohlstand eines Landes hingen vor allem von der Notenbank ab. Insbesondere Deutschland, das die zwei großen Inflationen erlebte, ist geprägt von diesem Irrglauben. Tatsächlich aber ist nur eines entscheidend: Die Erwerbstätigen eines Landes müssen morgens aufstehen und ihrer Arbeit nachgehen, Produkte produzieren und Dienstleistungen erbringen. Solange dies passiert, ist die Welt in Ordnung. Man kann das Zusammenspiel von Wirtschaft, Geld und Notenbank mit dem eines Orchesters, des Musikstücks und des Dirigenten vergleichen. Das Orchester ist die Wirtschaft, die Noten des Musikstücks sind das Geld, und die Notenbanken sind die Dirigenten. Auch der beste Dirigent mit dem schönsten Musikstück wird nichts zustande bringen, wenn die Musiker ihr Instrument nicht beherrschen. Beherrschen diese aber ihre Kunst, werden sie selbst bei einem schlechten Dirigenten und einem mittelmäßigen Musikstück noch irgendetwas Brauchbares abliefern. Geldpolitik hat also nur einen Auftrag: Sie muss den Prozess der Wertschöpfung aufrechterhalten. Und hat eine Volkswirtschaft gut ausgebildete Arbeitskräfte und innovative starke Unternehmen, dann wird sie auch eine stabile starke Währung haben. Geld hat in diesem Prozess nur die Aufgabe des Tauschmittels und der Finanzierung von Investition und Konsum.

Wie beschrieben haben wir MMT in gewisser Weise eigentlich schon seit der Finanzkrise, allerdings mit dem Unterschied, dass die Notenbanken bis zur Corona-Krise nur am Anleihenmarkt intervenierten, indem sie Anleihen vom Markt weg kauften und nicht direkt vom Staat. Das ist zwar immer noch so, aber parallel nimmt der Staat derzeit so viele neue Kredite auf, dass große Teile des Geldes von der Notenbank im Grunde an den Staat durchgereicht werden. Zuvor aber landete das Geld vor allem bei privaten und institutionellen Investoren. Diese suchen naturgemäß dann eine neue Anlage für ihr Geld. Nur Bruchteile davon dürften als Direktinvestitionen oder als Konsum in der Realwirtschaft angekommen sein. Das hat die Aktienmärkte, die Immobilienpreise mit dem Ergebnis steigender Mieten und natürlich auch den Anleihenmarkt selbst in den letzten Jahren massiv getrieben. Das Ergebnis ist eine Vermögenspreisinflation. Die Wirtschaft hat in Europa und auch in Japan davon aber immer nur bedingt profitiert. Und im Ergebnis haben wir so riesige Geldmengen erschaffen, die durch das Finanzsystem wabern. Bei MMT landet das Geld, da die Notenbank die Anleihen direkt vom Staat aufkauft, auch bei diesem. Und der Staat hat die Möglichkeit, dieses Geld dann in die Realwirtschaft zu investieren. Im Ergebnis wären viel geringere Anstrengungen und Geldmengenausweitungen nötig, weil 100 Prozent der Gelder tatsächlich den Zweck der Wirtschaftsankurbelung erfüllen würden. Insofern ist das *Quantitative Easing* die größere Inflationsgefahr. Denn findet das an den Finanzmärkten befindliche Geld irgendwann den Weg in die Realwirtschaft, kann die Inflation wie beschrieben sprunghaft ansteigen.

Natürlich ist das Instrument der MMT in einer Demokratie eine gewisse Gefahr. Politiker könnten im Wahlkampf riesige Versprechungen machen und sie müssten sie dann nicht einmal brechen, sondern könnten sie über die Notenpresse finanzieren. Finanzierung von Konsum und nicht von Investitionen und damit tatsächlich stark steigende Inflationsraten wären das Ergebnis. Ray Dalio und andere schlagen daher vor, dass es ein übergeordnetes Gremium aus verschiedenen gesellschaftlichen Institutionen sein müsste, das entscheidet, wie viel Geld zusätzlich über den Weg der MMT geschöpft werden soll. Und es müsste auch nicht die gesamte Geldschöpfung auf MMT umgestellt werden, es ließe sich ein Teil der Geldschöpfung über diesen Weg verrichten. Insofern bekenne auch ich mich zu dieser Idee. Da wir aber seit der Finanzkrise auf QE und Nullzins gesetzt haben, haben wir so viele Schulden im privaten und auch öffentlichen Sektor angehäuft, dass Inflation zunächst zum Schuldenabbau nötig sein wird.

Die großen Herausforderungen für Deutschland und Europa

Bis die Corona-Krise über die Maskenbeschaffung, die Teststrategie, die Corona-Warn-App und die völlig desolate Impfstrategie schonungslos offengelegt hat, wie schlecht unser politisches Personal ist, lief es mit der deutschen Wirtschaft ziemlich gut. Da gibt es nichts dran zu deuteln. Doch das hatte mit der Politik der Gegenwart gar nichts zu tun, auch wenn sich diese dafür selbstgefällig auf die Schulter schlug. Politik kann gar nicht die Gegenwart, sondern nur die Zukunft gestalten. Die Gegenwart ist das Produkt politischer Maßnahmen, die weiter zurückliegen und die in der Gegenwart ihre Wirkung entfalten. Die gute wirtschaftliche Situation, in der sich Deutschland vor der Corona-Pandemie befand, hatte vor allem viele externe Gründe wie den Euro und die Globalisierung, die unseren Export auf immer neue Rekorde trieb. Und was die heimische Politik betrifft, so war sie auf die Agenda 2010 der rot-grünen Regierung unter Bundeskanzler Gerhard Schröder zurückzuführen. Seit Angela Merkel Bundeskanzlerin ist, wurde nichts getan, was Deutschlands wirtschaftliche Zukunft gesichert hätte. Das Meistern der Euro-Krisen wäre weit leichter und mit weniger wirtschaftlichen Bremsspuren möglich gewesen, hätte man von den betroffenen Ländern nicht mitten im Abschwung eine brutale Austeritätspolitik verlangt. Die Euro-Krise hat letztlich die Europäische Zentralbank (EZB) gemeistert, eben weil die Länder keine echte Solidarität bekundeten.

Als Kanzler Schröder damals mit der Agenda 2010 aufwartete und ihr letztlich seine politische Karriere unterordnete, da galt Deutschland als der kranke Mann Europas. Und in der Tat war es nötig, verkrustete Strukturen aufzubrechen, was mit der Agenda geschah. Die Vorbilder, die Deutschland damals vorgehalten wurden, lesen sich im Nachhinein jedoch wie ein Witz: Irland, Portugal, Griechenland und Spanien. Sie boomten damals, aber vor allem aufgrund eines massiven Verschuldungsanstiegs. Der Euro hatte ihnen so tiefe Zinsen wie nie zuvor beschert. Es begann ein enormer Immobilienboom, der für ordentliches Wachstum sorgte. Die makroökonomischen Eckdaten sahen daher gut aus. Niemand sah genauer hin und wurde auf den enormen Verschuldungsanstieg im privaten Sektor aufmerksam. Ein wenig ist es seit Jahren in Deutschland auch so. Unser Boom ist vor allem dem Euro zu verdanken, der uns eine künstlich tiefe Währung und damit Exportvorteile gebracht hat. Dazu kommen die Globalisierung und hier der enorme Hunger der Chinesen auf westliche Produkte und deutsche Luxusautomobile. Unsere Schwächen werden nicht durch Verschuldung überdeckt, sondern durch die Nachfrage aus dem Ausland, die aber abflauen wird. Alles, was die Chinesen heute noch bei uns einkaufen, wollen sie zukünftig selbst fertigen. Sie treiben die Elektromobilität massiv voran und waren hier viel früher am Start. Es gibt diverse reine E-Auto-Hersteller im Reich der Mitte. China will in allen Technologiebereichen führend in der Welt werden und es befindet sich auf einem guten Weg. Wer glaubt wirklich, dass wir nach der Transformation zur Elektromobilität noch der große Pkw-Lieferant Richtung China sind? Unsere Kompetenz war der hierzulande erfundene Verbrennungsmotor, ohne ihn verlieren wir einen großen Teil unseres Vorsprungs. Und was dann?

Angela Merkel und ihre Regierungen verfrühstücken im Grunde die Früchte der Agenda 2010 und des globalisierungs- und eurobedingten Exportbooms. Wenn diese Effekte auslaufen, werden ganz schnell unsere Schwächen offengelegt werden, die vor allem durch einen Mangel an Zukunftsinvestitionen bedingt sind. Das jahrelange Festhalten an der schwarzen Null hat einen riesigen Investitionsstau ausgelöst. Die Infrastruktur, das Bildungssystem, der Sicherheitsapparat, alles nicht mehr auf der Höhe, weil zu viel gespart wurde. Unsere Gesundheitsämter faxen, wie wir gelernt haben.

Die schon erwähnten Chinesen fahren seit Jahren eine vollkommen andere Politik. Sie stampfen modernste Infrastruktur aus dem

Boden. Auch das Bildungsniveau steigt immer weiter und mit dem Projekt »Neue Seidenstraße«, deren Land- und Seeweg sich ironischerweise in Duisburg treffen, sichern sie sich gleichzeitig neue Absatzmärkte und Zugang zu Rohstoffen in Asien und Afrika. Es ist nur eine Frage der Zeit, bis sie in jeglicher Hinsicht an uns vorbeigezogen sein werden. Die einzige Chance, die uns bliebe, wäre ein perfektes Bildungssystem und entsprechende Infrastruktur für Forschungs- und Entwicklungseinrichtungen, so dass wir das kreative Potenzial unseres Landes, das in der Geschichte so viele technische Erfindungen hervorgebracht hat, voll ausschöpfen könnten. Gegen China und sein unendliches Heer an Arbeitskräften wird es ohnehin schwer genug bleiben.

Auch die USA sind besser aufgestellt. Zwar ist in der Breite die Infrastruktur noch erbärmlicher als unsere, so auch das Bildungssystem. Doch die USA fördern ihre Eliten mit den bekannten Universitäten Harvard und Yale. Das Ergebnis ist das Silicon Valley und dass alle großen Technologiekonzerne wie Microsoft, Apple, Amazon, Alphabet, Facebook und Netflix, die derzeit die Welt erobern, in den USA sitzen. Mit Samsung, Huawei, Alibaba und Tencent gibt es allenfalls Gegenspieler in Asien, in Europa sitzen sie nicht. Und die USA versuchen, Versäumtes nachzuholen. Mit dem *Green Deal* gehen noch mal 2 Billionen US-Dollar in den Umbau auf Erneuerbare Energien und weitere Billionen sollen die Infrastruktur wieder flott machen.

Mit Friedrich Merz als CDU-Vorsitzendem und dann auch Bundeskanzler hätte es größere Hoffnung auf Besserung gegeben. Mag Merz mit seinem Frauen- und Gesellschaftsbild auch etwas aus der Zeit gefallen sein: Die großen Fragen, von denen unser zukünftiger Wohlstand abhängt, hatte er im Gegensatz zu seinen Mitbewerbern erkannt, die glauben, dass man unseren Wohlstand mit nationaler Steuerpolitik steuern kann. Mit Emmanuel Macron in Frankreich hätte er jemanden gehabt, der in die gleiche Richtung will. Das hätte die deutsch-französische Achse neu beleben können. Und dann wäre die Zeit für Investitionen gewesen. Insofern ist die Corona-

Krise fast ein Glücksfall für Europa, wenn es die Chance jetzt ergreift. In Brüssel haben die EU-Regierungschefs ein Hilfspaket von 750 Milliarden Euro zur Bekämpfung der Corona-Krise beschlossen. Das ist nicht die Dimension der amerikanischen Hilfen, aber besser als nichts. Es könnte die Länder der Euro-Zone wieder dichter zusammenrücken lassen, denn die bisherigen Krisen, insbesondere die Euro-Krise mit Griechenland im Zentrum, aber auch in den anderen Peripheriestaaten und besonders in Italien, haben die Solidarität in Europa nicht gefördert, sondern geschwächt.

Während bei der Euro-Krise den besonders betroffenen Ländern vorgeworfen wurde, Schlendrian in den eigenen Staatsfinanzen zugelassen und damit die Krise ausgelöst zu haben, trifft bezüglich der Corona-Krise kein Land irgendeine Schuld. Das ist der große Vorteil. Aus diesem Grund ist die Bereitschaft der Länder größer, hier zusammenzuhalten, wenngleich noch einige Schwierigkeiten aus dem Weg zu räumen sind. Zwar gab es mit den sogenannten sparsamen Vier, Österreich, Dänemark, den Niederlanden und Schweden, Gegner des Hilfspakets in der Ausgestaltung, am Ende ging es aber durch. Deutschland spielte diesmal keine unrühmliche Rolle und gehört nicht zu den Bremsern in Bezug auf eine Unterstützung der sehr hart getroffenen Länder wie Italien, Spanien oder Frankreich. Spielten wir uns in der Euro-Krise noch wie Europas Zuchtmeister auf, scheint Angela Merkel dazugelernt zu haben.

Dieser gemeinsame Kraftakt Europas könnte so was wie ein Weckruf für den alten Kontinent gewesen sein, ein Erkennen seiner selbst und der Fähigkeit zur Solidarität. Und die ist dringender geboten denn je. Gemeinsam muss Europa nicht nur die Corona-Krise überwinden, sondern in seine Zukunft investieren, so wie China und die USA. Ein weiterer Verschuldungsanstieg bei diesem Zinsniveau ist finanzierbar und aus staatlicher Sicht via mehr Inflation irgendwann von selbst erledigt. Die USA und China machen es nicht anders.

Die Vorteile, die wir durch diese Investitionen gewönnen, wären viel größer. Die späteren Generationen würden einen europäischen Wirtschaftsstandort auf Augenhöhe mit China und den USA vorfinden. Denn machen wir uns nichts vor, die Welt befindet sich in einem Machtkampf zwischen China und den USA. Und hier geht es nicht nur darum, welches Land die zukünftig stärkste Wirtschaftsnation der Welt sein wird, sondern um die generelle Vorherrschaft in der Welt. Das Sicherheitsgesetz in Hongkong sowie die Beanspruchung von 90 Prozent des Südchinesischen Meeres durch die Chinesen haben dies nochmals verdeutlicht. Die Neue Seidenstraße ist ohnehin als Instrument der Machtausdehnung Chinas gesetzt. Europa droht in diesem Kampf aufgerieben zu werden und wirtschaftlich sowie militärisch zurückzufallen. Das Corona-Hilfspaket ist ein wichtiger Schritt in die richtige Richtung. Insofern ist zu hoffen, dass man über das Hilfspaket hinaus in den kommenden Jahren auch im wieder solidarisierten Europa in die Zukunft investiert. Denn die Vereinigten Staaten von Europa haben ein größeres Bruttoinlandsprodukt als die USA. Und so gesehen wird es dann auch noch länger dauern, bis China wirklich der wirtschaftlich größte Machtblock ist. Europa muss nur glaubwürdig vermitteln, dass es genauso als Einheit zu sehen ist wie China oder die USA.

Unsere Arbeitswelt wird sich massiv verändern

Wie ich schon zuvor beschrieben habe, hatten wir über Jahre aufgrund der Abwanderung von Produktion in Richtung Billiglohnländer ausreichend Arbeitskräfte für den Dienstleistungssektor. Und wo sie nicht reichten, da glich die Migration sie mehr als aus. In diesem Sektor stiegen die Löhne nicht, sie fielen real sogar. Deswegen waren Instrumente wie der Mindestlohn notwendig. Mit der fortschreitenden Alterung der Gesellschaft und nachlassenden Anzahl der im Arbeitsalter befindlichen Menschen wird es hier möglicherweise, wenn die Migration nicht zunimmt, zu einem Mangel an Arbeitskräften auch im Bereich der weniger qualifizierten Jobs kommen. Dann könnten auch hier die Löhne steigen mit der Folge einer Lohninflation. Dies wiederum wird allerdings die Automatisierung weiter vorantreiben. Noch sind Roboter deutlich teurer als der Einsatz von Menschen, aber werfen wir den Blick 10 bis 20 Jahre voraus, wird sich dies mit hoher Wahrscheinlichkeit ändern. Und dann begegnen uns ganz neue Herausforderungen, über die wir uns heute schon Gedanken machen sollten, weil auch sie, beziehungsweise wie wir ihnen begegnen, darüber entscheiden werden, wie wir zukünftig miteinander leben. Denn es ist davon auszugehen, dass viele Tätigkeiten, die heute von mehr oder weniger schlecht bezahlten Arbeitskräften mit geringer Qualifikationsanforderung erledigt werden, ganz wegfallen.

Amazon betreibt bereits Supermärkte in den USA, die quasi ohne Personal funktionieren. Kameras verfolgen mit, was ich aus dem Regal nehme, und in dem Moment, wo ich den Laden verlasse, wird alles von meinem Amazon-Konto abgebucht. Es gibt keine Kasse und auch keine Kassiererin mehr. Nur, was wird aus dieser in Zukunft? Gleiches dachte ich vor zwei Jahren auf dem Weg in den Skiurlaub mit der Fluggesellschaft EasyJet. Da saß am Check-in-Schalter nun niemand mehr, der meine Koffer entgegennahm. Ich fertigte mein Gepäck selbst ab. Der entsprechende Gepäckaufkleber kam aus dem Automaten. Es gab zwar noch eine Assistenz wie einst bei der Einführung der Check-in-Automaten der Lufthansa, doch so wie diese längst verschwunden ist, weil die Passagiere gelernt haben, wie es geht, wird es wohl auch bald im Fall der Gepäckabfertigung ohne Personal gehen. Doch noch einmal zurück zu Amazon. Schon heute sind dort viele Prozesse automatisiert. Dennoch arbeiten in den Auslieferungslagern noch Hunderttausende von Menschen. Die schlechte Bezahlung und die Arbeitsbedingungen wurden schon oft kritisiert. Dass es diese Jobs überhaupt noch gibt, liegt nur daran, dass die Produktvielfalt und damit die Haptik der Produkte noch so unterschiedlich sind, dass die Roboter von heute noch Schwierigkeiten haben, einmal ein Buch und dann einen Teddybären zu verpacken. Aber es ist absehbar, dass auch dies irgendwann zu angemessenen Kosten automatisiert werden kann. Dann werden die Amazon-Auslieferungslager wahrscheinlich irgendwann menschenleere Roboterfabriken sein und weitere Tausende von Jobs werden wegfallen. Mit dem Voranschreiten der künstlichen Intelligenz werden zukünftig aber noch ganz andere Berufsgruppen vom Jobverlust betroffen. Steuererklärungen kann auch ein intelligentes Computerprogramm erledigen. Der Steuerberater kann mit seinen Fähigkeiten dann vielleicht noch etwas anderes machen, doch was ist mit seinen Gehilfinnen, die die Belege buchen? Wenn wir zukünftig alle Belege in einem standardisierten Format nur noch elektronisch übermittelt bekommen, dann werden die Daten automatisch eingelesen. Technisch ist dies längst machbar, es fehlt nur noch der einheitliche Standard.

Schon immer sind ganze Berufszweige untergegangen. Die Nachtwächter gibt es schon lange nicht mehr, und dennoch hat sich die Welt weitergedreht. Der Nachtwächter hat dann eben etwas anderes gemacht. Das ist auch die Hoffnung derer, die keine Angst vor der Digitalisierung, Automatisierung und künstlichen Intelligenz in Bezug auf ihre Auswirkungen auf die Arbeitswelt haben. Doch dieser Optimismus ist naiv. Fortschritt entwickelt sich exponentiell, und die meisten der Jobs, die dadurch in den kommenden Jahrzehnten verloren gehen, werden nicht neu entstehen. Vor allem werden es keine Jobs sein, die weniger Qualifizierte ausführen können. Früher war Automatisierung ein Segen, denn sie erlaubte es den Leuten, etwas anderes, Produktiveres und Anspruchsvolleres mit ihrer Zeit anzufangen. So entwickelte sich die Welt weiter. Anstatt stupide Arbeiten zu erledigen, konnten sich die Leute weiterbilden und Neues entwickeln. Doch heute mangelt es ja nicht am Bildungsangebot, es hat aber eben nicht jeder die Fähigkeit, Ingenieur, Physiker oder Biotechnologe zu werden. Es geht um die Aufgaben, die auch weniger Qualifizierte erledigen können, die uns irgendwann ausgehen werden. Man denke nur an die Reinigungskräfte, deren Tätigkeit irgendwann der durch künstliche Intelligenz gesteuerte Saug- und Wischroboter erledigt.

Es ist also absehbar, dass wir zukünftig viel mehr potenzielle Arbeitskräfte haben werden als Arbeit. Und wenn Lohnarbeit irgendwann nicht mehr ausreichend zur Verfügung steht, stellt sich die Frage, wie den betroffenen Menschen zukünftig ein Leben ermöglicht wird, das ihnen das Gefühl gibt, noch an der Gesellschaft und dem wachsenden Wohlstand teilzuhaben. Es geht um Verteilungsgerechtigkeit. Allen voran die Politiker müssen sich diesen Fragen stellen. Dafür haben wir sie gewählt. Die Idee des Bürgergeldes muss diskutiert werden und darf nicht tabuisiert werden. Doch hier darf die Diskussion nicht enden. Die finanzielle Absicherung ist nur ein Aspekt, der für ein glückliches Leben notwendig ist. Fast noch dringender ist es, dass Menschen eine Aufgabe haben und gebraucht werden. Diese Erkenntnis hat die Glücksforschung einheitlich hervorgebracht. Intelligente Arbeitszeitmodelle sind ebenfalls gefragt. Es sind insofern große Fragen, die sich für die Zukunft stellen. Und es geht auch hier um nichts Geringeres als den sozialen Frieden und den Erhalt unserer pluralistischen Demokratien, wie wir sie kennen. Leider lässt die Politik bisher vermissen, sich diesen großen Fragen anzunehmen.

Fazit:

Unsere Welt steht vor epochalen Veränderungen und Herausforderungen. Die erste sind an vielen Stellen steigende Preise und aufflammende Inflation, die es zu kontrollieren gilt, die dann aber auch die Lösung des Verschuldungsproblems bringt. Den Preis werden die Sparer bezahlen, die nicht ihr Geld in Sicherheit bringen und in Sachwerte investieren. Die Möglichkeiten sind reichlich vorhanden. In Kapitel 6 werden sie vorgestellt.

KAPITEL 3

Die Schuldenepoche: 1987 bis heute

Wer heute sein Geld zur Bank bringt, der kann sich schon freuen, wenn er keine Strafzinsen an die Bank bezahlen muss. Denn immer mehr Banken geben die negativen Zinsen, die sie zu zahlen haben, wenn sie ihre Gelder bei der Europäischen Zentralbank parken müssen, an die Kunden weiter. Bei größeren Anlegern ist dies schon lange obligatorisch. Leiht sich der deutsche Staat hingegen Geld, bekommt er noch Zinsen dazu, statt welche zu bezahlen. Und das war alles bereits Realität vor der Corona-Pandemie und der Wirtschaftskrise, die sie auslöste. Auch die Schulden wachsen und wachsen bereits seit Jahrzehnten, Deutschland bildete als eines von ganz wenigen Ländern ein paar Jahre lang eine Ausnahme, ansonsten stiegen die Staats-, aber auch die Unternehmensschulden und die Schulden privater Verbraucher immer weiter an, und das offenbar ohne schwerwiegende Folgen. Ja, es gab Krisen, aber die konnten immer wieder erfolgreich mit noch mehr Schulden bekämpft werden.

Wer verstehen will, wie dies möglich war und wie es zu dieser Situation kommen konnte, in der wir uns heute befinden und schon vor der Corona-Krise befunden haben, außer dass alles noch extremer wurde, der muss die Entwicklung der Weltwirtschaft ab den 1980er-Jahren kennen und verstehen. Es ist die große Schuldenepoche, und wir befinden uns auf einem neuen Höhepunkt.

Vor der Lehman-Pleite: Sonnige Zeiten mit vereinzelten Gewittern

Anfang der 1980er-Jahre begann für die Weltwirtschaft im Großen und Ganzen eine sonnige Zeit. Die Ölkrise der 1970er-Jahre war ausgestanden. Die damals noch herrschende Inflation war zu Ende. Der amerikanische Notenbankchef Paul Volcker hatte es unter Präsident Ronald Reagan geschafft, sie abzuwürgen, indem er die Leitzinsen auf 19 Prozent heraufsetzte. Die sinkenden Ölpreise kamen ihm bei der Beendigung der Teuerung zu Hilfe. Der US-Dollar gewann wieder an Kaufkraft, die Menschen gewannen wieder Vertrauen in die US-amerikanische Währung. Das kurbelte den Konsum und das Wirtschaftswachstum weltweit an. Allenthalben herrschte eitel Sonnenschein. Amerika hatte das Trauma des Vietnamkriegs hinter sich gelassen.

So wuchs in den Jahren 1982 bis 2007 die amerikanische und mit ihr die weltweite Wirtschaft und der Wohlstand in den Industrie- und Schwellenländern über einen so langen Zeitraum wie noch nie zuvor in der Geschichte. Zwar gab es kurze Rezessionen und auch teils heftige Börsencrashs, doch zu einer wirklichen Krise kam es nie. Es schien so, als sei die Weltwirtschaft in ein neues Zeitalter eingetreten und die Politik habe nun das Rezept, um schlimmere Rezessionen zu vermeiden. Die erste Bewährungsprobe hatte sie im Jahr 1987 zu bestehen.

Der Schwarze Montag von 1987

»Das ist das Ende der Welt«, sagte ein Händler am Ende der Börsensitzung am 19. Oktober 1987, fassungslos darüber, was sich in den

Stunden zuvor vor seinen Augen abgespielt hatte. Um unglaubliche 22,3 Prozent war der Dow-Jones-Index allein an diesem Tag gefallen. Als der »Schwarze Montag« sollte dieser Tag in die Börsengeschichte eingehen. Einen so großen Tagesverlust hatte es nicht einmal am Schwarzen Freitag, dem 25. Oktober 1929, gegeben. Am »Schwarzen Montag« 1987 brach an diesem einzigen Tag der Dow Jones Industrial Average um über 500 Punkte ein. Rund 1 Billion US-Dollar wurden vernichtet – an diesem Börsentag und an den vier Handelstagen, die ihm vorausgegangen waren.

Ich erinnere mich noch sehr deutlich daran, denn es war der erste Börsencrash, den ich persönlich erlebte. Im Alter von 17 Jahren hatte ich angefangen, an der Börse zu spekulieren, und war innerhalb von weniger als einem Jahr von Aktien auf Optionen umgestiegen, weil bei den geringen Einsätzen, die ich tätigen konnte, nur hier das »schnelle Geld« zu machen war. Am 19. Oktober 1987 war das Geld dann aber noch schneller weg und ich erlebte meinen ersten Totalverlust.

Was war geschehen?

Dem Crash war zunächst ein fulminanter Anstieg vorausgegangen. Seit 1985 lief die US-Wirtschaft hervorragend und die Börsen hatten dies weit früher vorweggenommen. Die Zinssenkungen in den USA ab 1981 von 14 auf 5,5 Prozent im Jahr 1986 hatten an der Börse unglaubliche Kräfte freigesetzt. Die tiefen Zinsen lösten einen enormen Anstieg der Kreditvergabe aus und sorgten damit für eine starke Ausdehnung der Geldmenge. Und da Geld nun mal das Lebenselixier der Börse ist, wie das Benzin für einen Motor, stieg der Dow Jones von 1982 bis 1987 von rund 800 auf 2722 Punkte und damit um 240 Prozent. Sein Anstieg fiel allerdings höher aus als der Zuwachs der Unternehmensgewinne, zudem drohte die Wirtschaft 1987 erstmals zu überhitzen. Um Inflation zu vermeiden, erhöhte die US-Notenbank Federal Reserve die Zinsen. Die Zinsen lang laufender Anleihen stiegen wieder in den zweistelligen Bereich und machten somit den Aktien zunehmend Konkurrenz. Außerdem war der US-Dollar in der Hochzinsphase, als die Inflation abgewürgt wurde, bis auf 3,47 D-Mark gestiegen (umgerechnet entspricht dies auf Euro-Basis einem Kurs von 0,56 US-Dollar für 1 Euro), was zu einem enormen Handelsbilanzdefizit der USA geführt hatte. Das löste Spannungen zwischen den USA und den damaligen Hauptexportländern Deutschland und Japan aus. Zwar hatte der US-Dollar Mitte 1987 gegenüber der D-Mark bereits wieder massiv auf unter 1,80 D-Mark abgewertet, was lange Zeit auch im Konsens der damals drei bedeutendsten Wirtschaftsmächte geschah. Die Amerikaner erwarteten jedoch von Japan und Deutschland, dass sie ihre Binnenkonjunktur durch Zinssenkungen stärker ankurbelten, so dass Amerika im Gegenzug mehr Waren an die beiden Handelspartner hätte verkaufen können. Deutschland und Japan aber sträubten sich und so drohte der damalige US-Finanzminister James Baker, er werde den US-Dollar noch weiter fallen lassen, wenn Japan und Deutschland den Forderungen nach einem Ankurbeln des Konsums in ihren Ländern nicht nachkämen. Die Nerven der Börsianer waren ohnehin schon gespannt, denn von seinem Hoch von 2722 Punkten war der Dow-Jones-Index bereits auf 2247 Punkte gefallen. Dieser Satz des US-Finanzministers war dann der Stich in den Ballon, der die Blase zum Platzen brachte.

Was die Abwärtsbewegung so massiv beschleunigte, war eine in den Jahren zuvor immer massiver angewachsene Spekulation am Chicagoer Terminmarkt in Terminkontrakten auf den 500 Werte umfassenden US-Aktienindex Standard & Poor's 500. Die Umsätze, die hier gedreht wurden, betrugen ein Vielfaches der Umsätze an der New York Stock Exchange in Aktien. Das Gefährliche daran war, dass mit nur rund 5 Prozent Eigenkapital spekuliert werden konnte. Die Engagements waren enorm, und am 19. Oktober kam es dann zu einer Flut von Zwangsliquidationen. Dabei bestand ein größerer Anteil von »Marktteilnehmern« ganz einfach aus Computern. Das war damals ebenfalls neu: rechnergesteuerte Handelssysteme, die mit *Stop-Loss*-Kursen gespeist worden waren, also mit

Limits, ab deren Erreichen oder Unterschreiten die Aktienbestände automatisch verkauft werden sollten. Weil jeder Verkauf die Kurse erneut auf Talfahrt schickte, wurden dadurch stets neue *Stop-Loss*-Marken ausgelöst, was abermals zu Verkäufen führte. Trendverstärkend wirkte außerdem, dass nicht nur Positionen auf steigende Kurse aufgelöst, sondern im Gegenzug bestehende Positionen in Aktien über diesen Weg abgesichert wurden. Dies setzte eine Abwärtsspirale sondergleichen in Gang, die, als sie ihr Ende fand, bloßes Entsetzen unter den Börsianern weltweit hinterließ, die bis dahin geglaubt hatten, dass so etwas nicht möglich sei.

Seit jenem »Schwarzen Montag« 1987 wird der Handel an den US-amerikanischen Börsen ausgesetzt, wenn die Verluste an einem Tag mehr als 10 Prozent betragen. Das soll die Marktteilnehmer beruhigen und ihnen Zeit geben, sich rational zu entscheiden. Die Spekulation in Terminkontrakten ist seitdem allerdings nicht zurückgegangen, sondern eher gestiegen. Doch bisher sieht es so aus, dass der Schock von 1987 eine gewisse heilende Wirkung hatte, indem er ein Bewusstsein für die Risiken dieser Spekulationsform schuf.

Viel wichtiger als die Gründe für den Crash 1987 ist aber die Wirkung, die er entfaltete: Jeder erwartete, dass das, was an der Börse geschehen war, auch voll auf die Realwirtschaft durchschlagen werde. Entsprechend negativ waren im Oktober 1987 die Prognosen für Wirtschaft und Börse. Die nächste Depression à la 1929 wurde bereits heraufbeschworen.

Doch schon dem Börsencrash von 1987 fehlten die Parallelen zu 1929. Schaulustige, die gehofft hatten, die Investmentbanker wie damals reihenweise aus dem Fenster springen zu sehen, wurden enttäuscht. Es sprang niemand. Der damals neue und noch vollkommen unbekannte Notenbankchef Alan Greenspan gab umgehend zu erkennen, welchen politischen Kurs er fahren würde. »Zur Not werde ich die Banken in Liquidität baden«, sagte er bereits einen Tag nach dem Crash. Das tat er dann auch.

Er antwortete mit einer sofortigen Leitzinssenkung. Er drehte die Zinsschraube von 7,25 auf 6,75 herunter und pumpte unglaubliche Geldsummen in den Markt. Sein Unterfangen führte zum gewünschten Erfolg – eine Rezession blieb aus. Zwar fiel der Dow Jones am 20. Oktober 1987 zunächst weiter auf 1450 Punkte. Am Ende derselben Woche war er aber bereits wieder auf 1951 Punkte geklettert. Nur 15 Monate später erreichte er sein ursprüngliches Niveau von 2247 Punkten, und am 24. August 1989 überwand er das alte Allzeithoch von 2722 Punkten. Und das Wachstum sollte weitergehen. Es war, als hätte es nie einen Börsencrash gegeben. Die befürchtete Weltwirtschaftskrise blieb aus.

Die Asienkrise 1997/1998

1997/1998 kam es in Asien zu einer Krise. Verantwortlich dafür waren vor allem mit Fremdwährungskrediten schuldenfinanzierte Investitionen in riesigem Ausmaß. Betroffen waren vor allem die südostasiatischen Länder Südkorea, Thailand, Indonesien, Malaysia, die Philippinen und Singapur. Japan, das seit Beginn der 1990er-Jahre schon in einer Krise steckte, wurde durch diese Krise erst recht in eine schwere Rezession gezogen.

In der Asienkrise zeigte sich aber bereits, wohin eine Politik des billigen und leicht verfügbaren Geldes führen kann. Die Jahre zuvor hatten Südostasien ein beispielloses Wachstum beschert. Um 5 bis 9 Prozent legten die Volkswirtschaften jährlich zu – kein Wunder, dass stets von den »Tigerstaaten« die Rede war. Billige Arbeitskräfte führten dazu, dass immer mehr europäische und japanische Firmen in Südostasien produzierten oder produzieren ließen, um ihre Lohnkosten zu senken. Die Tigerstaaten waren im Aufwind, ihr Wachstum wirkte robust und gesund. Trotzdem – oder gerade deswegen – entstand eine Spekulationsblase, die 1997/1998 zerplatzte. Denn ein Großteil des Wachstums war kreditfinanziert.

Ohne jedes Maß hatten die Banken in Südostasien Kredite vergeben. Das Kreditvolumen zeigte ein noch rasanteres Wachstum als die Volkswirtschaften in Südostasien. Kreditanträge wurden bereitwillig genehmigt, auch deswegen, weil die Refinanzierung so einfach war. Die Banken liehen sich einfach Geld, und zwar größtenteils in Fremdwährung, aus anderen Ländern. Sie konnten sich dort billig mit ausländischem Geld eindecken. Die eigenen Währungen hatten sie fest an den US-Dollar gekoppelt, der Wechselkurs war also nicht frei, sondern starr. Beliebt waren – wie könnte es anders sein? – Schulden in Währungen mit niedrigem Leitzins, sprich US-Dollar, Yen und D-Mark. Solche Gelder aus dem Ausland waren leicht verfügbar. Die Sache hatte nur einen Haken: Diese Fremdwährungskredite hatten oft kürzere Laufzeiten als die Kredite in eigener Währung, die man an die inländischen Kunden vergab. Über diesen Makel sah man als kreditgebende Bank aber großzügig hinweg.

Die Kreditnehmer nahmen das Angebot jedenfalls freudig an. Das geliehene Geld wollte investiert sein. Dafür schienen vor allem Aktien und Immobilien geeignet. Deren Preise erlebten einen beispiellosen Boom, was die Banken wiederum veranlasste, Aktien und Immobilien gerne als Sicherheiten für neue Kredite zu akzeptieren.

Sie merken schon: Es gibt offensichtlich Parallelen zur US-Immobilienkrise, die sich zu einer massiven Weltfinanzkrise ausgeweitet hat. Auch hier führten steigende Kurse und Immobilienpreise zu immer mehr Krediten, wachsende Kredite wiederum zu einer immer höheren Nachfrage und damit zu höheren Preisen – eine Spekulationsblase, die irgendwann platzen musste.

Im Asien der späten 1990er-Jahre platzte sie, als sich der Wechselkurs zuungunsten der ostasiatischen Länder entwickelte und diese Länder, allen voran Thailand, die Kopplung an den US-Dollar schließlich aufgeben mussten. Innerhalb kürzester Zeit verlor der thailändische Baht 18 Prozent gegenüber dem US-Dollar. Jetzt kam das ganze Debakel erst richtig zum Vorschein:

Wer Schulden in einer Fremdwährung macht, dem nutzt es nichts, Geld zu drucken, um diese Schulden zu tilgen. Wenn die eigene Währung an Wert verliert, muss er immer mehr eigene Banknoten aufwenden, um die Schulden im Ausland zurückzuzahlen.

Dazu kam, dass die südostasiatischen Staaten selbst nur geringe Währungsreserven hielten. All das beschleunigte den Verfall der heimischen Währungen.

Die Banken und die Notenbanken hatten ein riesiges Problem: Sie mussten kurz laufende Kredite in US-Dollar, D-Mark oder Yen zurückzahlen, hatten aber lang laufende Kredite in ihrer eigenen Währung vergeben. Zuletzt drohte nicht nur Banken und Industrieunternehmen, sondern ganzen Staaten die Zahlungsunfähigkeit. Als Folge dieser schweren Krise stürzten die ehemaligen »Tigerstaaten« in eine tiefe Rezession.

Wie reagierte die Welt auf diese Krise, die durch Kreditausfälle auf die westlichen Industriestaaten überzuspringen drohte? Wieder wurde versucht, die Krise mit öffentlichen Geldern zu beheben, diesmal auf internationaler Ebene. Da sich die Staaten und Banken mit Fremdwährung verschuldet hatten und ihre eigenen Währungen so massiv abgewertet worden waren, wurde ihnen auch mit Bargeld in Fremdwährung weitergeholfen. Allein der Internationale Währungsfonds (IWF) stellte Südkorea, Thailand und Indonesien in den Jahren 1997/1998 39 Milliarden US-Dollar zur Verfügung. Staatshilfen aus anderen Ländern kamen dazu. So kam es wieder einmal nicht zum Staatsbankrott, sondern zu einer Stützung dieses Systems.

Nebenbei bemerkt: Der Internationale Währungsfonds knüpfte seine Hilfen an strenge Auflagen. Die Eigenkapitalquote der Banken sollte erhöht werden. Die Kreditvergabe sollte restriktiver gehandhabt werden.

Interessant ist in diesem Zusammenhang, dass der Internationale Währungsfonds die gleichen Länder vor der Asienkrise dazu angehalten hatte, die Hilfen, die den Schwellen- und Entwicklungsländern jahrelang gewährt worden waren, doch möglichst rasch und vollständig in Form von Investitionskrediten zu vergeben.

War die Asienkrise eine Gefahr für die Weltwirtschaft? Sicherlich waren die hohen Auslandsschulden der asiatischen Tigerstaaten bedrohlich für alle Banken, die ihnen das Geld bereitwillig geliehen hatten. Aber hier half die Finanzspritze des IWF. Auch die Notenbanken öffneten die Schleusen weit und stellten abermals Liquidität zur Verfügung. Diese Maßnahmen sorgten dafür, dass die Asienkrise nicht auf die Weltwirtschaft übergriff. Im Gegenteil: Die Börsen, die zuvor erheblich eingebrochen waren, erholten sich genauso schnell wieder und auch die Wirtschaft wuchs weiter. Hier wurde erstmals das Muster dieser Geldpolitik sichtbar, die durch eine Liquiditätsschwemme Rezessionen zu verhindern wusste. Das Problem jedoch war, dass der größte Teil der Geldberge nicht in die Realwirtschaft, sondern in die Finanzmärkte floss. So kam es zu einer Überstimulation, die an den Finanzmärkten zur Inflation der Vermögenspreise und damit zur Blasenbildung führte.

1998: Die Russlandkrise und die Abwertung des Rubels

Als Folge der Asienkrise und der nun höheren Sensibilität der Marktteilnehmer gegenüber in Fremdwährung verschuldeten Ländern geriet die riesige Russische Föderation 1998 in existenzielle Nöte.

Russland war Mitte der 1990er-Jahre hoch verschuldet. Verzweifelt versuchte die Regierung, die Lage im Land zu stabilisieren. Allein die Zinsen auf laufende Kredite machten 30 Prozent des Staatshaushalts aus. Schulden hatte der russische Staat nicht nur im Ausland, sondern auch im Inland: Lehrer, Ärzte, Soldaten, Bedienstete staatseigener Betriebe, Bergarbeiter, Rentner – sie alle warteten immer länger auf fällige Lohnzahlungen. Fabriken bekamen kein Geld für ihre inländischen Lieferungen. Ohne Geld konnten sie aber keine neuen Waren und Güter produzieren. Sie konnten weder Rohstoffe noch Maschinen beziehen, noch konnten sie ihre Arbeiter bezahlen, geschweige denn Steuern an den maroden russischen Staat abführen, der sie doch so dringend gebraucht hätte. Allenthalben herrschten Korruption, überbordende Bürokratie und Schattenwirtschaft. Die russische Wirtschaft ging ebenso am Stock wie der gesamte russische Staat.

Die Asienkrise sorgte nun dafür, dass Kapitalanleger die »chancenreichen« Schwellenländer plötzlich mit anderen Augen betrachteten. Nicht nur die Tigerstaaten in Südostasien wurden neu bewertet, sondern auch Russland. Und diese Bewertung fiel nicht gerade positiv aus. Massiv zogen die Investoren Geld aus Russland ab, auch um die in Asien erlittenen Verluste zu kompensieren und neue Liquidität zu gewinnen. Innerhalb eines Jahres verschwanden 5 Milliarden US-Dollar aus dem russischen Aktienmarkt. Er brach um fast 80 Prozent seines ursprünglichen Wertes ein.

Den Versuch, neue Investoren an Land zu ziehen, musste Russland teuer bezahlen: Nur über eine exorbitant hohe Verzinsung russischer Anleihen war dies zu bewerkstelligen. Bei unvorstellbaren 80 Prozent lagen die Zinsen für russische Staatspapiere in der Spitze.

Entsprechend wuchs sich das Staatsdefizit zu einem unbeherrschbaren Monster aus. Als die vom Internationalen Währungsfonds zugesagten Millionenhilfen ausblieben – Russland hatte die Auflagen nicht erfüllt –, konnte Russland die Bindung des Rubels an den Dollar-Kurs nicht länger rechtfertigen. Man sah sich gezwungen, die eigene Währung abzuwerten, was im August 1998 dann auch geschah. Sofort verlor sie fast 50 Prozent an Wert und das brachte Russland an den Rand der Zahlungsunfähigkeit.

In den Sog der Russlandkrise geriet ein US-amerikanischer Hedgefonds namens »LTCM (Long-Term Capital Management)«. Dieser wurde unter anderem von den Nobelpreisträgern Myron Scholes und Robert Merton gemanagt. LTCM hatte auf eine Einengung von Zinsdifferenzen zwischen Staatsanleihen schlechterer Bonität und denen besserer Bonität spekuliert (zum Beispiel auch im Zuge der Euro-Einführung auf die Zinsdifferenz zwischen italienischen und deutschen Staatsanleihen). Tatsächlich passierte durch die Krise das Gegenteil, und zwar in so massiver Weise, dass LTCM quasi über Nacht pleite war, denn die Positionen, die der Fonds hielt, waren mit 1,25 Billionen US-Dollar gigantisch. Das Eigenkapital des Fonds betrug nur 4 Milliarden Dollar. Die Kreditgeber gehörten zum *Who's Who* der internationalen Bankenlandschaft.

Betroffen waren in Europa im großen Stil die Schweizer UBS, die am Ende 700 Millionen Dollar verlor, aber auch die Dresdner Bank und die Credit Suisse. Die Federal Reserve unter ihrem Vorsitzenden Alan Greenspan sah aufgrund der enormen Portfolioausmaße von LTCM Risiken für das gesamte Finanzsystem und die Gefahr einer Kettenreaktion. Auf Druck der Fed übernahm deshalb ein Konsortium von 14 Banken für 3,65 Milliarden US-Dollar 90 Prozent der Anteile. Da LTCM bei ihnen allen Verbindlichkeiten hatte, schützten sie sich damit quasi selbst. Die Anleger verloren zwar den größten Teil ihres Geldes, doch das Schlimmste konnte wieder einmal verhindert werden. Die Aktienmärkte waren unterdessen natürlich in die Knie gegangen. Doch auf Alan Greenspan war Verlass. Er überließ nichts dem Zufall und senkte die Zinsen von 5,5 Prozent auf 4,75 Prozent. Damit ließ sich eine Rezession erneut verhindern. Das Wirtschaftswachstum in den westlichen Industrieländern ging fast ungebrochen weiter. Sein Zaubertrank aus billigem Geld funktionierte: Die Russlandkrise 1998 blieb – anders als befürchtet – für die amerikanische und weltweite Wirtschaft weitestgehend ohne gravierende Folgen. Im Gegenteil, die Überschussliquidität sorgte einmal mehr für steigende Vermögenspreise vor allem bei Aktien und sorgte zumindest auf dem Papier für Reichtumseffekte. Statt einer Rezession begann die Wirtschaft weltweit stark zu expandieren. Davon profitierte letztlich auch Russland. Die immens steigende Nachfrage nach Rohstoffen ließ die Öl- und Gaspreise explodieren. Da Russland reichlich über Rohstoff- und Energiereserven verfügte, fand das Land von selbst wieder den Weg aus seiner Krise heraus.

2000/2001: Das Platzen der Dotcom-Blase

Die Bekämpfung der Krise zuerst in Südostasien und dann in Russland hatte enorme Überschussliquidität produziert, die in der Realwirtschaft eigentlich nicht benötigt wurde. Dazu kam noch die Liquidität, die Greenspan zum Jahrtausendwechsel in das Bankensystem pumpte, um eine Liquiditätsklemme zu verhindern.

Es ist schon fast wieder vergessen, aber damals befürchteten viele, dass die Computer die Umstellung der vierstelligen Jahreszahl nicht verkraften würden und die Kontostände bei Banken gelöscht würden. Es bestand die Gefahr, dass es einen »Run« auf die Banken geben würde, weil die Leute über den Jahreswechsel lieber Bargeld unter ihrem Kopfkissen haben wollten. Untergangspropheten, die mit der Angst anderer Leute ihr Geld verdienen oder zumindest ihr Ego pflegen wollten, trugen ihren Teil dazu bei. So wurde die Liquiditätsblase immer größer. Doch wo das Geld anlegen? Für Staatsanleihen und auch auf Bankkonten oder in Geldmarktfonds gab es aufgrund der Zinssenkungen nur mickrige Zinsen. Die Story »Tigerstaaten« war durch. Es war klar, dass auch hier die Bäume nicht in den Himmel wachsen. Aber die Anleger mussten gar nicht in die Ferne schweifen auf ihrer Suche nach einer neuen Story. Sie lag ihnen quasi zu Füßen, denn ein neues Zeitalter war angebrochen: Es trug den Namen »TMT«, was für »Technologie, Medien und Telekommunikation« steht, und in seinem Zentrum befand sich das »World Wide Web«. Unternehmen, die sich damit befassten, konnten das Blaue vom Himmel versprechen. Die »New Economy« trieb Ende der 1990er-Jahre die Börsenkurse in schwindelerregende Höhen. Hier dürften bei vielen Lesern nun auch die persönlichen Erinnerungen einsetzen, denn es waren diesmal nicht nur die Angelsachsen, die ihr privates Geld an der Börse investierten, wie schon lange üblich. Nein, auch der brave deutsche Michel begann, sich für das Börsengeschehen zu interessieren, und kaufte – oft zum ersten Mal – eigene Aktien. Die Deutsche Telekom hatte den Initialfunken geliefert. Massiv machte sie Werbung für ihre Aktie, die sie 1996 an die Börse bringen wollte. In allen Medien warb sie um die Gunst des kleinen Anlegers. Sie hatte Erfolg damit.

Telefon, Mobilfunk, Internet, Computer – das war gerade »in«. An dieses Geschäftsfeld glaubten die Leute, ja, sie trauten den zugehörigen Unternehmen exorbitante Wachstumsraten zu, angetrieben von den Medien, die mit ihrer optimistischen und wohlwollenden Berichterstattung die Nachfrage noch anheizten. Die Deutsche Börse

richtete für die Zukunftsunternehmen des Technologiesektors ɛ
ra das Segment »Neuer Markt« ein. Der Technologieindex NEMAX
(Neuer-Markt-Index) wurde analog zum New Yorker NASDAQ gegründet. Alle Welt kaufte Computer-, Internet-, Mobilfunk- und Technologieaktien. Die Kurse stiegen beharrlich und schienen jedem, der
in diesem Bereich investierte, recht zu geben. Ein wahres Spekulationsfieber brach aus, vor allem unter den Privatanlegern. Man
kaufte, was das Zeug hielt, auch Aktien von Unternehmen, die noch
keinerlei Gewinne schrieben. Oder die angesichts der mageren Gewinne, die sie überhaupt abwarfen, hoffnungslos überbewertet waren. »Macht nichts, das ist ein Wachstumsmarkt«, war damals oft zu
hören. Zum Schluss wurden selbst für die lächerlichste Internetfir-
ma an der Börse Mondpreise gezahlt. Und selbstverständlich ging
auch jedes noch so kleine Technologieunternehmen an die Börse.
Das war der schnellste und einfachste Weg, für eine Geschäftsidee
im IT-Bereich sehr viel Geld einzusammeln, oder, wie mir mal ein
Insider der Neuemissionsszene später sagte, den Gang zum Kon-
kursrichter zu vermeiden.

Tatsächlich war nicht das neue Zeitalter, sondern die überbordende Liquidität der Grund für die entfesselte Kursrallye. Die schöne neue Welt des Internets lieferte nur die Story, um diese im historischen Vergleich völlig entrückten Bewertungen zu rechtfertigen
und die Menschen davon zu überzeugen, dass alte Gesetze an der
Börse in diesem Zeitalter eben keine Gültigkeit mehr hatten.

Spätestens im Jahr 1999 war in Deutschland eine große Anzahl
von Privatanlegern vom Börsenfieber erfasst. Viele Unternehmen
waren schnell das Doppelte, Dreifache, Vierfache dessen wert, was
noch vor einigen Monaten für sie gezahlt worden war. Unterneh-
mensaufkäufe und die Gründung von Technologiefonds verstärkten
die Nachfrage. So konnten auch Menschen an der Börse investieren,
die sich die Auswahl von Einzelaktien selbst nicht zutrauten.

Nicht nur in Deutschland wütete das Spekulationsfieber. Es hatte die halbe Welt erfasst. In den Medien wurde jeder Börsengang

als Riesenerfolg gefeiert. Dagegen sah kaum jemand auf die häufig eher dürftigen Zahlen zu Gewinn und Umsatz. Dabei glänzten viele der börsennotierten Technologiestars nicht gerade mit überzeugenden Jahresabschlüssen.

Den Höhepunkt der Dotcom-Blase in Deutschland markierte am 13. März 2000 der Börsengang der Siemens-Tochter Infineon. Das Ordervolumen für die neu emittierten Aktien des Halbleiterherstellers war so groß, dass das Handelssystem der Frankfurter Wertpapierbörse zusammenbrach.

Auch ich machte meine ganz persönlichen Erfahrungen in dieser Zeit. Ich hatte weder Infineon noch sonst eine Aktie vom Neuen Markt je erworben. Meine bisherige Erfahrung sagte mir, dass dieser Boom maßlos übertrieben war. Auch vertraute ich auf den Instinkt meines – wie ich mit Stolz sagen darf – Freundes und Mentors André Kostolany, der öffentlich den Neuen Markt als Betrug bezeichnete und ein Blutbad prognostizierte. Das Problem war nur, dass der Neue Markt bereits 1997 bei seiner Gründung mit seinem ersten Wert Mobilcom deutlich überbewertet war. Das verhinderte aber nicht, dass die Kurse drei Jahre lang noch viel absurdere Bewertungen erreichten. Viele Weggefährten in der Branche machten ein unglaubliches Geld und ich stand fassungslos daneben. Auch meine privaten Freunde, die sich nie für die Börse interessiert hatten, fingen plötzlich an, zu spekulieren. Einer war sogar bei einem Unternehmen des Neuen Marktes beschäftigt und war zwischenzeitlich zumindest auf dem Papier durch seine Mitarbeiteraktien Millionär. Im Wissen, dass ich ja »vom Fach« sei, fragten sie mich, welchen Wert sie denn als Nächstes zeichnen sollten, oder ob EM.TV noch ein »Kauf« sei. Ich riet entsetzt ab, verwies auf die Überbewertung und empfahl stattdessen, Aktien aus dem MDAX wie Koenig & Bauer, Kali und Salz (heute K+S) oder Krones. Doch meine Freunde wunderten sich nur. Das Erlebnis des unaufhörlich steigenden Kontostands war zu schön, um damit aufzuhören. Und jeder weitere Tag gab ihnen recht. Wenn ich sie wieder traf, prahlten sie mit ihren Gewinnen und fragten mich provokativ, wo denn die Kali und Salz stehe. Sicher hatten sie die Kurse verfolgt und wussten, dass diese sogar gefallen waren, weil nur eine Kategorie lief: Technologie. Für mich waren es die bis heute schwersten Zeiten als Börsianer. Denn es war fürchterlich, mit anzusehen, wie diese blutigen Anfänger das Geld nur so scheffelten, während ich – der vermeintliche Experte – mit meinem konservativen Depot außen vor war.

Zu meinem großen Glück wurden irgendwann auch die Biotechnologie-Aktien vom Aufschwung erfasst. Zwar hatte die Branche mit Technologie, Medien und Telekommunikation nach dem bis dahin gültigen Verständnis wenig zu tun. Aber da immer noch Anlagenotstand herrschte und die Summen, die an die Börsen flossen, kaum mehr in den klassischen TMT-Werten unterzubringen waren, kam man irgendwann auf die Idee, dass in »Biotechnologie« ja schließlich auch das Wort »Technologie« steckt, und plötzlich wurde auch diese Branche zur New Economy gezählt und die Kurse explodierten. Ich hatte mir 1996 ein Depot aus zehn US-Biotechnologie-Werten zusammengestellt, mit der Vision, dass sich einige von ihnen mit Sicht auf zehn Jahre irgendwann gut entwickeln würden, denn in der Gentechnik lagen meiner Ansicht nach enorme Chancen. Viel bewegt hatte sich in den Jahren 1996 bis 1999 nicht, bis sie dann ab Anfang 2000 vom Aufschwung erfasst wurden und ich meinem Depot beim Wachsen quasi zuschauen konnte. Ein Wert stieg sogar auf das 20-Fache. Und ich stieg glücklicherweise rechtzeitig wieder aus.

Anfang März 2000 blätterte ich, während ich in der Warteschlange beim Bäcker stand, in einer dort auf dem Tresen liegenden *Bild*-Zeitung. Zu meinem Entsetzen stellte ich fest, dass darin mittlerweile Musterdepots für Werte vom Neuen Markt geführt wurden. Ein ernsthafteres Warnsignal, dass die Aktien sich wahrscheinlich am Ende ihrer Aufwärtsbewegung befanden, konnte es gar nicht geben. Ich fuhr nach Hause und verkaufte zur Markteröffnung in Amerika um 15:30 Uhr alle Aktien, die ich aus diesem Bereich besaß.

Tatsächlich begannen die Kurse zwei Wochen später auf Talfahrt zu gehen und damit wuchsen sogleich auch die ersten Zweifel am

Fundament dieser Aufwärtsbewegung. Keines der TMT-Unternehmen lieferte die erwarteten Gewinne. Kaum eines wuchs mit der Geschwindigkeit, die sich die Aktionäre in ihrer Euphorie ausgemalt hatten. Erste Insolvenzen der einst so gefeierten Börsenneuzugänge verstärkten die Verunsicherung. Später wurde außerdem noch offenbar, dass einige der Hoffnungsträger, zum Beispiel ComROAD oder EM.TV, ihre Bilanzen mit Scheinumsätzen verschönert hatten, die in Wirklichkeit gar nicht existierten.

Dazu kam, dass der Boom gedroht hatte, auszuufern, und die US-Notenbank mit Zinserhöhungen die Überschussliquidität wieder einzusammeln begonnen hatte. Dieses Gemisch aus Überbewertung zum einen und einer restriktiveren Geldpolitik zum anderen war der Cocktail für eine ausgeprägte Baisse.

Nach dem Börsengang von Infineon gaben die Kurse plötzlich nach. Erschrocken mussten die unerfahrenen Anleger erkennen, dass die Aktienmärkte auch eine andere als die bislang vorherrschende Richtung kannten: nämlich abwärts. Erfahrene Anleger verkauften ihre Wertpapierbestände vergleichsweise schnell. Die Börsenneulinge klammerten sich dagegen an die Hoffnung, dass der Markt sich wieder erholen würde. Ich kenne sehr viele Kollegen, die zwar klugerweise auch mal Gewinne zwischendrin mitgenommen hatten, jedoch viel zu früh wieder einstiegen. Ihnen war nicht bewusst, dass ein Wert, der zehnfach überbewertet ist, immer noch eine fünffache Überbewertung aufweist, wenn er 50 Prozent tiefer notiert. Für sie erwies sich das Platzen der Dotcom-Blase als beispielloses Fiasko. In Panik stießen die Kleinanleger schließlich ihre Aktienpakete ab – ohne Limit, egal zu welchem Preis. Andere hofften bis zuletzt auf Wachstum und Erholung und verloren so nicht selten fast ihr gesamtes Vermögen.

Die Talfahrt bekam ihre ultimative Beschleunigung durch die Terroranschläge am 11. September 2001. Amerika war von außen angegriffen worden. Das war bisher nur einmal geschehen – in Pearl Harbor, weit weg vom Kernland und zudem gerichtet auf militärische Ziele. Jetzt aber war die Zivilbevölkerung das Ziel, und zwar im Herzen der USA, direkt in der Finanzmetropole Downtown Manhattan.

Bisher waren nur die Börsen eingebrochen und hatten ihre Überbewertung zumindest teilweise korrigiert, die Wirtschaft hatte sich jedoch verhältnismäßig gut gehalten. André Kostolany verglich das Zusammenspiel von Börse und Wirtschaft einmal mit einem Mann, der mit seinem Hund einen Weg entlangläuft: Während der Mann schön langsam und gleichmäßig voranschreite und vielleicht mal stehen bleibe, laufe der Hund voraus, und wenn er zu weit vorausgelaufen sei, komme er wieder zurück zu seinem Herrchen. So gehe das viele Male während eines Spaziergangs, bei dem der Hund am Ende eine weit größere Strecke zurückgelegt habe. »Der Mann ist die Wirtschaft und der Hund ist die Börse«, lautete die Erklärung Kostolanys.

Nach den Terroranschlägen jedoch war jedem klar – um im Bild zu bleiben –, dass nicht nur der Hund zurückkommen, sondern der Mann möglicherweise mehrere Schritte rückwärts machen würde. Amerika befand sich im Schockzustand. Dieses Land, das vor allem vom Konsum seiner Bürger lebte, drohte in eine schwere Rezession zu rutschen, wenn sich die Angst durchsetzen würde, dass in jedem Einkaufszentrum oder Freizeitpark jederzeit die nächste Bombe würde hochgehen können.

Doch Alan Greenspan war bereit, in die offensichtlich größte Schlacht seiner nun bereits 14 Jahre währenden Zeit als Chef der mächtigsten Notenbank der Welt zu ziehen. Er fackelte nicht lange und pumpte sofort Geld in die Märkte. Nach vier Tagen Zwangsschließung wurden die US-Börsen nach dem darauffolgenden Wochenende wieder geöffnet. Natürlich kam es wie erwartet zu Einbrüchen, doch die Dinge liefen verhältnismäßig geregelt ab. Greenspan leitete umgehend weitere Zinssenkungen ein, die den Leitzins bis Mitte 2003 von 3 auf 1 Prozent herunterschleusten, so tief wie nie in der US-Geschichte. Zwar konnte er eine Rezession nicht gänzlich verhindern und auch die Arbeitslosigkeit stieg, die Auswirkungen aber waren verhältnismäßig gering und die Wirtschaft kehrte schnell wieder auf den Wachstumspfad zurück. Die Börsen erreichten zum Ausbruch des Irakkriegs ihre Tiefststände und setzten anschließend zu einer massiven Erholung an.

Doch bei allem Erfolg dieser mit Applaus begleiteten Geldpolitik wurde spätestens hier ihr Makel ganz deutlich: In jeder Krise mussten die Zinsen noch tiefer geschraubt werden, damit sie überhaupt noch stimulierende Wirkung hatten und um die US-Bürger und -Unternehmen zu noch mehr Kreditaufnahme zu animieren. Vereinzelte Kritiker stellten die provokative Frage, wohin denn die Zinsen in der nächsten Krise gesenkt werden sollten. Etwa auf null Prozent? Vor allem ließ der Wirkungsgrad der Neuverschuldung immer weiter nach. 2007 waren mehr als 6 US-Dollar neue Schulden notwendig, um 1 US-Dollar Bruttoinlandsprodukt zu erzeugen. In den 1980er- und 1990er-Jahren hatte dieser Wert noch bei der Hälfte gelegen. Mit anderen Worten: Der Schuldenberg wuchs viel rasanter als die realen Werte, die dafür geschaffen wurden. Der Rest bestand aus Blasen an den Finanzmärkten.

Doch trotz nachlassender Traktion funktionierte zunächst der Zaubertrunk des billigen Geldes und legte dabei zugleich den Grundstein für die nächste beispiellose Krise.

Das Platzen der Immobilienblase

Viele Bücher sind schon geschrieben worden über die großen Börsencrashs der Geschichte, ob über den legendären von 1929 oder die Tulpenmanie in den Niederlanden im 17. Jahrhundert, als für Tulpenzwiebeln ein Vermögen ausgegeben wurde, bis es auch hier zum Crash kam. Am Ende lässt sich feststellen, dass der Mechanismus immer der gleiche ist: Zunächst kommt es zu maßlosen Übertreibungen, die für die betroffenen Vermögensgüter, egal ob Aktie, Rohstoff, Immobilie oder Tulpe, zu Bewertungen fern des gesunden Menschenverstands führen. Dann folgt irgendwann der brutale Absturz.

Warum kommt es nun immer wieder zu diesen Übertreibungen, wenn wir Menschen doch den Ausgang der Geschichte aus unendlich vielen Beispielen kennen? Ganz einfach: Die Gier frisst den Verstand. Zunächst wehren wir uns auch gegen die immer weiter steigenden Preise. Aber irgendwann erliegen wir selbst ihrer Anziehungskraft, weil die erwartete Korrektur eben nicht kommen will. Und der Boom kommt immer in einem anderen Gewand daher.

Einmal sind es die Aktien und danach die Immobilien, Rohstoffe, Anleihen oder etwas völlig Neues wie zuletzt der Bitcoin und andere Kryptowährungen. Und der »Homo ludens«, der spielende Mensch, gibt sich im Traum vom schnellen Geld dem Glauben hin, auf diesem Markt würden eben ganz andere Gesetze gelten als früher. Bis er wieder eines Besseren belehrt wird. So auch in der US-Immobilienkrise, die sich zu einer weltweiten Finanz- und Wirtschaftskrise auswuchs und in den Volkswirtschaften rund um den Globus zu nachhaltigen Konjunktureinbrüchen führte. Doch hier platzten im Grunde nicht nur die aufgeblasenen Immobilienpreise in den USA, und im Übrigen auch in anderen Ländern wie England oder Spanien, hier platzte eine neue Form der Finanzierung, nämlich die Verbriefung von Krediten.

Ihren Ursprung nahm die Entwicklung aus der Reaktion auf die Terroranschläge vom 11. September, bei der die Notenbank und die von George W. Bush geführte US-Regierung eine – wie sich mittlerweile herausstellte unheilige – Allianz eingingen mit der klaren Absicht, den privaten Hausbesitz anzukurbeln, um mehr Amerikanern den Traum von den eigenen vier Wänden zu erfüllen.

Und die Rechnung schien zunächst aufzugehen. Die Nachfrage stieg, die Baukonjunktur boomte und schaffte eine enorme Zahl neuer Arbeitsplätze. Jeder Amerikaner, der eine Immobilie besaß, profitierte durch den so entstehenden Vermögenszuwachs. Es entwickelte sich eine wundersame Aufwärtsspirale. Je stärker die Immobilienpreise stiegen, desto weniger mussten die amerikanischen Bürger auf die hohe Kante legen, denn die Ersparnisse vermehrten sich durch den Wertzuwachs der eigenen Immobilie quasi von selbst. Die Sparrate rutschte 2007 sogar erstmals in der US-Geschichte in den negativen Bereich. Und viele Hausbesitzer gingen sogar noch weiter. Weil die Zinsen so günstig waren, nutzten sie den höheren Wert ihrer Häuser, indem sie sie noch stärker beliehen und das so gewonnene Geld in den Konsum steckten oder weitere Immobilien erwarben. Im Film *The Big Short*, der die US-Immobilienkrise und ihre Wirkmechanismen sehr schön abbildet, ist das gut dargestellt. Da recherchieren Hedgefondsmanager, die den Braten riechen, in Striptease-Lokalen in Las Vegas und finden heraus, dass die Tänzerinnen in den letzten Jahren teilweise fünf Wohnungen erworben hatten. Das alles schaffte weitere Arbeitsplätze und damit neue potenzielle Immobilienkäufer, die dafür sorgten, dass die Preise weiter stiegen. Von 2003 bis Anfang 2007 war von Krise denn auch nichts mehr zu spüren. Im Gegenteil. Auch am Börsenhimmel lachte wieder die Sonne. Das billige Geld hatte einen unglaublichen Boom ausgelöst. Die Geschäfte liefen prächtig, die Kurse waren seit Mitte 2003 kräftig gestiegen. Die Wirtschaft verdiente gutes Geld und die Banken sogar noch besseres. Allen voran die Investmentbanken, die unaufhaltsam einen Weg beschritten, der ihnen enorme Gewinne sicherte. Erst im Nachhinein stellte sich heraus, dass die Gier und die Unersättlichkeit vor allem der Banker die Welt an den Abgrund geführt hatten.

Sie hatten zuvor ein wunderbares neues Mittel erfunden, um sich die Taschen vollzustopfen: »Kreditverbriefungen« oder – allgemeiner – »Finanzinnovationen« war das Zauberwort. Für die großen Katastrophen waren in der Weltgeschichte bisher eigentlich immer Männer verantwortlich. Diesmal jedoch war es eine Frau, nämlich Blythe Masters von JPMorgan, die auf die unsägliche Idee der verbrieften Kreditversicherung kam. Die Voraussetzungen dafür hatten allerdings der Staat und die Notenbank geschaffen. Schon der frühere Notenbankchef Alan Greenspan hatte propagiert, die Finanzmärkte müssten sich frei und ungehindert entwickeln können. US-Präsident George W. Bush teilte diese Meinung voll und ganz. Er setzte auf eine Deregulierung im Bankensektor und auf den Kapitalmärkten. Das sei nötig, damit die Wirtschaft sich frei entfalten könne.

Die Banken wussten diese zunehmende Freiheit zu ihrem Vorteil zu nutzen, nämlich durch eine übermäßige Kreditvergabe und eine Weitergabe des Ausfallrisikos an die Kapitalmärkte. Es fing ganz harmlos an, in zahlreichen Städten, überall in den USA. Im Prinzip funktionierte das Geschäft so: Man schnappte sich beliebige US-Bürger – eigenes Geld mussten sie keines haben – und malte ihnen in allen Einzelheiten aus, wie schön doch eine eigene Immobilie wäre. Das sei kein Wunschtraum, sondern ein erreichbares Ziel. Sie müssten nur einen Immobilienkredit aufnehmen. Das sei auch möglich, wenn sie noch kein eigenes Geld zum Erwerb eines Eigenheims angespart hätten.

Das Zinsniveau war niedrig, das überzeugte viele, dass jetzt ein Einstieg ideal wäre. Von dem geliehenen Geld kauften oder bauten sich besagte Bürger das gewünschte Haus und zogen mit ihrer Familie dort ein. Als Sicherheit für den Kredit diente allein diese Immobilie – und sonst nichts. Dank großer Nachfrage stiegen die Immobilienpreise ja auch beständig. Das erhöhte sogar ihren Beleihungswert.

Sicherlich gab es Menschen, die sich diesen Kredit problemlos leisten konnten, zumindest solange die Wirtschaft gut lief und sie eine feste, gut bezahlte Arbeitsstelle hatten. Aber es gab auch viele ohne Eigenkapital und ohne die Sicherheit eines festen, verlässlichen Einkommens. Am Ende wurden sogar Obdachlose animiert, doch ein Haus zu kaufen. Diese reagierten mit Verwunderung, weil sie offenbar noch im Besitz des gesunden Menschenverstands waren, den manche der an diesem Spiel beteiligten Investmentbanker schon lange verloren hatten. Doch was hatten sie zu verlieren? Auch sie bekamen ihr Darlehen. *Subprime Lending* nannte es sich, wenn Kredite an Menschen von minderer Zahlungsfähigkeit vergeben wurden. Das Wort »subprime« (minderwertig, zweitklassig) bezeichnet die Zahlungskraft der Kreditnehmer: Menschen, die keinen Cent eigenes Kapital mitbrachten, um die Immobilie ihrer Wahl zu finanzieren.

Da sich Immobilien einer wachsenden Nachfrage erfreuten, kümmerte sich niemand darum. Die Häuserpreise zogen an, sie stiegen ohne Unterlass. »Toll!«, dachten viele. »Ein Hausbau ganz ohne Risiken.« Zur Freude der frischgebackenen Hausherren waren die monatlichen Zins- und Tilgungsraten am Anfang sehr moderat. Ein amerikanischer Hauskäufer musste sich insgeheim denken: »Notfalls kann ich das Haus jederzeit wieder verkaufen. Ich gehe damit ja kein Risiko ein. Mit dem Erlös kann ich den Kredit mitsamt Zinsen voll und ganz zurückzahlen. Mit etwas Glück springt sogar noch ein Gewinn für mich dabei heraus.« Auch die Banken dachten so. Dabei hätten wenigstens sie ahnen können, dass die Sache einen Haken hatte.

Ahnungslos waren dagegen die Kreditnehmer. Ihnen war nicht klar, dass die monatlichen Kreditraten nicht zwangsläufig auf dem ursprünglichen niedrigen Niveau bleiben würden. Dazu muss man wissen: Eine zehnjährige Zinsbindungsfrist für Immobilienkredite gibt es in den USA – anders als in Deutschland – nicht. Wie die Monatsraten aussehen würden, wenn die Notenbank den Leitzins erhöhen würde, konnte ein Hauskäufer also nicht wissen. Es machte sich kein Kreditverkäufer die Mühe, einen interessierten Immobilienkäufer über dieses Risiko aufzuklären. Warum sollte er auch? Das Ganze funktionierte auf Provisionsbasis: Je mehr Darlehensverträge ein Kreditvermittler für seine Bank abschloss, desto besser verdiente er selbst. So einfach war das.

Trotzdem würde sich unter normalen Umständen keine Bank auf ein so windiges Unterfangen einlassen. Dass sie es trotzdem taten, hatte einen ganz einfachen Grund: Sie konnten das Kreditrisiko auf andere abwälzen, indem sie ihre Forderungen verbrieften. Damit umgingen sie elegant die Eigenkapitalforderungen, die seit Basel II an ein Kreditinstitut gestellt werden. Normalerweise gilt: Wer als Bank Kredite vergibt, muss mindestens 8 Prozent an Eigenmitteln mitbringen. Wird dieser Eigenkapitalanteil unterschritten, ist auch eine weitere Kreditvergabe nicht erlaubt. Diese Vorschriften konnte man vermeiden, indem man Kredite verbriefte und das Risiko an Investoren weitergab.

US-Banken, die Immobiliendarlehen auch an wenig zahlungsfähige Schuldner vergaben, agierten anders als eine normale kreditgebende Bank, wie sie etwa einem Häuslebauer in Deutschland begegnet. Normalerweise geht jede kreditgebende Bank mit der vollen Darlehenssumme ins Risiko. Kann ein Kreditnehmer sein Darlehen nicht mit Zinsen und Tilgung zurückzahlen, dann macht die Bank Verluste. Aus diesem Grund hat eine Bank in der Regel keinerlei Interesse daran, Kredite an potenziell zahlungsunfähige Kunden zu vergeben. Sie wird also im Vorfeld Sicherheiten verlangen und einen Kreditantrag ablehnen, wenn der Antragsteller sie nicht bieten kann.

Dieses Prinzip wird jedoch ausgehebelt, wenn der Kreditgeber das Kreditrisiko gleich weiterverkauft. Doch wer ist so blöd und kauft solche Kredite? Banken überall auf dem Globus und allen voran deutsche Landesbanken, wie wir wissen. Doch warum? Ganz einfach: Die Gier war grenzenlos und fraß wie so oft den Verstand, denn mit diesen Geschäften ergaben sich Renditemöglichkeiten, die weit über denen des üblichen Bankgeschäfts lagen. Außerdem vergaben die Kreditratingagenturen Standard & Poor's, Moody's und Fitch für die verbrieften Kredite, die am Ende aus Tausenden von einzelnen Immobilienkrediten minderer Qualität bestanden, Top-Kreditratings, teilweise sogar die sogenannte Bestnote »Triple A« (AAA). Dass Ratingagenturen zuweilen auch grausam mit ihren Einschätzungen danebenliegen, musste jedem spätestens seit der Milliardenpleite des Energieriesen Enron zwar klar sein – Enron hatte kurz zuvor noch Topratings erhalten. Man beruhigte sich aber damit, dass es sich doch um sogenannte *Mortgage Backed Securities* handelte, also um Forderungen, hinter denen ein realer Wert stand, nämlich die Immobilien, die als Kreditsicherheit dienten. Das klang einfach wunderbar: Sollte der Kreditnehmer nicht zahlen können, würde eben sein Haus verkauft. Vom Verkaufserlös könnten die Forderungen dann beglichen werden. So musste der Eindruck entstehen, es handele sich immer noch um vergleichsweise sichere Anleihen, die zudem deutlich höhere Zinsen abwarfen als sonstige Papiere mit ebenso gutem Rating.

Die entsprechenden Schuldner, die massiv von der Zahlungsunfähigkeit bedroht waren, sofern die Zinsen stiegen oder die Immobilie im Wert fallen würde, nahmen nur zu gerne den angebotenen günstigen Kredit auf.

So schien dieses System der Verbriefungen für alle beteiligten Finanzhäuser ein wahrer Glücksfall zu sein. Hier kamen nun auch die Investmentbanken ins Spiel. Deren Aufgabe bestand darin, die bestehenden Kredite zu Paketen zu bündeln und sie gestückelt in Form von Anleihen am Kapitalmarkt zu verkaufen. Es wurde Geld bei Investoren geliehen, die im Gegenzug dafür Wertpapiere erhielten, in denen die Kreditforderungen verbrieft waren.

Je nach Kreditwürdigkeit der Schuldner wurden diese Verbriefungen in verschiedene Tranchen eingeteilt. Die höchsten Zinsen warfen sogenannte »Subprime-Anleihen« ab, also Anleihen, hinter denen die Forderungen gegen Kreditnehmer mit verminderter Zahlungsfähigkeit standen.

Die einen verdienten an der Verbriefung der Kredite. Die anderen verdienten am Verkauf der betreffenden Subprime-Anleihen. Die dritten verdienten an der Vergabe von Krediten, denn ein Teil der Zinsmarge landete in ihrer Tasche und nicht in der Tasche der Subprime-Anleihen-Käufer. Und die Ratingagenturen verdienten fürstlich mit bei der Bonitätsbewertung all dieser Wertpapiere. Nicht selten waren Banken und sonstige Finanzunternehmen zugleich Käufer und Verkäufer solcher Wertpapiere – und sie traten obendrein noch als Kreditgeber für Investoren auf, die solche Anleihen fremdfinanziert kaufen wollten.

Es kam aber noch besser. Denn nicht nur die eigentlichen Kreditforderungen wurden verbrieft, sondern auch die Versicherungen, die einen Kredit gegen Zahlungsausfälle absichern sollten.

Hintergrund: komplexere Kreditderivate (Credit Swaps, BISTROs und CDOs)

Versicherung – das klingt zunächst nach Sicherheit. Genau dieses Ziel verfolgte der Mathematiker Bill Demchak bei der Investmentbank JP-Morgan. Seine Bank hatte unter den massiven Kreditausfällen der Asienkrise gelitten, als die Tigerstaaten ihre immensen Schulden teilweise nicht mehr zurückzahlen konnten. Deshalb erfand er eine Art Kreditversicherung, genannt *Credit Default Swap*. Sie sollte jeden Kreditgeber schützen, falls ein Darlehensnehmer – ob Häuslebauer, ob Privatkonsument, ob Unternehmen – irgendwann nicht mehr in der Lage sein sollte, seine Schulden an die Bank zurückzuzahlen. Das Wort »swap« bedeutet »Tausch« und tatsächlich war eine solche Versicherung nichts anderes als ein Tauschgeschäft: ein Teil der Kreditzinsen im Austausch gegen das Versprechen, den Kredit gegen Zahlungsausfälle abzusichern.

Das Prinzip war ganz einfach: Wer einen Kredit vergab, sollte pro Jahr einen bestimmten Anteil, beispielsweise 1 Prozent der Kreditsumme, an einen Partner zahlen. Dieser Partner konnte eine Bank sein, ein Versicherer, eine Fondsgesellschaft oder ein sonstiger Investor. Er würde mit seinem eigenen Geld einspringen, wenn der Kreditnehmer einmal sein Darlehen nicht zurückzahlen könnte.

Angenommen, ein US-amerikanischer Hausbauer nahm 1 Million US-Dollar Schulden auf, um seine Traumvilla zu finanzieren. Dann konnte sein Kredit mit 10.000 US-Dollar pro Jahr versichert werden und der Kreditgeber war alle Sorgen los. Entweder der Hausbesitzer zahlte seinen Kredit zurück. Dann war alles gut. Oder er zahlte seinen Kredit nicht zurück. In diesem Fall würde der Kreditversicherer einspringen und es war ebenfalls alles gut. Das Kreditrisiko blieb jedenfalls nicht an der darlehensgebenden Bank hängen. In diesen Kreditversicherungen wurde immer eine Vielzahl von Krediten zusammengefasst.

Die ursprünglich sinnvolle Idee der Kreditversicherungen wurde vollkommen ad absurdum geführt, als auch diese Kreditversicherungen verbrieft wurden. Das tat JPMorgan und später folgten diesem Beispiel auch andere Investmentbanken. Im Wesentlichen funktionierte die Verbriefung von Kreditversicherungen ähnlich wie die Verbriefung der ursprünglichen Kredite. Hunderte von *Credit Default Swaps* wurden zu Bündeln geschnürt und diese Bündel wurden tranchiert und ebenfalls am Kapitalmarkt angeboten.

Als JPMorgan begann, diese neuen Finanzinstrumente, die sich »BISTROs« (*Broad Index Secured Trust Offering*) nannten, zu verkaufen, fanden sie reißenden Absatz. Für Investoren musste es so aussehen, als würden sie für ein sehr überschaubares Risiko (von einem großen Bündel von Krediten fallen erfahrungsgemäß nur sehr wenige aus) Geld einfach so geschenkt bekommen (nämlich den Prozentsatz, der für die Versicherung der Kredite gezahlt wurde). Ein aggressives Marketing tat ein Übriges: Die Investoren waren begeistert. Auf diese Weise verteilten sich die tatsächlichen Kreditrisiken auf viele verschiedene Schultern, dachte man. JPMorgan fand eifrige Nachahmer, denn das Weiterverkaufen von verbrieften Kreditversicherungen war für die Investmentbanken eine hervorragende neue Einnahmequelle. Für jeden Verkauf gab es fette Provisionen.

Auch die BISTROs wurden in neue Pakete zusammengepackt und abermals scheibchenweise oder in großen Tranchen verkauft. So kam es zur Verbriefung der Verbriefung der Verbriefung. Immer neue, immer abenteuerlichere Konstruktionen ließen sich die Investmentbanken einfallen. Von »CDOs« (*Collateralized Debt Obligations*) war jetzt die Rede, oft gehandelt unter dem harmlosen Namen »Anleihen«. Es gab diese vermeintlichen Anleihen von angeblich sicher (zu vergleichsweise bescheidenen Zinsen) bis stark ausfallgefährdet (dann mit einem dicken Zinsaufschlag für diejenigen, die diese verbrieften Risiken kauften).

Die Ratingagenturen setzten bereitwillig ihre Bonitätsstempel darauf. Wer CDOs mit dem Rating AAA kaufte, bekam etwas höhere Zinsen als marktüblich bei einer Triple-A-Note, konnte aber davon ausgehen, dass das Ausfallrisiko praktisch null war. Wer es riskant mochte, kaufte auch CDOs mit einem Rating von BBB oder weniger. Für die höhere Ausfallwahrscheinlichkeit wurde er mit fürstlichen Zinsen belohnt.

Geschätzte 57 Billionen US-Dollar an Kreditforderungen wurden auf diese Weise verbrieft und weiterverkauft. Und erst später sollte sich herausstellen, dass die Ratings keineswegs die tatsächlichen Ausfallwahrscheinlichkeiten treffend wiedergegeben hatten. Es platzten auch angeblich sichere CDO-Anleihen mit Triple-A-Rating. Aber genau das war das Problem solcher Verbriefungen: Kein Investor wusste mehr, was er da eigentlich kaufte und welche Risiken bei wem schlummerten.

Die Investorenlegende Warren Buffett erkannte die Gefahren schon früh. »Massenvernichtungswaffen« nannte er die Kreditderivate. Später sollte er von einer »giftigen Limonade« sprechen, »die da zusammengebraut worden war«. Und er hatte recht: Die genauen Zutaten kannten oft noch nicht einmal diejenigen, welche die Verbriefungen selbst vornahmen. Dass solche Kreditderivate fast ausschließlich außerbörslich gehandelt wurden, trug nur noch mehr zu ihrer Intransparenz bei. Denn sie wurden nicht täglich an einer Börse bewertet, wo Angebot und Nachfrage den Marktpreis bestimmen.

Bezeichnend ist aber auch die beispiellose Kaufwut, die vor allem bei institutionellen Investoren einsetzte. Immer mehr »Anlageprofis« wollten sich eine goldene Nase mit dieser neuen Form von Anleihen verdienen. Banken, Versicherungen, Hedgefonds, sie alle deckten sich mit solchen Wertpapieren ein, um so mit vermeintlich sicheren Zinspapieren astronomische Einnahmen zu generieren.

Als 2004 die US-Börsenaufsicht SEC die Eigenkapitalvorschriften für Investmentbanken abermals lockerte, witterte man an der Wall Street erst recht das große Geschäft. Denn wie alle Wertpapiere konnte man auch Subprime-Anleihen, BISTROs und CDOs auf Pump kaufen, und das umso ungenierter, je mehr Geld man sich, bezogen auf das Eigenkapital, anderswo leihen konnte. Genau das geschah jetzt in immer größerem Umfang. Der Kauf auf Pump sollte die Gewinne mit Subprime-Anleihen »hebeln«. Das funktionierte im Prinzip so:

Hintergrund: Der »Hebel« fürs Eigenkapital

Eine Bank brachte selbst 1 US-Dollar Eigenkapital mit und nahm weitere 9 US-Dollar als Kredit zu einem Zinssatz von beispielsweise 4 Prozent auf. Sie hatte also 10 US-Dollar. Davon kaufte sie verbriefte Kreditderivate. Angenommen, eine solche Subprime-Anleihe sollte pro Jahr 10 Prozent abwerfen und nach einem Jahr fällig sein. Das hieß, nach diesem Jahr würde die Bank 11 US-Dollar zurückbekommen. 9,36 US-Dollar müsste sie am Ende des Jahres an ihre Gläubiger zurückzahlen (Tilgung: 9 US-Dollar, plus Zinsen: 36 Cent). Aber 1,64 US-Dollar blieben ihr selbst übrig. Das heißt, binnen eines Jahres hätte sie, bezogen auf ihr eingesetztes Eigenkapital – 1 US-Dollar –, einen Gewinn von 64 Prozent gemacht!

Jetzt stellen Sie sich das einmal mit Milliardensummen vor. Dann können Sie sich ein Bild davon machen, was die Investments in Subprime-Anleihen und Kreditderivate erst so richtig anheizte.

Übrigens ist dieses Geschäft umso profitabler für die investierende Bank, je geringer der Zinssatz ist, den sie für das geliehene Fremdkapital zahlen muss. Liegt er beispielsweise nur bei 3 Prozent, dann liegt der Jahresgewinn schon bei 73 Prozent, bei 2 Prozent sind es 82 Prozent. Am größten waren die Margen also 2003 und 2004, als die Leitzinsen noch sehr niedrig waren und die Banken sich richtig billig mit Geld eindecken konnten. Geld, das sie dann in den immer stärker deregulierten Märkten als »Hebel« für ihr Eigenkapital einsetzen (und aufs Spiel setzen) konnten.

Viele setzten zudem auf die sogenannten *Carrytrades*. Das bedeutet, sie finanzierten ihre Käufe amerikanischer Immobilienanleihen mit Fremdwährungskrediten, vorzugsweise auf japanische Yen lautend. Hier zahlten sie tatsächlich nur 1 Prozent oder noch weniger Zinsen. Das vergrößerte den Hebel abermals und ging auch lange gut, weil der Yen wegen der tiefen Zinsen und einer wenig inspirierenden Wirtschaftsentwicklung gegenüber dem US-Dollar fiel. Das führte zu zusätzlichen Währungsgewinnen. Doch das Risiko war natürlich ebenfalls um eine weitere Dimension gestiegen, nämlich die eines starken Yen-Anstiegs.

Den Investoren musste diese Methode erscheinen wie die buchstäbliche Lizenz zum Gelddrucken. Anfangs funktionierte sie auch ausgezeichnet. Die Banken schrieben Milliardengewinne, und die beteiligten Bankmanager wurden für ihre Cleverness gefeiert. Buchstäblich wie Götter mussten sie sich vorkommen im Universum der Geldanlage, unfehlbar, unangreifbar und über jeden Zweifel erhaben.

Von ihren Gewinnen profitierten übrigens nicht nur die Finanzinstitute, bei denen sie beschäftigt waren, sondern auch und vor allem sie selbst: Mit saftigen Boni ließen sich Investmentbanker, Anlagestrategen und Hedgefondsmanager für ihre Erfolge belohnen. Es geht auf keine Kuhhaut, was ein Banker mit solchen Geschäften verdienen konnte – nicht als Grundgehalt, sondern in Form von erfolgsabhängigen Bonuszahlungen. Wobei man es mit dem Wort »erfolgsabhängig« nicht so genau nahm, wie sich später herausstellte.

Wie ungeniert sich die Riege der Banker bediente, beschrieb das Nachrichtenmagazin *Der Spiegel* im Februar 2009 unter dem Titel »Die Schamlosen. Innenansichten einer unbelehrbaren Zunft«.[8] Demnach versüßte etwa die Investmentbank Goldman Sachs ihrem früheren Chef Henry »Hank« Paulson seinen Abschied im Juni 2006 mit einem Bonus von fast 19 Millionen US-Dollar. Aber damit nicht genug. Er durfte außerdem noch sein Paket an Goldman-Aktien verkaufen und erzielte damit einen Erlös von 480 Millionen US-Dollar. Völlig zu Recht fragt der *Spiegel*: »Eine halbe Milliarde Dollar für einen Menschen, verdient in ein paar Jahren: Welche Arbeit kann so viel wert sein?«

Es war übrigens der gleiche Hank Paulson, der später als US-Finanzminister in den letzten Monaten der Bush-Regierung bei den ergebnislosen Treffen zur Vermeidung der Lehman-Pleite dabei war und in seiner kurzen noch verbleibenden Amtszeit fieberhaft daran mitarbeitete, eine vertretbare Lösung für die Folgen der Finanzkrise zu finden.

Auch in Deutschland profitierten Bankmanager reihenweise von Bonuszahlungen, die jedes vertretbare Maß weit überschritten. 400 Millionen Euro musste etwa die Allianz den Investmentbankern ihrer damaligen Tochter Dresdner Kleinwort noch für das Jahr 2008 auszahlen. Für ein Jahr, in dem die Bank wohlgemerkt keinerlei Gewinn mehr geschrieben, sondern im Gegenteil Verluste in Höhe von 2,2 Milliarden eingefahren hatte. Aber die Bonuszahlungen waren vertraglich festgeschrieben worden. Daran war nicht zu rütteln und kaum einer der beteiligten Banker kam auf die Idee, freiwillig auf seinen Bonus zu verzichten.

Tatsächlich wirkten sich die Boni als Vergütungsbestandteile vor allem für Investmentbanker im Zuge der Finanzkrise wie ein »Brandbeschleuniger« aus, wie es Nikolaus von Bomhard, ehemaliger Vorstandschef der eher konservativ investierenden Münchener Rück, später treffend formulierte.

Belohnt wurde allein der Gewinn, und das unabhängig vom eingegangenen Risiko. Mit diesem Vergütungssystem wurden Banker gerade für ihre Risikofreude belohnt. Machten sie zunächst Gewinne, kassierten sie riesige Boni. Als sich die eingegangenen Risiken jedoch entfalteten und ihren Arbeitgebern riesige Verluste bescherten, waren die Boni längst kassiert. Auch wurde bis heute keiner der Beteiligten für sein abenteuerliches Handeln persönlich haftbar gemacht.

Das komplette Risiko für derartige Transaktionen lastete jedenfalls nicht auf dem Bankmitarbeiter, der sie veranlasst hatte, sondern auf der Bank, für die er arbeitete. Das steigerte die Risikobereitschaft der beteiligten Banker ins Unermessliche. Viel konnte einem Banker ja nicht passieren. Was offenbar einige zum Zocken in geradezu unvorstellbarem Ausmaß verleitete.

Die mit Kredit finanzierten Käufe der Banken ließen die Preise der Subprime-Anleihen und analog dazu die der Immobilien immer weiter steigen. So war es übrigens auch mit Kreditkartenforderungen, die ebenfalls verbrieft und als *Asset Backed Securities* an Investoren verkauft wurden. Es entstand eine gigantische Spekulations- und Kreditblase, die sich nur wegen der großen Nachfrage immer mehr ausdehnte, solange Geld so gut wie nichts kostete. Die vermeintliche Brillanz der Supertalente in den Investmentbanken bestand im Grunde nur darin, dass sie jeweils immer einen noch Dümmeren fanden, der ihnen die Papiere zu noch höheren Preisen abkaufte. Leider saßen die Dümmsten von ihnen in deutschen Landesbanken. Klar ist aber auch, dass eine solche Blase irgendwann mit einem großen Knall platzt. Im Jahr 2007 gab es dafür erstmals unverkennbare Anzeichen. Die auf breiter Front anziehenden Rohstoffpreise hatten seit Anfang der 1980er-Jahre das Thema Inflation wieder aufs Tapet gebracht. Von 1,0 Prozent im Sommer 2003 hob die US-Notenbank die Leitzinsen auf 5,25 Prozent bis zum Sommer 2007 an. Diese Reaktion markierte jedoch absehbar den Anfang vom Ende des größten Immobilienbooms in der US-Geschichte. Die Notenbanker um ihren Chef Ben Bernanke hatten ganz offenbar keine Ahnung, welche Kreditrisiken in dem Geldsystem schlummerten, das sie überwachten, und wie abhängig Banken und Immobilienbesitzer sich von den tiefen Zinsen nach dem Platzen der Dot-Com-Blase und des 11. Septembers gemacht hatten. Denn die Immobilienbesitzer, deren günstige Einstiegsraten plötzlich auf das aktuelle Zinsniveau angehoben wurden, bekamen Probleme. Wer plötzlich über 4 Prozent mehr Zinsen zahlen muss, merkt das deutlich. Unter der Last der gestiegenen Zinsen wurden die monatlichen Kreditraten für immer mehr Hausbauer in den USA unerschwinglich. Sie konnten nicht zahlen. Also wurden auch plötzlich keine Zinsen mehr auf die Subprime-Anleihen an die Investoren am Kapitalmarkt ausgeschüttet, die sie gekauft hatten. Infolgedessen verloren die Subprime-Anleihen an Wert. Und das massiv, weil die Investoren ja zugleich ihr geliehenes Geld zurückzahlen und obendrein dafür Sollzinsen zahlen mussten und daher unter einem gewissen Verkaufsdruck standen, der die Kurse der betroffenen Wertpapiere erst recht auf Talfahrt schickte.

Die Alarmglocken begannen an der Wall Street richtig zu schrillen, als zwei Hedgefonds der US-Investmentbank Bear Stearns im Juni 2007 bekanntgaben, in Schieflage geraten zu sein. Sie hatten sich schlichtweg verzockt und auf diese Weise Milliarden US-Dollar vernichtet. Vernichtet waren nicht nur die Milliarden, die Anleger investiert hatten, sondern auch Milliarden an Fremdkapital, das sich die Hedgefonds zur Hebelung ihrer Spekulationsgeschäfte von ihrem Mutterkonzern Bear Stearns und von anderen Banken geliehen hatten; Banken, die bis dahin ebenfalls blind auf das Funktionieren dieser Anlagestrategie vertraut hatten.

Ab dem Zeitpunkt, als Bear Stearns seine Schwierigkeiten offenlegen musste, machte sich eine gewisse Unruhe an den Finanzmärkten breit. Vorbei war es mit der bis dato vorherrschenden Euphorie. Der Optimismus wich zunehmend einem Gefühl der Beklemmung. Die Nerven waren zum Zerreißen angespannt.

Das ist übrigens typisch für eine solche Entwicklung – in der Wirtschaft wie auch an der Börse. Nach einer Phase der Euphorie geht es irgendwie nicht mehr weiter nach oben. Die Hoffnung auf eine baldige Wiederaufnahme des Wachstums aber bleibt zunächst bestehen. Je länger der Abschwung jedoch andauert, desto stärker weicht der Optimismus einer zunehmenden Besorgtheit. Dann reicht ein einschneidendes Ereignis, damit schließlich Panik ausbricht.

Die aktuelle Besorgtheit wurde genährt von immer neuen Nachrichten über Banken, die sich verspekuliert hatten, nicht nur in den USA, sondern auch in Europa und nicht zuletzt in Deutschland. Subprime-Anleihen und CDOs im großen Stil hatten beispielsweise auch die Mittelstandsbank IKB, die HSH Nordbank, die WestLB, die Sachsen LB und die BayernLB gekauft. Sie hatten dafür extra Zweckgesellschaften im Ausland gegründet. Zweckgesellschaften, die der europäischen und deutschen Bankenaufsicht komplett entzogen waren.

Im September 2007 stürmten besorgte Bankkunden die Schalter von Großbritanniens fünftgrößter Immobilienbank Northern Rock. Auch sie hatte sich verspekuliert und es war durchgesickert, dass sie bereits einen Notkredit von der britischen Zentralbank bekommen hatte. Die britische Regierung konnte einen Kollaps des Kreditinstituts nur dadurch verhindern, dass sie eine Garantie für sämtliche Einlagen der Kunden übernahm und Northern Rock schließlich verstaatlichte.

Zusätzlich begann der Yen plötzlich gegenüber dem US-Dollar nach langer Schwächeperiode aufzuwerten. Die Carrytrader mussten nun ansehen, wie sich der Zinsvorteil, den sie sich durch die billigen Kredite in Yen erkauft hatten, in Währungsverluste verwandelte. Sie begannen, die Kredite schleunigst zurückzuzahlen, was natürlich bedeutete, dass sie Yen kaufen mussten, was dessen Kurs weiter hochtrieb und die nächsten Positionen unter Druck brachte. Eine Kettenreaktion setzte ein.

Nach und nach beunruhigten immer mehr schlechte Nachrichten die Kapitalmärkte. Die Nerven waren zum Zerreißen gespannt. Der Schock, der schließlich die Panik auslöste, kam im September 2008 in Form der Lehman-Insolvenz.

Chronik der Lehman-Pleite

14. September 2008: Man trifft sich sonntags, denn die Zeit drängt. Bis am Montag die Börsen eröffnen, muss eine Lösung gefunden sein. Ein Rettungskonzept für die akut von der Pleite bedrohte Investmentbank Lehman Brothers. Es sieht nicht gut aus: Lehman, eine der fünf mächtigsten Banken der Vereinigten Staaten, hat sich mit »faulen« Kreditverbriefungen verspekuliert. Ihr fehlen Milliarden, um wieder auf die Beine zu kommen. Milliarden, die keiner zahlen will.

Schon zuvor hatte Timothy Geithner, der New Yorker Vertreter der US-Notenbank Federal Reserve, unmissverständlich klargestellt:

»Es gibt keinen politischen Willen, Lehman mit Staatsmitteln zu retten. Stellen Sie sich darauf ein, dass Sie etwas tun müssen.« Sie – das sind 30 Bankenvertreter, die heute ein letztes Mal in der New Yorker Zentrale der Federal Reserve zusammengekommen sind. Ihnen dämmert allmählich, dass sich Finanzminister Hank Paulson, Notenbankchef Ben Bernanke und sein New Yorker Vertreter Timothy Geithner nicht umstimmen lassen.

Tatsächlich bleiben Regierung und Notenbank bei ihrem rigorosen Kurs: Der Staat müsse sich aus der Bankenmisere heraushalten. Weder Staatsgelder noch Staatsgarantien ständen zur Lehman-Rettung zur Verfügung. Zu viel Geld sei bereits in die Rettung anderer maroder Kreditinstitute geflossen, etwa Bear Stearns, Fannie Mae und Freddie Mac. Wo käme man denn hin, wenn das so weitergehe? Am Ende erwarte jede Bank, die sich mit riskanten Immobilienanleihen verzockt habe, der Staat würde mit Steuergeldern für sie in die Bresche springen.

Es kommt also nur noch eine bankeninterne Lösung infrage. Doch wer soll die Mehrheit bei Lehman Brothers übernehmen?

Die Bank of America, gestern noch als heißer Favorit für einen Einstieg bei Lehman gehandelt, hat bereits abgewinkt. Ohne Staatsgarantien sei die Gefahr zu groß, zusammen mit der hoch verschuldeten Investmentbank in die Tiefe gerissen zu werden.

An diesem Tag ist nur noch die britische Großbank Barclays im Rennen. Die aber will zuvor eine Hauptversammlung der Lehman-Aktionäre abhalten – eine Illusion angesichts der drängenden Zeit. Zudem scheitert auch Barclays mit ihrem Bemühen, das Risiko auf mehrere Schultern zu verteilen. Die Briten erhalten eine glatte Abfuhr von den anwesenden Regierungs- und Notenbankvertretern. Staatsgarantien von der US-Regierung dürfen auch sie nicht erwarten; was die Barclays-Manager dazu veranlasst, den Sitzungssaal gegen 14 Uhr unvermittelt zu verlassen. Zunächst wird gemunkelt, das sei lediglich ein taktisches Manöver, um die eigene Verhandlungsposition zu stärken. Als die Herren aber nach einiger Zeit immer noch nicht auf ihre Plätze zurückgekehrt sind, ist für alle

Beteiligten offensichtlich: Die letzte Chance auf Rettung hat sich soeben in Luft aufgelöst.

Es gibt keine Staatsmilliarden, es gibt keine Staatsgarantien – und es soll auch keine *Bad Bank* geben, also keine Ausgliederung und Bündelung der Wertpapierrisiken, für die dann der Staat bürgt oder die anwesenden Großbanken gemeinsam einstehen. Es ist auch kein potenzieller Investor mehr da, der die immensen Risiken ohne Garantien freiwillig auf sich nehmen würde.

Man kann es drehen und wenden, wie man will: Weil niemand für Lehmans »giftigen« Wertpapiermüll garantiert, ist die Rettung der einst so mächtigen US-Investmentbank in unerreichbare Ferne gerückt. Durchgesetzt haben sich – zunächst – die Hardliner, die eine strikte Trennung von Politik und Wirtschaft fordern und jede Einmischung des Staates in die freie Wirtschaft ablehnen. Von da an wird Wirtschaftsgeschichte neu geschrieben.

»Too big to fail« – zu groß, um zu scheitern –, dieser Satz galt früher, aber heute gilt er nicht mehr. Sicherlich, die Begründung klingt plausibel: Die Bedeutsamkeit eines einzelnen Finanzunternehmens dürfe kein Argument sein, um Banken, die in ihrer Gier nach schnellem Reichtum viel zu viel riskiert haben, wieder und wieder mit Staatsmitteln unter die Arme zu greifen. Die Finanzwirtschaft müsse sich jetzt selbst helfen, so die einhellige Meinung von Regierung und Notenbank.

Entsetzen macht sich unter den Anwesenden breit. Jede der hier vertretenen Banken ist eng mit Lehman verwoben. Die Bankenchefs wissen: Im Fall einer Lehman-Pleite werden auch die Verluste in ihren eigenen Häusern immens sein. Gegen 19 Uhr sickert die Nachricht durch: Lehman Brothers muss morgen Insolvenz anmelden.

15. September 2008: Die Nachricht von der Lehman-Pleite sendet Schockwellen über den gesamten Globus. Weltweit stürzen die Kurse, überall werden hektisch Aktien verkauft. Am schlimmsten trifft es – logisch – die Finanzunternehmen. Zunächst den Pleitekandidaten Lehman, aber auch andere in Bedrängnis geratene Großbanken. In Frankfurt brechen die Aktien von Lehman um über

88 Prozent ein. 28 Eurocent werden jetzt noch gezahlt für eine Bank, die Anfang 2007 noch bei über 60 Euro notierte. Die Bank of America verzeichnet Verluste von fast 12 Prozent. Kein Wunder, denn sie hat sich die ebenfalls mit Milliardenverlusten belastete Investmentbank Merrill Lynch einverleibt – nicht ganz freiwillig, sondern auf Druck des Finanzministeriums und der Notenbank, wie später gemunkelt wird. Notenbankchef Ben Bernanke muss sich später noch gegen solche Vorwürfe verteidigen.

»Alles, was mit Finanzgeschäften zu tun hat, ist hochgiftig« – so könnte die Devise dieses Handelstags lauten. Aktien von Banken, Versicherungen und Rückversicherern werden unterschiedslos abgestoßen, als ständen sie alle direkt vor dem Bankrott. Das geschieht nicht nur in den USA, sondern auch in Europa. 7,8 Prozent verliert der europäische Bankenindex (Euro Stoxx Banks Index) an diesem einen Tag. In Deutschland führt die Commerzbank mit 11 Prozent die Liste der Verlierer an, gefolgt von der Deutschen Bank mit fast 10 Prozent. Die Aktien der Schweizer Großbank UBS sacken um fast 15 Prozent ab. Um 23 Prozent stürzt der Kurs der britischen Hypothekenbank HBOS.

Auch die Versicherer bleiben nicht verschont. Wie sollten sie auch? Wird es doch immer offensichtlicher, dass mit der American International Group (AIG) eine der größten und renommiertesten Versicherungen ebenfalls durch gefährliche Subprime-Spekulationen ins Straucheln geraten ist. AIG hat massiven Bedarf an staatlichen Mitteln, heißt es. Und so erfasst die Verkaufswelle auch die Versicherungskonzerne diesseits und jenseits des Atlantiks.

Aber damit nicht genug. Es setzt eine Flucht aus Aktien aller Branchen ein. Bloß raus aus Aktien! »Sichere« Staatsanleihen sind gefragt, sonst nichts. Im Moment fragt sich noch keiner, wie sicher etwa US-Staatsanleihen wirklich sind. Erst später, als die Staaten massive Schulden machen, um die Folgen der Finanzkrise zu mildern, soll diese Frage die Gemüter der Investoren bewegen.

Bleiben wir aber zunächst noch bei diesem denkwürdigen 15. September 2008: Der Dow Jones verliert allein an diesem Tag über 4 Prozent. Den anderen Indizes rund um den Erdball ergeht es kaum besser. Dabei markiert dieser Kurssturz nur den Anfang einer rasanten Talfahrt, die zugleich den Beginn einer tiefen Rezession darstellt. Sechs Monate später, im März 2009, haben Dow Jones, Nikkei, EuroStoxx und DAX allesamt mehr als 40 Prozent ihres Wertes eingebüßt.

Wer bisher der Auffassung war, die Finanzkrise würde sich allein an den Finanzmärkten abspielen und sei komplett vom sonstigen Wirtschaftsgeschehen abgekoppelt, sieht sich getäuscht. Innerhalb weniger Wochen ist auch in der Realwirtschaft das angekommen, was einst als US-Immobilienkrise so vermeintlich harmlos begann.

Hätten die verantwortlichen US-Regierungsvertreter Lehman Brothers gerettet, wenn sie gewusst hätten, welches Erdbeben ihre Entscheidung gegen Staatshilfen und staatliche Garantien auslösen würde? Das ist anzunehmen, denn im Nachhinein kamen auch die USA nicht um massive Staatshilfen herum. Selbst Hardliner mussten schließlich – widerwillig – Milliarden aus dem Staatshaushalt zur Rettung und Verstaatlichung ganzer Finanzkonzerne zustimmen. Schon zwei Tage später, am 17. September 2008, sollten beispielsweise 87 Milliarden US-Dollar in ein Rettungspaket für den angeschlagenen Versicherungskonzern AIG fließen. Am Ende werden sich die Hilfen sogar auf 182 Milliarden US-Dollar belaufen. AIG hatte sich massiv mit Kreditversicherungen verspekuliert. Am Tropf von AIG und seinen Versicherungen hing ein Großteil der Finanzbranche weltweit. Wäre dieses Unternehmen zahlungsunfähig geworden, hätte es keine Absicherung mehr für Kreditausfälle weltweit gegeben. Dann wäre die gesamte globale Wirtschaft ins Bodenlose abgestürzt.

Dennoch war die Krise damit nicht beendet. Viel zu tief saß der Schock der Lehman-Pleite. Wir standen buchstäblich vor einer Kernschmelze des Finanzsystems. Plötzlich war nichts mehr sicher, es gab eine wahre *Asset Deflation*. Einfach alle Vermögenswerte verloren an Wert: Aktien, Anleihen, Zertifikate, Pfandbriefe, Immobilien. Selbst Sparbriefe und Sparkonten waren nicht mehr sicher.

Der Geldmarkt drohte zusammenzubrechen, weil sein Kernstück, der Interbankenhandel, auf einmal nicht mehr funktionierte. Auf einen Schlag wurde der Weltwirtschaft das unbedingt nötige Lebenselixier entzogen – das Geld. Wie in einer Schockstarre behielt jede Bank, die noch Liquiditätsreserven hatte, dieses Geld für sich, anstatt es wie üblich an andere Finanzinstitute auszuleihen. Eine wichtige Quelle zur Geldbeschaffung war damit versiegt. Das Geld fehlte – und fehlt zum Teil auch heute noch – nicht nur den Banken, sondern auch der Realwirtschaft.

Hintergrund: Interbankenhandel

Normalerweise leihen sich Geschäftsbanken gegenseitig standardmäßig große Beträge aus. Das können auf einen Schlag mehrere Millionen sein. Das Ganze funktioniert überraschend unbürokratisch. Die Geldmarktabteilung der einen Bank ruft bei der einer anderen Bank an, sagt, welchen Betrag sie über Nacht, für einen, zwei oder drei Monate braucht und welchen Zinssatz sie dafür zu zahlen bereit ist. Wenn die andere Bank mit den Konditionen einverstanden ist, kommt das Geldgeschäft zustande.

Anders als bei einer Kreditvergabe an Privatleute oder Firmen, die keine Banken sind, basiert der gesamte Deal auf Vertrauen. Sicherheiten werden im Interbankenhandel keine gestellt. Es käme auch niemand auf die Idee, welche zu verlangen. Ihre Bereitstellung würde viel zu viel Zeit und Aufwand in Anspruch nehmen. Vor der Lehman-Insolvenz konnten sich die Beteiligten in aller Regel darauf verlassen, das geliehene Geld mitsamt Zinsen pünktlich zurückzubekommen. Wenn nicht, musste die ausleihende Bank eben höhere Zinsen zahlen – als Risikoaufschlag. Aber von einer Rückzahlung konnte man so gut wie sicher ausgehen. Auf diese Weise waren enorme Geldsummen unglaublich schnell an der Stelle, an der sie gebraucht wurden.

Angenommen, eine Bank hatte gerade Liquiditätsüberschüsse, eine andere sollte rasch einen Großkredit auszahlen oder eine fällige Forderung begleichen. Dann wurde das dafür nötige Geld eben geliehen, bis wieder genug Liquidität im eigenen Haus vorhanden war.

Können Sie sich vorstellen, was für ein Schlag es für die Banken gewesen sein muss, als eine so riesige Investmentbank wie Lehman Brothers pleiteging und folglich ihre Verbindlichkeiten nicht mehr zurückzahlen konnte? Gleich aus drei Gründen war dies für den Interbankenmarkt verheerend:

Erstens waren die an Lehman verliehenen Summen weg, zumindest größtenteils. Die Gläubiger erhalten bei einer Insolvenz üblicherweise nur noch das, was nach dem Verkauf aller Vermögenswerte noch übrig ist. Was im Zweifel allenfalls ein paar Prozent der gesamten Verbindlichkeiten sind.

Zweitens wusste niemand, welche Bank durch diese Verluste womöglich ebenfalls in die Insolvenz rutschen könnte. Denn es waren enorme Summen, die sich Lehman ganz normal im Alltagsgeschäft von anderen Banken geliehen hatte. Oder die sie ihnen als Gegenleistung für andere Geschäfte noch schuldig war.

Drittens wurde der Finanzwelt erstmals klar, dass nicht nur Lehman, sondern auch andere Banken – große wie kleine – durch faule Wertpapiere und giftige Schrottanleihen in existenzielle Nöte geraten waren und dass ihre Rettung durch Staatsgelder nicht selbstverständlich war. Indessen blieb für alle Beteiligten undurchsichtig, welche Bank durch die US-Immobilienkrise wie stark in Mitleidenschaft gezogen worden war. Niemand wusste, welches Finanzunternehmen sich verspekuliert hatte und womöglich in nächster Zeit ebenfalls pleite sein würde.

Also drehten sämtliche Banken den Interbanken-Geldhahn zu. Keine gegenseitigen Ausleihungen mehr. Der Super-GAU war am Geldmarkt angekommen, die Banken hockten auf ihrem Geld und bekamen von anderen kein neues, wenn sie welches brauchten. Als Alternative gab es nur noch die Geldbeschaffung über die Zentralbanken. Diese pumpten in der Tat in den folgenden Tagen, Wochen und Monaten noch große Geldmengen ins System im Bestreben, den Geldmarkt »flüssig« zu halten und eine Kreditklemme zu vermeiden.

Hintergrund: Die Rolle der Zentralbanken

Es ist keine Kleinigkeit, wenn der Wirtschaft plötzlich das Schmiermittel Geld fehlt, weil die Banken auf ihrem Geld sitzen und nicht mehr als Kreditgeber fungieren. Folglich sahen sich die Zentralbanken, allen voran die US-Notenbank Fed, in der Pflicht, einzuspringen. In der Tat sind die Zentralbanken für die Geschäftsbanken die einzige Möglichkeit zur Geldbeschaffung, wenn der Interbankenhandel nicht ausreicht oder nicht funktioniert. Denn auch die Zentralbanken verleihen Geld an die Geschäftsbanken. Im Unterschied zum Interbankenhandel läuft das aber nicht so unbürokratisch ab und ist im Regelfall für die Geschäftsbanken auch nicht günstiger.

Ausleihen kann sich eine Bank nur dann eine gewisse Summe, wenn sie im Gegenzug erstklassige Sicherheiten als Pfand hergibt. Bei der Europäischen Zentralbank sind das etwa Staatsanleihen mit AAA-Rating, also mit einem Rating, das dem emittierenden Land beste Zahlungsfähigkeit bescheinigt. Anleihen, die also keinerlei Ausfallrisiko bergen. Im Interbankenhandel dagegen werden traditionell keine solchen Sicherheiten verlangt.

Die Zentralbank bestimmt, zu welchen Konditionen sie ihr Geld ausleiht. Dabei legt sie stets eine Untergrenze für den zu zahlenden Zinssatz fest. Diese Untergrenze nennt sich landläufig »Leitzins«, im Fachjargon der Zentralbank heißt der Leitzins »Mindestbietungssatz der Hauptrefinanzierungsgeschäfte«. Das mag eine fürchterliche Wortschöpfung sein, aber sie macht deutlich: Wer sich als Geschäftsbank gegen Pfand Geld bei der Zentralbank leiht, zahlt mindestens den Leitzins, in aller Regel aber mehr.

Welchen Zinssatz die jeweilige Bank dann tatsächlich berappen muss, hängt davon ab, wie hoch ihr Zinsgebot ist. Denn es findet eine regelrechte Versteigerung der Zentralbankgelder statt. Diese Versteigerung nennt man auch »Tender« (das Wort kommt aus dem Englischen, »tender« heißt »Gebot«).

Die Geldmenge, die die Zentralbank verleiht, ist üblicherweise begrenzt. Jede Bank meldet wöchentlich einmal ihren Liquiditätsbedarf an und gibt zudem den Zinssatz an, den sie dafür zu zahlen bereit ist. Die meistbietenden Kreditinstitute bekommen den vollen Liquiditätsbedarf zugeteilt, den sie angemeldet haben. Banken, die weniger bieten, bekommen vielleicht nur einen Teil der gewünschten Summe. Ist die von der Zentralbank festgelegte Geldmenge bereits ausgeschöpft, geht eine Bank, die zu geringe Zinsen geboten hat, leer aus.

Umgekehrt können Banken ihre Liquiditätsreserven auch bei der Zentralbank parken. Das ist für sie hundertprozentig sicher, aber die Zinsen, die dafür gezahlt werden, sind meist deutlich niedriger als im Interbankenhandel.

Dennoch war die Verunsicherung groß. Da die Banken sich auf üblichem Wege kein Geld beschaffen konnten, fehlte es auch sehr schnell der Realwirtschaft. Die Zentralbanken konnten die Not zwar lindern, aber nicht vermeiden, dass die Geschäftsbanken sofort restriktiver in der Kreditvergabe wurden. Zu spüren bekamen dies zunächst die Firmen, die investieren wollten und dafür Kredite benötigten. War es für die meisten noch wenige Wochen vorher kein Problem gewesen, ein größeres Darlehen zu bezahlbaren Zinssätzen zu bekommen, änderte sich die Situation nach der Lehman-Pleite schlagartig. Auch wenn Bankenvertreter nicht aufhörten zu betonen, es gebe überhaupt keine Kreditklemme – die Firmen merkten sofort, dass die Banken den Geldhahn zudrehten. Die Geldquellen versiegten, zumindest für normale Unternehmen außerhalb der Finanzbranche. Finanzunternehmen konnten sich immerhin bei den Notenbanken noch mit Liquidität eindecken.

Nicht so ein Industrie- oder Dienstleistungsunternehmen. Plötzlich wurde bei jeder Kreditvergabe sehr genau hingeschaut, wie es um die Zahlungsfähigkeit des jeweiligen Unternehmens bestellt war. Jede geplante Investition und die Frage, ab wann sie sich rentiert, beurteilten die kreditgebenden Banken schlagartig viel pessimistischer als vorher. Die Unternehmen bekamen auch keine Verlängerung mehr für laufende Kredite, selbst wenn sie fest damit gerechnet hatten. Die zurückhaltende Vergabe von Darlehen hatte nachhaltige Folgen für Konjunktur und Wachstum.

Mochte ein Unternehmen noch so solide dastehen, mochten die Unternehmensgewinne bisher noch so sehr gesprudelt sein, selbst florierende Unternehmen wurden plötzlich ausgebremst. Was schlagartig weg war, war nicht nur die Geldquelle, sondern vor allem das Vertrauen. Vertrauen in die (Rück-) Zahlungsfähigkeit von Kreditnehmern. Vertrauen auf einen stabilen Aufwärtstrend bei Unternehmensumsätzen und -gewinnen. Wo aber das Vertrauen fehlt, ist schlichtweg kein Wirtschaften mehr möglich.

Branchen, die Investitionsgüter herstellten, erlitten in den Folgemonaten Auftragseinbrüche in nie gekanntem Ausmaß. Als Beispiel sei der Maschinenbau in Deutschland genannt. Er meldete im Mai 2009 einen Auftragseinbruch von 58 Prozent gegenüber dem Vorjahresmonat, im Juni 2009 waren es 48 Prozent. Und trotz gewisser Stabilisierungstendenzen waren es im August 2009 immer noch 43 Prozent im Vorjahresvergleich. Also nur noch rund halb so viel wie vorher.

Verheerend wirkte sich die Finanzkrise auch bei Unternehmen aus, die sich an Endverbraucher wandten: Die Kunden wurden zunehmend vorsichtiger, die Nachfrage ging zurück. Denn zum einen mussten viele Arbeitnehmer um ihre Anstellung bangen oder durch Kurzarbeit Lohneinbußen hinnehmen. Zum anderen war Geld – und zumeist geliehenes Geld – auch für die Privatverbraucher das Schmiermittel, das die Konsumentennachfrage in Gang gehalten hatte. Vor allem in den USA, wo fast jeder Bezahlvorgang über Kreditkarten läuft, war ein Großteil des Konsums schuldenfinanziert.

Das war auch ein weiterer Treiber für die Finanzkrise. Hemmungslos hatten die US-Verbraucher Schulden mit ihren Kreditkarten gemacht. Wenn sie mit der einen Karte am Limit waren, zahlten sie eben mit der nächsten den erforderlichen Mindestbetrag zurück, damit sie wieder flüssig waren und neue Schulden anhäufen konnten. Das ging mit dem amerikanischen Modell von Kreditkarten, den sogenannten *Revolving Credit Cards*, besonders gut.

Hintergrund: *Revolving Credit Cards* (Kreditkarten mit Teilzahlungsfunktion)

Anders als bei den meisten hiesigen Kreditkarten bleiben bei dem gängigen Kreditkartenmodell in den USA die Schulden stehen. Denn es handelt sich zumeist um *Revolving Credit Cards*, also Kreditkarten mit Teilzahlungsfunktion. Die ausgegebenen Beträge werden nicht, wie bei den in Deutschland üblichen Modellen, automatisch am Monatsende vom Girokonto abgebucht. Erforderlich ist stattdessen nur eine kleinere Zahlung, die hauptsächlich aus Zinsen und aus einem minimalen Tilgungsanteil besteht. Dieser Tilgungsanteil beläuft sich in der Regel auf rund 5 Prozent, was bedeutet: Der Großteil der Kreditsumme bleibt ungetilgt. Obendrein schlagen die Anbieter auf die bestehenden Schulden saftige Zinsen auf. 15 bis 20 Prozent sind keine Seltenheit – und damit deutlich mehr, als etwa in Deutschland ein vergleichbarer Dispokredit kosten würde. Es passiert also leicht, dass ein Karteninhaber die Augen vor den horrenden Schulden verschließt, die sich auf diese Weise anhäufen, mitsamt Zinsen und Zinseszinsen. Insgesamt beliefen sich allein die Kreditkartenschulden der US-Amerikaner Mitte 2009 auf knapp 1 Billion US-Dollar. Eine gigantische Summe.

Übrigens – und dies nur am Rande: Auch Kreditkartenschulden wurden in großem Umfang verbrieft, ganz ähnlich wie Immobilienkredite.

Unternehmen, die ohnehin schon ums Überleben kämpften, beispielsweise der Automobilhersteller General Motors (GM), versetzte die einsetzende Rezession den Todesstoß. Der Absatz brach ein – und das brachte erst so richtig die ungeheuren finanziellen Belastungen ans Licht, die sich der Branchenriese im Laufe der Jahre aufgebürdet hatte. Immens hohe Produktionskosten, aber auch enorme Pensionsverpflichtungen waren mehr, als GM verkraften konnte. Am 1. Juni 2009 stellte General Motors einen Insolvenzantrag. Zäh wurde um die deutsche Tochter Opel gerungen, die zum Schluss dann nicht verkauft wurde, wie von der Bundesregierung gewünscht, sondern unter dem Dach von General Motors blieb.

»Finanzkrise« – das Wort war plötzlich in aller Munde. Es wäre aber ein Trugschluss, zu glauben, nur Unternehmen hätten sie zu spüren bekommen. Die Folgen der Finanzkrise kamen auch beim kleinen Mann an. Und da mindestens genauso einschneidend und schmerzhaft wie bei den Firmen.

Beginnen wir in den USA, wo die Arbeitslosenzahlen schlagartig anstiegen. Im ersten Halbjahr 2009 verloren Monat für Monat rund eine halbe Million Menschen ihre Arbeitsstelle. Hier kommen wir schnell zurück zum Ausgangspunkt der Finanzkrise, die eigentlich als US-Immobilienkrise begonnen hatte. Wer nichts verdient, kann auch seinen Hauskredit nicht abzahlen. Plötzlich traf es nicht mehr nur die Hausbesitzer aus dem »Subprime«-Segment, also die Menschen mit verminderter Zahlungsfähigkeit. Plötzlich traf es auch die einst zahlungskräftigen Kreditnehmer. Die Aufwärtsspirale wandelte sich zu einer Abwärtsspirale. Die Immobilienpreise fielen massiv und viele Häuser waren plötzlich weniger wert als die auf ihnen lastenden Hypothekenkredite. Plötzlich konnten die Häuser nicht mehr für weitere Konsumentenkredite beliehen werden, stattdessen mussten viele Immobilienbesitzer aus ihrem Einkommen Kredite zurückzahlen. Doch nicht wenige verloren ihren Job und ihr Einkommen, von dem sie bisher ihren Kredit bedient hatten, und konnten die Zinszahlungen plötzlich gar nicht mehr leisten, geschweige denn Kredite tilgen.

So schön sich der Bauboom in den USA entwickelt hatte, so rasch war er zu Ende. Der Traum vom Eigenheim, das sich jeder leisten konnte, war zerplatzt. Gnadenlos wurden Kreditnehmer aus ihren Häusern vertrieben, die wegen Gehaltskürzungen oder Jobverlust die monatlichen Kreditraten nicht mehr zahlen konnten. Zwangsräumung wegen Zahlungsunfähigkeit. Wer seinen Kredit nicht bediente, dem wurden zunächst immer mehr Gebühren und Zinsen aufgehalst. Konnte er die nicht entrichten, musste er gehen. Oder er räumte freiwillig sein Haus, um den erdrückenden Schulden zu entkommen. In den USA fällt die Immobilie dann an den Kreditgeber zurück. Der verschuldete Eigentümer haftet nicht mit seinem gesamten persönlichen Eigentum für den Teil des Darlehens, der mit den Verkaufserlösen der Immobilie nicht getilgt werden kann. Von Verkäufen konnte aber kaum die Rede sein. Wenn überhaupt, dann konnten die Immobilien nur nach langen Leerstandszeiten und mit riesigen Preisabschlägen an den Mann gebracht werden.

In den hübschen Vororten, den schicken Wohnvierteln, die alle auf Kredit gebaut waren, sah es bald aus, als hätte Hurrikan Katrina gewütet, der Tropensturm, der im Jahr 2005 New Orleans verwüstet hatte. In jedem Viertel wurden zig Häuser zum Verkauf angeboten. Aber es kam kaum jemand, der sie jetzt noch kaufen wollte. Unzählige Häuser standen leer, ohne Aussicht auf neue Bewohner. Die Preise fielen und fielen.

Was leer steht, ist vor ungebetenen Gästen nicht sicher. Plünderer zogen durch die Neubausiedlungen. Vom Kupferkabel bis zum Zierbalken rissen sie alles heraus, was sich aus ihrer Sicht noch verwerten ließ. Die Häuser – jetzt unverkäuflich. Manche Viertel glichen plötzlich Geisterstädten. Die einstigen Bewohner – zutiefst verzweifelt. Ein Haufen Schulden und die Erinnerung an schöne Zeiten im gepflegten Eigenheim ist alles, was ihnen blieb.

Bei der Vergabe der Hypothekenkredite waren die Banken noch von stark steigenden Immobilienpreisen ausgegangen und hatten entsprechend großzügig die Immobilie selbst als Sicherheit akzeptiert. Auch als Sicherheit für Konsumentenkredite wurde ein Haus problemlos anerkannt. Jetzt stellte sich heraus, dass der Marktwert der Immobilien bei Weitem nicht ausreichte, um die aufgenommenen Schulden zu tilgen und die Zinsen zu zahlen. Die Banken und Investoren blieben auf ihren faulen Krediten sitzen. Faule Kredite, die dank undurchsichtiger Verbriefungen jetzt wie Landminen über den gesamten Globus verteilt waren. Jederzeit konnte ein solcher finanzieller Sprengsatz hochgehen. Und tatsächlich erlebten wir in den Folgemonaten laufend, welche Bank plötzlich wieder neue Staatshilfen beantragt oder wieder neuen Finanzbedarf angemeldet hatte.

Noch schlimmer traf es aber die einstigen Hausbewohner. Sie verloren nicht nur ihr Heim, sondern jede Perspektive. Wo zieht man hin, wenn man nichts mehr hat? In ein Zelt an den Stadtrand. Im viel bewunderten Amerika, einem der reichsten Länder der Welt, entwickelte sich innerhalb weniger Wochen und Monate eine neue Art von Slums: Wie Pilze schossen Zeltstädte aus dem Boden, so beispielsweise am Stadtrand von Seattle, Reno, Los Angeles oder Sacramento. Dürftige Plastikunterkünfte dienten jetzt einer neuen Generation von Obdachlosen als Bleibe, denen auf skrupellose Weise ein Kredit und ein Traum vom Eigenheim angedreht worden war, ohne vorher realistisch zu ermitteln, ob sie sich dies langfristig auch leisten konnten. Wer nach Amerika reist, weiß, dass trotz des elfjährigen Aufschwungs nach dem Überwinden der Rezession infolge des Immobiliencrashs diese Zeltstädte nie verschwanden. Ohne Frage, die USA erlebten ab Mitte der 1980er-Jahre einen beispiellosen Aufschwung, doch der Anteil der Menschen, die daran nicht teilhatten, sondern sogar verloren, wurde immer größer. Die offizielle Arbeitslosenrate gab und gibt bis heute nicht die wirkliche Zahl der Arbeitslosen wieder. Denn sie bezieht nur diejenigen ein, die sich tatsächlich arbeitssuchend melden. Diejenigen, die die Hoffnung aufgegeben haben, einen Job zu finden, werden nicht erfasst.

Die Folgen der Finanzkrise waren weltweit zu spüren. Betroffen waren vor allem die Länder, die auf die konsumfreudigen US-amerikanischen Verbraucher setzten. Und das waren fast alle, denn die US-Nachfrage war über lange Zeit der wichtigste Motor der Weltwirtschaft. Im Zuge des immer größeren kreditfinanzierten Konsums entwickelten die USA einen enormen Importhunger nach Produkten aus der ganzen Welt. In der Folge wuchs das US-Leistungsbilanzdefizit auf nie da gewesene Höhen. Finanziert wurde dies wiederum zum großen Teil von den Ländern, die in die USA importierten, allen voran China. Was sollten diese auch sonst mit den ganzen Dollars tun, die sie für ihre in den USA verkauften Produkte erhielten, als US-Staatsanleihen zu kaufen? Hätten sie die Dollars auf den Markt geworfen, wäre dieser in die Knie gegangen und hätte damit automatisch die Wettbewerbsfähigkeit auf dem US-Markt verschlechtert.

Und was hatte dieses Land nicht alles in die USA exportiert: Strickwaren und Bekleidung, Unterhaltungselektronik, Heimwerkerbedarf, Spielwaren und Sportartikel. Die Liste ließe sich beliebig fortsetzen. Die Nachfrage aus den USA und anderen westlichen Ländern hatte einen Produktionsboom sondergleichen ausgelöst. China zu Beginn des 21. Jahrhunderts erinnert stets ein wenig an das Frühstadium der europäischen Industrialisierung im 18. Jahrhundert. Zehn bis zwölf Stunden am Tag mussten die Fabrikarbeiter arbeiten, um für kleines Geld den Konsumrausch der westlichen Welt zu befriedigen. Für die chinesischen Industriearbeiter waren damals und sind bis heute die Produktionsbedingungen zwar alles andere als rosig, und wir würden sie als unwürdig bezeichnen, doch bedeuteten sie für den früher in der Landwirtschaft tätigen Teil der Bevölkerung trotzdem einen Anstieg des Lebensstandards – und zumindest, dass man nicht mehr von Hunger, Krankheiten und Naturkatastrophen bedroht war.

Mit dem Ende des US-Konsumrauschs wurden jedoch auch wieder viele der Millionen Wanderarbeiter arbeitslos. Auf einmal war Schluss mit dem Traum vom ungebremsten Wachstum. Eine Fabrik nach der anderen musste schließen. Doch mit massiven Staatshilfen gelang es China, das Wachstum wieder in Gang zu bringen und als einziges Land keine Rezession zu erleben. Die Verschuldung war damals noch längst nicht so hoch wie in vielen Industrieländern, und daher bestand mehr Ankurbelungspotenzial. Heute, rund zehn Jahre später, ist der Wohlstand zwar immer noch nicht auf dem Niveau der westlichen Welt angekommen, aber die ganzen Jahre doch überproportional gestiegen. Das politische System ist durchaus äußerst kritisch zu betrachten, vor allem seit Staatspräsident Xi Jinping die Freiheit wieder deutlich eingeschränkt hat. Dennoch kann nicht bestritten werden, dass eben diese Staatsform es erlaubt hat, die Corona-Pandemie zu überwinden, und dass China als erstes Land auf den Wachstumspfad zurückkehrte. Zu Recht wird China heute als die größte Bedrohung der westlichen Industrienationen und ihres Wohlstands betrachtet.

Auch in Deutschland kam die Krise auf dem Arbeitsmarkt an. Das Stichwort lautete auch damals schon wie jetzt in der Corona-Krise »Kurzarbeit«.

Schon damals gab es Konjunkturhilfen wie die Abwrackprämie, mit der jeder einen staatlichen Zuschuss von 2500 Euro für den Autokauf erhielt. So sollte Deutschlands Schlüsselwirtschaft, die Autoindustrie, gestützt werden. Denn zu diesem Zeitpunkt waren Abertausende von Arbeitsplätzen gefährdet und einige fielen auch dauerhaft weg.

Auch so mancher Sparer erlebte ein Fiasko. Zunächst waren im Herbst 2008 die Bankkunden in Panik um ihr Erspartes. Die Situation drohte zu eskalieren, ein »Bankenrun« drohte: Viele Sparer schickten sich an, ihr gesamtes Bankguthaben von den Konten abzuheben und lieber unter die eigene Matratze zu stopfen, als es weiterhin der Bank anzuvertrauen. Ein Vorgehen, das selbst die gesündeste Bank im Handumdrehen in den Ruin treiben kann.

Hintergrund: Warum massenhafte Abhebungen eine Bank ruinieren können

Banken sammeln das Geld von Sparern ein, aber nicht, um es irgendwo im Tresor zu lagern. Vielmehr wird ein Großteil des Geldes wieder verliehen, etwa an Firmen, an Immobilienkäufer oder an private Konsumenten. Diese Kredite haben zumeist alle eine längere Laufzeit, manche Kreditverträge werden über Jahre oder gar Jahrzehnte geschlossen.

Kommt es nun zu einem »Bankenrun« und wollen alle Sparer auf einmal ihre Guthaben ausgezahlt bekommen, fehlt es der betroffenen Bank schnell an Liquidität, denn das Geld ist anderswo in Form von Krediten gebunden. Das heißt, sie muss Insolvenz anmelden, selbst wenn sie wirtschaftlich eigentlich grundsolide dasteht.

Um die Sparer zu beruhigen, gaben Bundeskanzlerin Angela Merkel und der damalige Finanzminister Peer Steinbrück in Deutschland Anfang Oktober 2008 eine umfassende staatliche Garantie für Bankkunden ab. Notfalls werde der Staat für alle Spar, Sicht- und Termingelder einstehen, falls es zu einer Bankenpleite komme und die gesetzliche und freiwillige Einlagensicherung der Banken nicht ausreiche, verkündeten die beiden Politiker mit ernstem Gesicht. Also quasi für das ganze Geld, das auf den Konten einer Bank in Deutschland liegt.

Diese Ankündigung konnte die Panik und damit den Bankenrun verhindern. Immerhin ließen sich die deutschen Sparer durch diese Zusage – wenigstens halbwegs – beruhigen. Sie beließen in der Folgezeit ihr Geld auf den Konten oder brachten es zurück zu ihrer Bank.

Doch nicht alle kamen ungeschoren davon. Abgesehen von den Kursverlusten, die diejenigen erlitten, die an sich richtigerweise in Aktien investiert hatten, traf es vor allem ausgerechnet die Menschen, die bei der Geldanlage das Wort »Sicherheit« ganz großgeschrieben hatten. Sie mussten erfahren, dass ihre sicher geglaubten Garantiezertifikate trotz »Garantie« alles andere als sicher waren. Ganz einfach deswegen, weil die Bank, die einst diese Garantie gegeben hatte, selbst zahlungsunfähig war: die Investmentbank Lehman Brothers.

Viele Anleger hatten auf Anraten ihrer Bank 10.000, 20.000 oder gar 50.000 Euro in diese »sicheren« Lehman-Garantiezertifikate gebuttert. Was ein bezeichnendes Licht auf die zweifelhafte Beratungspraxis diverser Banken im Privatkundengeschäft wirft. Ganz groß im Verkauf von Lehman-Zertifikaten waren etwa die Citibank, die Hamburger Sparkasse und die 1822direkt. Auch Postbank und Dresdner Bank vertrieben diese Zertifikate in gewissem Umfang. Sie hatten – jenseits großer Bankendeals und Verbriefungsaktionen – in beratungsbedürftigen Kleinanlegern und Sparern eine ausgezeichnete Einnahmequelle entdeckt. Man musste diesen nur besonders provisionsträchtige Papiere andrehen.

So mancher Anlageberater verkaufte daher mit Freuden Garantiezertifikate von Lehman Brothers, ohne dem gutgläubigen Kunden zu sagen, dass und wie gut er und seine Bank an diesem Deal mitverdienten – in Form von üppig bemessenen Provisionen.

Nach der Lehman-Pleite kam schlagartig die Ernüchterung für die betroffenen Bankkunden. Denn nach dem Kollaps der großen Investmentbank lief ihre Kaufentscheidung praktisch auf einen Totalverlust des eingesetzten Geldes hinaus. Von wegen »Garantie«: Lehman konnte nicht zahlen und der deutsche Staat wollte nicht zahlen. Warum sollte er auch? Die Staatsgarantie sollte nur für Kontoguthaben und bestimmte Sparbriefe gelten, das war nötig, um keinen Bankenrun auszulösen. Geprellten Zertifikateanlegern jedoch ihre Verluste zu ersetzen, war nicht Teil der Garantieerklärung, die das Politikerduo Merkel und Steinbrück im Oktober 2008 abgegeben hatten.

Was war mit den Banken, welche die Lehman-Zertifikate so eifrig verkauft hatten? Die meisten erklärten sich zunächst einmal für nicht zuständig. Bis einige Gerichte sie in Einzelfällen doch zu

Schadensersatz verpflichteten. Oder, wie im Fall der Citibank, bis eine große Verbraucherzentrale mit Klage drohte und die Bank auf diese Weise dazu brachte, unter bestimmten Voraussetzungen den Inhabern von Lehman-Zertifikaten die angelegte Summe doch teilweise oder ganz zu ersetzen.

Das soll aber nicht darüber hinwegtäuschen, dass die meisten Anleger auf ihren Verlusten sitzen blieben. Auch wer keine Lehman-Zertifikate gekauft hatte und folglich damit auch keinen Schiffbruch erlitt, weiß jetzt, dass Zertifikate, so sie nicht mit physischem Geld, Rohstoffen oder Wertpapieren hinterlegt sind, ein Ausfallrisiko haben. Und dass ein Bankberater keineswegs aus reiner Nächstenliebe bestimmte Wertpapiere zum Kauf empfiehlt.

Neben den Privatanlegern waren aber auch institutionelle Anleger betroffen, an die man so schnell nicht denkt. Zum einen Pensionsfonds in aller Welt, deren Aufgabe es ist, die eingezahlten Gelder von Arbeitnehmern sicher und verlässlich anzulegen, um damit später die Pensionen zahlen zu können, wenn die betreffenden Arbeitnehmer in Rente gehen. Die Finanzkrise rüttelte also auch an der Sicherheit der Altersvorsorge – zumindest im Ausland. Aber auch gemeinnützige Stiftungen waren betroffen, als die gesamten Assets – auch bislang sicher geglaubte Anleihen – plötzlich auf Talfahrt gingen. Spektakulär war der Fall der Oldenburgischen Landeskirche, die durch die Lehman-Pleite insgesamt 4,3 Millionen Euro verlor.

Auch die Stiftungen mussten herbe Verluste hinnehmen. Denn gerade sie leben von der Geldanlage, während das Stiftungsvermögen unangetastet bleibt. In den Medien war einiges zu lesen über die Stiftungen von Harvard und anderen Eliteuniversitäten in den USA, die plötzlich Verluste machten. Aber auch viele europäische Stiftungen mussten Federn lassen, als infolge der Lehman-Pleite auch die Kurse stockkonservativer Wertpapiere – etwa Pfandbriefe oder Unternehmensanleihen – unter Druck gerieten. Wieder war die Finanzkrise bei den Armen und Hilfsbedürftigen angekommen: Der Krebshilfe fehlte nun ebenso das Geld wie Straßenkindern und

Obdachlosen, für deren Betreuung ebenfalls einige Stiftungen Jahr für Jahr das Geld aus ihren Finanzanlagen zur Verfügung gestellt hatten.

Die Finanzkrise hatte somit alle Bereiche erfasst – von der Weltwirtschaft über die Wohnsituation einstiger Immobilienbesitzer in den USA über die Ersparnisse privater Anleger in Deutschland bis hin zu denen, die auf die Hilfe von Stiftungen angewiesen sind. Zusammenbrüche und Verluste, wo man nur hinschaute.

Doch eines ist auch klar: Die Lehman-Pleite war der Initialfunke gewesen, der das Pulverfass explodieren ließ, keine Frage, und sie machte aus der Immobilienkrise in den USA die größte Weltwirtschaftskrise seit 80 Jahren. Doch gekommen wäre diese ohnehin. Immer wenn eine ungesunde Verschuldungsblase entstanden ist, platzt diese irgendwann. Auslöser ist in fast allen Fällen ein gestiegener Zins.

Und auch eine Gezeitenwende markierte die globale Finanzkrise nicht, denn das Ende der Epoche des Schuldenmachens und des Bekämpfens von Schulden mit noch mehr Schulden beendete sie nicht. Im Gegenteil. Wie in jeder Krise der 1980er-Jahre wurden die Dimensionen der jeweils nächsten Krise noch gigantischer. Hatte die Federal Reserve (Fed) in der vorherigen Krise nach dem Platzen der Internetbubble, den Terroranschlägen vom 11. September 2001 und dem Irakkrieg 2003 die Zinsen auf 1 Prozent gesenkt, schleuste sie sie diesmal auf null bis 0,25 Prozent. Aber das reichte längst nicht aus. Sie griff außerdem zu einem anderen und neuen Mittel mit dem Namen *Quantitative Easing* (QE). Dahinter verbargen sich Programme, die den systematischen Ankauf von Wertpapieren durch die Fed vorsahen. Das waren im Wesentlichen Staatsanleihen, aber auch Immobilienanleihen gehörten dazu, um diesen Markt zu stützen. Mit den Programmen QE 1–3 und der Operation Twist kaufte die US-Notenbank insgesamt Wertpapiere in einem Volumen von mehr als 3,5 Billionen US-Dollar auf und vervierfachte damit ihre Bilanz. Nie da gewesene Beträge flossen so direkt in die Finanzmärkte, denn jeder, der Anleihen an die Fed verkaufte, bekam schließlich Geld in die Hand, das er wieder investieren konnte. Das kurbelte vor allem die Finanzmärkte und die Immobilienmärkte wieder an, gepaart mit dem tiefen Zins verfehlte es aber auch seine Auswirkung auf die Realwirtschaft nicht. So konnte die erste schwerere Rezession seit gut 25 Jahren beendet werden und der nächste Aufschwung war eingeleitet.

Die Euro-Krise

An die globale Finanzkrise schloss sich im Grunde sofort die Euro-Krise an. Sie war fraglos eine Folge der Finanzkrise, wäre aber auch ohne diesen Auslöser irgendwann zutage getreten. Von Beginn an war die Europäische Währungsunion eine Fehlkonstruktion. Viele hatten sie im Vorfeld kritisiert. Wirtschaftsprofessoren, Börsenaltmeister André Kostolany und auch der mir seit vielen Jahren persönlich bekannte renommierte Vermögensverwalter Dr. Jens Ehrhardt. Alan Greenspan, der langjährige Chef der amerikanischen Notenbank Federal Reserve, hatte sogar einst vorausgesagt, dass die Europäische Währungsunion keinen Bestand haben werde. Die Kritiker einte die Ansicht, dass die einzelnen Volkswirtschaften noch viel zu wenig homogen waren, als dass sie schon reif gewesen wären, in einen einheitlichen Währungsraum einzutreten. Zuvor brauche es eine Wirtschafts- und eine Fiskalunion. Auch in Deutschland und in der CDU sah man dies lange so, es hält sich wacker das Gerücht, Helmut Kohl habe in den Verhandlungen um die Wiedervereinigung dem damaligen französischen Staatschef François Mitterrand die gemeinsame Währung versprechen müssen, um dessen Zustimmung zur Wiedervereinigung zu erhalten.

In den ersten Jahren des Projekts sah es aber zunächst so aus, als seien die Kritiker widerlegt. Die Euro-Zone prosperierte und vor allem auch die Länder der südlichen Peripherie. Bei der Einführung der gemeinsamen Währung erlebten diese Länder einen enormen Zinsrutsch. Spanier, Griechen, Italiener, aber auch die Iren und die

Portugiesen hatten so tiefe Zinsen noch nie gesehen. Wie in den USA nutzten sie diese, um sich zu verschulden und Immobilien zu erwerben, für die Eigennutzung, aber auch als Kapitalanlage. Die Immobilienpreise boomten in der Folge und die Wirtschaft lief auf Hochtouren. Es war die Zeit, in der Deutschland als der kranke Mann Europas galt. Unser Wachstum lag weit hinter dem der genannten anderen Länder. Was viele aber nicht sahen, war die Tatsache, dass dieser vermeintliche Wirtschaftsboom der anderen Länder nur auf Verschuldung aufgebaut war.

Diese Länder bauten enorme Leistungsbilanzdefizite auf. Dementsprechend unterschiedlich entwickelte sich die Verschuldung. Während sie in Deutschland bei Privathaushalten und Unternehmen gleich blieb, verdreifachte sie sich in Griechenland und verdoppelte sie sich in Spanien und Irland von 1999 bis zum Beginn der Finanzkrise. Weil im Wesentlichen durch Verschuldung angetrieben, entwickelte sich nicht nur die Wirtschaft, sondern auch die Inflation teilweise sehr unterschiedlich. Und je länger die Unterschiede andauerten, desto größer wurde das Problem. Denn steigen die Preise in einem Land deutlicher als in einem anderen, verteuern sich die Produkte dort schneller als in dem Land mit geringerer Inflation. Die Folge ist eine nachlassende Konkurrenzfähigkeit, sowohl auf dem Auslands- als auch auf dem heimischen Markt.

Zu Beginn der Währungsunion hatte es das Problem zunächst nicht gegeben, denn die Kurse der einzelnen Landeswährungen wurden so zum Euro gestellt, dass das Preisniveau in Euro-Land grosso modo gleich war. Ob Auto, Computer, Steak, Big Mac oder ein Haarschnitt, von gewissen lokalen Eigenheiten abgesehen kosteten Produkte und Dienstleistungen gleicher Qualität netto – also vor Aufschlag der nationalen Umsatzsteuersätze – in etwa das Gleiche. Doch von da ab entwickelten sich die Inflationsraten unterschiedlich. Wie schon zu Zeiten vor der Währungsunion stiegen sie in den früheren Schwachwährungsländern schneller als in den Kernländern und Gründungsmitgliedern des einstigen Europäischen Währungssystems (EWS), also Deutschland, Frankreich und den

Benelux-Staaten. Spanien, Griechenland und Italien, die traditionell immer höhere Inflationsraten hatten, büßten deshalb nach und nach Konkurrenzfähigkeit ein. Früher hatte das kein großes Problem dargestellt. Die Lira, die Peseta oder von Zeit zu Zeit auch der Franc wurden innerhalb des Europäischen Währungssystems einfach gegenüber der D-Mark abgewertet, um die Inflationsunterschiede der Vergangenheit wieder auszugleichen. So wurde das Preisniveau und damit die Wettbewerbsfähigkeit zwischen den Hart- und den Weichwährungsländern wiederhergestellt. Dieses Mittel existiert nach der Einführung der Gemeinschaftswährung aber nicht. Beispiel Italien, das ebenfalls seit Jahren unter seiner geschrumpften Wettbewerbsfähigkeit leidet: Angenommen, es gäbe noch die italienische Lira und eine eigene italienische Zentralbank. Dann hätte diese die Zinsen in der Krise gesenkt und die Lira im Europäischen Währungssystem abgewertet. Damit wären Reisen nach Italien für ausländische Touristen billiger und damit attraktiver und die Exporte von Obst, Gemüse und Olivenöl, von Kleidung und Textilien wären international wieder konkurrenzfähig. Mit der Einheitswährung Euro waren diese aber zu teuer geworden. Die Touristen fuhren stattdessen lieber ins viel günstigere Kroatien oder in die Türkei.

Probleme des Euro werden sichtbar

Als mit der globalen Finanzkrise und der mit ihr einhergehenden Probleme der Banken die Kredite plötzlich nicht mehr sprudelten, sondern Finanzierungsbedingungen sich massiv verschlechterten, wurden die Probleme sichtbar, die zuvor durch immer neue Verschuldung zugekleistert worden waren. Der Zusammenbruch des amerikanischen Immobilienmarktes und des Marktes für Subprime-Anleihen, die diesen finanzierten, brachte auch die europäischen Banken unter Druck. Auch sie hatten sich die in der Krise kaum noch zu bewertenden Immobilienanleihen von findigen Investmentbankern andrehen lassen. Ein besonders trauriges Bild gaben dabei die deutschen Landesbanken ab, die sich besonders schlechte Papiere andrehen ließen. Forderungen in Milliardenhöhe mussten abgeschrieben werden. Die Banken wurden vorsichtiger. Damit versiegte auch der Kreditstrom an europäische Immobilienkäufer und auch die zuvor boomenden Immobilienmärkte in Europa brachen zusammen. Das verschärfte die Probleme europäischer Banken weiter, einige waren in der Existenz bedroht. In Deutschland war dies nicht anders, nicht grundlos garantierte Angela Merkel damals ohne jede rechtliche Grundlage für die Bankeinlagen. Doch während hierzulande das Vertrauen wieder zurückkam, weil die deutsche Wirtschaft eben nicht auf einen überteuerten Immobilienmarkt gegründet war, sondern auf seine starke Industrie, fragte man sich bezüglich der Euro-Peripherie, ob mit den Banken nicht auch gleich die Staaten umfallen würden. Die namhaften Ratingagenturen wie Standard & Poor's sowie Moody's stuften die Länder reihum in ihrer Kreditwürdigkeit herab. Denn während ein Staat, der sich im Papiergeldsystem in seiner eigenen Währung verschuldet, nicht pleitegehen kann, weil er ja das Geld druckt, in dem er sich verschuldet, war dies in der Euro-Zone nun anders. Zwar war der Euro die eigene Währung aller teilnehmenden Länder, doch die Notenpresse befand sich nun bei einer europäischen Institution, der Europäischen Zentralbank (EZB). Und so war eine Staatspleite eines Euro-Zonen-Landes plötzlich eine mögliche Konsequenz.

Hintergrund: Wann droht überschuldeten Staaten der Staatsbankrott?

Wenn ein Staat sich Geld leihen möchte, geht er dafür nicht zu einer Geschäftsbank. Vielmehr wird er sich das benötigte Geld bei interessierten Investoren leihen, indem er Staatsanleihen oder sonstige staatliche Rentenpapiere herausgibt, also verzinsliche Wertpapiere, die jedem, der sie kauft, die Rückzahlung des dafür aufgewendeten Geldes plus einen bestimmten Zins garantieren.

Zahlungskräftige Staaten finden am Kapitalmarkt in aller Regel genügend Interessenten. Die Bereitschaft, in deren Anleihen zu investieren, ist vorhanden, vorausgesetzt, die Investoren halten es für wahrscheinlich, dass sie das auf diese Weise verliehene Geld mitsamt Zinsen auch wieder zurückbekommen und die Landeswährung stabil ist. Sicher in Bezug auf die Rückzahlung können sie diesbezüglich immer sein, wenn ein Staat sich in der Währung verschuldet, die er selbst herausgibt, und es sich dabei um Fiat-Money, also Papiergeld handelt. Denn hier kann der Staat die nötigen Summen stets selbst erschaffen. Doch nicht alle Staaten haben eine so gute Bonität, dass sie in ihrer eigenen Währung ausreichend Kredit gestellt bekommen, ohne dass sie extrem hohe Zinsen bezahlen müssten. Deshalb begeben manche Länder eben auch Anleihen in Hartwährungen wie dem US-Dollar oder dem Euro. Die Türkei ist ein prominentes Beispiel. Hier liefern bei der Einschätzung der Bonität (also Zahlungskraft) eines Emittenten traditionell die Ratingagenturen Hilfe, auch wenn diese seit der Finanzkrise viel kritischer beurteilt werden. Denn sie hatten zu vielen dubiosen Verbriefungen mit einem AAA-Rating gewissermaßen eine Unbedenklichkeitsbescheinigung erteilt. Dennoch bezweifelt kaum ein Anleger: Ein Staat mit AAA-Rating wird seine Anleihen zum Fälligkeitstermin zurückzahlen und in der Zwischenzeit sämtliche Zinsen vereinbarungsgemäß und pünktlich zahlen. Erscheint das zweifelhaft, fällt auch das Rating entsprechend niedriger aus, dann muss ein Staat eben höhere Zinsen auf seine Staatsanleihen zahlen. Der Aufschlag ist gewissermaßen die Entschädigung der Anleger für das höhere Risiko, das sie bei einem solchen Investment in Kauf nehmen: So ist es durchaus denkbar, dass Staaten ihre Schulden nicht zurückzahlen können oder dass die Zinszahlungen sich, zumindest zeitweise, verspäten oder dass sie ausgesetzt werden.

Wer Anfang des 21. Jahrhunderts in Argentinien-Anleihen investiert hatte, der weiß, dass die Rückzahlung von Staatsanleihen mitsamt Zinsen nicht unbedingt eine Selbstverständlichkeit ist. Schon gar nicht bei Staaten mit hohem Schuldenstand. Zudem verschuldete sich Argenti-

en, das 2002 pleiteging, oder der Staat Island, der im Zuge der Finanzkrise 2008/2009 beinahe in die Insolvenz geschlittert wäre, im Wesentlichen in fremder Währung, überwiegend in US-Dollar und Euro.

Die Pleite Argentiniens

Schon vor und während der Militärdiktatur stiegen Argentiniens Schulden auf ein bedenkliches Maß an. Als sich schließlich eine Demokratie
etablierte, änderte sich daran nichts. Mehrfach wurde die Währung re-
formiert, immer mit dem Ziel, die galoppierende Inflation zu beenden.
Im Jahr 1970 wurde aus 100 »Pesos Moneda Nacional« ein »Peso Ley«.
Im Jahr 1983 wurde aus 10.000 »Pesos Ley« ein »Peso Argentino«. Im
Jahr 1985 wurde aus 1000 »Pesos Argentino« ein »Austral« und im Jahr
1992 wurde aus 10.000 »Australes« ein »Peso«.

2020 stand Argentinien schon wieder kurz vor der Pleite. Der IWF
musste mit Hilfskrediten einspringen und ein Schuldenschnitt war un-
vermeidlich. Die Inflationsrate lag teilweise schon wieder bei 50 Prozent. Mit anderen Worten: Vom Betrag auf der jeweils gängigen Banknote wurden immer ein paar Nullen weggestrichen, ohne dass dies der
Inflation Einhalt geboten hätte. Denn das Hauptproblem blieb bestehen:
Der Staat druckte zu viel Geld und hatte im Vergleich zu seiner Wirtschaftsleistung viel zu hohe Schulden.

Um die Inflation nun endgültig zu stoppen, führte Wirtschaftsminis-
ter Domingo Cavallo 1991 einen festen Wechselkurs der argentinischen
Währung zum US-Dollar ein. Die argentinische Notenbank wurde verpflichtet, für 10.000 Australes (beziehungsweise später für einen Peso)
jeweils einen US-Dollar auszuzahlen. Das begrenzte zunächst tatsächlich die Inflation und beruhigte die Gläubiger. Sie hatten nun das Recht,
sich ihre argentinischen Anleihen in US-Dollar auszahlen zu lassen.

Allerdings würgte diese radikale Maßnahme auch die argentinische Wirtschaft ab. Denn die argentinische Währung wurde dadurch
gegenüber den Währungen anderer Länder aufgewertet, was die Expor-

te aus Argentinien extrem verteuerte. Dass der US-Dollar zur gleichen Zeit sehr stark war, verschärfte das Problem, ebenso die Tatsache, dass Mexiko und Brasilien, beide 1995 und 1998 ebenfalls von einer existenzbedrohenden Krise geschüttelt, ihre Währungen abwerteten und folglich billiger produzieren konnten. Die Billigkonkurrenz aus diesen beiden Ländern versetzte der vom Export abhängigen argentinischen Wirtschaft einen zusätzlichen Schlag. Sie geriet ins Stocken. Der argentinische Staat konnte aus den weniger werdenden Steuereinnahmen seine nach wie vor bestehenden Schulden nicht zurückzahlen. Er musste immer neue Anleihen emittieren, wobei die Risikoprämie, die er dafür zu zahlen hatte, immer weiter anstieg. 2001 bot er gegenüber den sicheren US-Staatsanleihen einen Zinsaufschlag von über 19 Prozentpunkten, bis 2002 stieg dieser Zinsaufschlag auf 60 Prozentpunkte an. Im Jahr 2002 musste Argentinien schließlich zugeben, seine Schulden nicht mehr bedienen zu können. Damit war der Staatsbankrott erklärt.

Erst nach jahrelangen Verhandlungen mit den verschiedensten Gläubigern (IWF sowie andere Staaten, größtenteils aber private Investoren) mündete die Insolvenz in einen Schuldennachlass. Die Gläubiger verzichteten dabei auf bis zu 70 Prozent ihrer Forderungen. 2020 stand Argentinien schon wieder knapp vor der nächsten Pleite. Der IWF musste mit Hilfskrediten aushelfen und ein Schuldenschnitt war notwendig.

Island – knapp an der Pleite vorbei

In Island waren es zunächst nicht die Staatsschulden, die im Herbst 2008 beinahe zu einem Bankrott des Inselstaates geführt hätten. Vielmehr hatten sich die drei größten isländischen Banken Landsbanki, Glitnir und Kaupthing verzockt. Sie hatten vorwiegend in Norwegen, Dänemark, Großbritannien und Deutschland Schulden aufgenommen, gingen mit dem geborgten Geld europaweit auf Einkaufstour und expandierten in andere Länder. Das Bilanzvolumen der drei führenden Banken war rund zehnmal so groß wie das Bruttosozialprodukt des kleinen Landes.

Als weitere Belastung stellten sich langfristig *Carrytrades* heraus. *Carrytrades* sind Währungsspekulationen nach folgendem Rezept: Man leihe sich Geld in einem Niedrigzinsland – beispielsweise in Japan, wo die Leitzinsen seit Jahren unter 1 Prozent herumdümpelten. Oder in der Schweiz, wo sie zwischen 2003 und 2008 stets unter der Marke von 3 Prozent blieben. Oder im Euro-Raum, wo der Leitzins zwischen 2004 und 2008 zwischen 2 und 4,5 Prozent lag. Dieses Geld investiere man dann in einem Hochzinsland – beispielsweise in Island. Dort lagen die Leitzinsen im gleichen Zeitraum zwischen 5,5 und 15,5 Prozent.

Vor allem Hedgefonds hatten massiv auf die Zinsdifferenz zwischen den einzelnen Staaten spekuliert. So konnten sich die Isländer über billiges Kapital freuen, das zuhauf ins Land strömte. Die isländischen Banken vergaben massenweise Kredite an die Wirtschaft. Energieintensive Unternehmen wie etwa Aluminiumwerke siedelten sich auf dem Inselstaat an. Aber auch die Privatverbraucher profitierten von dem beispiellosen Wachstum. Was umso beachtlicher ist, als Island gerade einmal 350.000 Einwohner zählt, also in etwa so viel wie die Stadt Bielefeld. Die konnten sich mit den billigen Krediten aber so ziemlich alles leisten, was das Herz begehrte. Zum Eigenheim gesellte sich ein Ferienhaus, zum Erst- das Zweit- und Drittauto.

Das Land wuchs und wuchs, der Wohlstand mehrte sich – alles finanziert mit billigen ausländischen Schulden.

Das Ganze funktionierte allerdings nur, solange der Wechselkurs der beiden beteiligten Währungen stabil blieb oder die Isländische Krone sogar an Wert gewann. Genau das aber war nicht der Fall. Im Gegenteil: Durch die hohen Auslandsschulden unterlag die Isländische Krone immer stärkeren Schwankungen und verlor schließlich massiv an Wert. Im Februar 2006 stufte die Ratingagentur Fitch die Kreditwürdigkeit Islands von »stabil« auf »negativ« herunter.

Hedgefonds und sonstige Investoren begannen unverzüglich, ihr Kapital aus Island abzuziehen. Einige Hedgefonds wetteten sogar auf den Zusammenbruch der isländischen Währung und Wirtschaft. Und sie sollten recht behalten beziehungsweise Islands Probleme durch ihr Spekulationsverhalten noch verstärken.

Den isländischen Banken fiel es zusehends schwerer, sich über ausländisches Kapital noch zu refinanzieren. Nach der Lehman-Pleite war es damit ganz vorbei. Schließlich musste der isländische Staat für die gigantischen Bankenschulden einstehen. Er verstaatlichte die führenden Kreditinstitute, was ihn finanziell völlig überforderte und nahe an den Ruin brachte.

Nur dank eines milliardenschweren Rettungskredits des Internationalen Währungsfonds ist Island letztlich haarscharf am Staatsbankrott vorbeigeschrammt.

Weil eine Staatspleite eines der Euro-Zonen-Länder theoretisch möglich erschien, stiegen die Zinsen in den Ländern, die von ihr bedroht waren. In der Spitze lagen sie für griechische zehnjährige Anleihen bei über 30 Prozent, für portugiesische bei 15 Prozent und auch für italienische mussten zeitweise mehr als 7 Prozent aufgewendet werden. Die Zinsen der deutschen Anleihen fielen hingegen auf unter 2 Prozent. Griechenland bildete sozusagen die Speerspitze der Euro-Krise. Sowohl der Schuldenstand als auch das Budgetdefizit des Staates bewegten sich bereits im Vorfeld der Krise auf äußerst hohem Niveau. Zwischen 2000 und 2008 betrug das jährliche staatliche Budgetdefizit durchschnittlich rund 6 Prozent der Wirtschaftsleistung gemessen am Bruttoinlandsprodukt – doppelt so viel wie im Stabilitäts- und Wachstumspakt des Maastricht-Vertrages als Höchstwert festgeschrieben worden war. Die explodierenden Zinssätze verstärkten die Krise und die Angst vor einem Zahlungsausfall natürlich weiter, weil klar war, dass zu diesen Konditionen die Staaten sich auf keinen Fall würden leisten können, ihre Banken rauszuhauen und umfangreiche Konjunkturpakete zu finanzieren. Außerdem fehlte auch die Fantasie, wie die verlorene Wettbewerbsfähigkeit durch die Inflationsunterschiede seit Gründung der Währungsunion wieder aufzuholen wäre. So schien selbst längerfristig keine Perspektive gegeben zu sein, wie diese Länder wieder zu auskömmlichem Wachstum zurück- und aus dem Schlamassel herausfinden würden.

Es blieb eigentlich nur die Möglichkeit, dass die finanzstarken Länder die anderen Länder raushauen und finanziell unterstützen würden. Doch das Problem war, dass es zwischen den Mitgliedsstaaten eben keinen Finanzausgleich gab und bis heute nicht gibt, wie wir ihn aus der Bundesrepublik Deutschland kennen. Auch hier gibt es stärkere und schwächere Bundesländer und die schwächeren, wie beispielsweise mein Heimatland, der Stadtstaat Bremen, oder auch das Saarland erhalten jedes Jahr Geld von starken Ländern wie Bayern oder Baden-Württemberg. Genau dies sieht aber der Maastricht-Vertrag, der das Regelwerk des Euros darstellt, nicht vor. Im Gegenteil, er verbietet es. Dies war wohl der Kern der Fehlkonstruktion des Euros.

Hintergrund: Maastricht-Vertrag

Der Euro wurde 1999 als Buchgeld und 2002 als offizielles Zahlungsmittel eingeführt. Er ist inzwischen die Währung von 22 europäischen Staaten, von denen 16 zur Europäischen Union zählen. Um die Stabilität des Euros zu garantieren, wurde der Maastricht-Vertrag geschlossen, benannt nach dem niederländischen Ort, in dem er ausgehandelt wurde. Definiert wurden verbindliche Kriterien, welche die Beitrittsländer zu erfüllen und auch zukünftig einzuhalten hatten. Dazu gehören die Beschränkung der Gesamtschulden auf 60 Prozent des Bruttoinlandsprodukts und die Beschränkung der Neuverschuldung auf 3 Prozent des BIP. Allerdings gibt es Ausnahmen für außergewöhnliche wirtschaftliche Situationen. Dieses Kriterium erfüllt die aktuelle Finanzkrise, so dass es den Mitgliedsländern vorübergehend gestattet ist, sowohl die Neuverschuldung als auch die Gesamtverschuldung über die festgelegten

Grenzen hinaus auszudehnen. Die Gemeinschaftswährung hat durchaus eine Menge Vorteile. Beim Euro ist es das wirtschaftliche Gewicht, das der Wirtschaftsraum Europa durch die gemeinsame Währung bekommt. Der Binnenhandel in der Euro-Zone ist durch den Wegfall der Wechselkurse zwischen den einzelnen Landeswährungen entscheidend erleichtert worden. Der Euro bildet ein Gegengewicht zum US-Dollar, zum Yen und – in letzter Zeit immer wichtiger – zur chinesischen Währung Yuan. Bei einer Währung dieser Größenordnung haben es auch Währungsspekulanten schwer, mit Wetten die Wechselkurse in die eine oder andere Richtung zu beeinflussen.

Als dieses Problem inmitten der Euro-Krise den Politikern in Europa offenbar wurde, stellten auch sie fest, was da bei der Einführung des Euros schiefgelaufen war. Sich an den Maastricht-Vertrag zu halten, hätte bedeutet, dass wahrscheinlich zunächst Griechenland seine Schulden nicht mehr hätte bedienen können. Unmittelbar betroffen wären die europäischen Banken gewesen, die einen Großteil dieser Staatsanleihen Griechenlands im Besitz hatten. Aus Angst vor einem Staatsbankrott und einem Ausscheiden aus dem Euro wäre die ohnehin schon auf Hochtouren laufende Kapitalflucht noch schlimmer geworden. An griechischen Geldautomaten bildeten sich damals bereits lange Schlangen. Vor den Augen der anderen europäischen Länder wäre Griechenland in eine schwere Krise gerutscht, an deren Ende wohl die Zahlungsunfähigkeit und ein Austritt aus der Währungsunion gestanden hätten. Das hätte man natürlich akzeptieren können und viele stabilitätsgläubige Politiker und Wirtschaftswissenschaftler insbesondere in Deutschland – allen voran der damalige Chef des Ifo-Instituts in München, Hans-Werner Sinn – forderten genau dies. Sie fürchteten, es würde ein Exempel geschaffen und die gesamte Euro-Peripherie würde bald am deutschen Steuerzahler hängen. Doch das Ganze war viel zu kurz gedacht. Weitsichtigere Experten hatten das schnell begriffen.

Denn auch wenn einem die Griechen egal gewesen wären: Es war vollkommen klar, dass nach der Pleite Griechenlands die Spekulation sich sofort auf das nächste schwächere Land stürzen würde und es so reihum gehen würde, bis die Gemeinschaftswährung nur noch Geschichte gewesen wäre. Im Ergebnis hätten die schwächeren Länder einen massiven Wohlstandsrückgang verkraften müssen und die vermeintlichen Hartwährungsländer und in ihrem Zentrum Deutschland hätten mit einer aufgewerteten Währung massiv an Wettbewerbsfähigkeit verloren. Es hätte nur Verlierer gegeben. So entschied man sich am Ende doch, Griechenland zu retten.

Der Maastricht-Vertrag wird gebrochen

Mit der 2010 eingerichteten Europäischen Finanzstabilisierungsfazilität (EFSF) und dem 2011 als deren Nachfolger verabschiedeten Europäischen Stabilitätsmechanismus (ESM) wurde ein Rettungsschirm für Griechenland verabschiedet. Die Europäische Zentralbank (EZB) intervenierte durch Senkung der Zinsen und durch volumenmäßig begrenzte Ankaufprogramme für bereits emittierte Staatsanleihen, um eine Kreditklemme zu verhindern. Als weitere Maßnahmen gegen die Krisenursachen wurden der Europäische Fiskalpakt, ein Aktionsverfahren gegen gesamtwirtschaftliche Ungleichgewichte und die Europäische Bankenunion verabschiedet.

Der IWF und die EU stellten über den ESM am Ende in insgesamt drei Hilfspaketen Kredite in Form von direkten Zahlungen oder Bankbürgschaften in Höhe von 322 Milliarden Euro zur Verfügung, wovon bis heute 277,6 Milliarden Euro abgerufen wurden. Eine Verschiebung der Rückzahlung der Kredite um zehn Jahre wurde beschlossen. Zwischen der sogenannten Troika, bestehend aus dem IWF, der EZB sowie der Europäischen Kommission, und Griechenland mit der damaligen sozialistischen Regierung unter Alexis Tsipras und seinem exotischen Finanzminister Yanis Varoufakis gab es immer wieder hitzigen Streit. Die Troika verlangte einen harten Sparkurs und schmerzliche Reformen, die Griechen hielten dies inmitten der Krise für die falsche Politik. Griechenland hatte sich seit 2008 in der Rezession befunden und rund ein Viertel seiner Wirtschaftsleistung eingebüßt. Das Land litt unter Massenarbeitslosigkeit. Vor allem Deutschland mit Finanzminister Wolfgang Schäuble trat als Zuchtmeister auf. Merkel wurde auf Demonstrationen in Griechenland mit Hitler verglichen. Beinahe wäre es 2015 erneut zu einer Zahlungsunfähigkeit gekommen, am Ende knickte die griechische Regierung aus Angst vor der Pleite und ihren Folgen jedoch ein. Aus dem dritten Hilfspaket rief sie die volle Summe auch deshalb nicht mehr ab, um schneller die Bevormundung der Troika los zu sein. Neben Griechenland haben Irland, Portugal und Spanien im weiteren Verlauf die Euro-Rettungsschirme in Anspruch genommen.

Whatever it takes

Das Problem seiner Verschuldung bei privaten Gläubigern hatte Griechenland Anfang März 2012 bereits anders gelöst. So hatte die griechische Regierung bekannt gegeben, sich mit 85,5 Prozent der Privatgläubiger auf einen freiwilligen Schuldenerlass in Höhe von 100 Milliarden Euro geeinigt zu haben. Dies entsprach einem Schuldenerlass von rund 90 Prozent. Die europäischen Banken hatten sich zu diesem Zeitpunkt von einem Großteil der griechischen Anleihen bereits getrennt, so dass sie es verkraften konnten. Nur hielten sie natürlich noch immer riesige Bestände an Anleihen anderer Peripherieländer. Hatte der Schuldenschnitt Griechenland zwar geholfen, gegen die anderen Länder kam die Spekulation jetzt erst so richtig in Gang. Hatte man Griechenland noch retten können, das zehnmal so große Italien mit einer ebenfalls bei über 100 Prozent des Bruttoinlandsprodukts liegenden Staatsverschuldung würde so nicht zu retten sein. Die Zinsen der Peripherieländeranleihen schossen wieder in die Höhe, die Deutschlands gingen in Richtung null Prozent. Jeder wollte sich ans sichere Ufer retten. Der Kurs des Euros fiel.

Im Juli 2012 erreichte die Krise dann ihren Höhepunkt, bis drei Worte des Chefs der Europäischen Zentralbank alles veränderten. »Whatever it takes«, hatte Mario Draghi gesagt und damit gemeint, dass die Europäische Zentralbank alles tun werde, um den Euro zu retten. Diese drei Worte waren mehr wert als die über 300 Milliarden für Griechenland. Denn jedem, der klar denken konnte, war klar, dass im Papiergeldsystem die Zentralbank unbegrenzte Mittel zur Verfügung hatte. Wollte niemand mehr italienische Anleihen haben, sie konnte sie kaufen, zwar nicht direkt vom Emittenten, also dem italienischen Staat, aber am Finanzmarkt, was de facto das Gleiche war. So mancher stabilitätsgläubige Politiker und Wirtschaftsprofessor wollte dies zwar nicht wahrhaben, die Finanzmärkte allerdings verstanden die Botschaft.

Dass wir heute noch immer überall in der Euro-Zone von damals mit der gemeinsamen Währung bezahlen können, haben wir fraglos diesem mutigen und unkonventionellen Handeln Draghis und der EZB zu verdanken. Nicht auszudenken, was passiert wäre, hätte zu dem Zeitpunkt der durchaus mal im Gespräch befindliche Axel Weber auf dem Chefposten der EZB gesessen. Den Euro gäbe es wahrscheinlich nicht mehr und Deutschlands Wettbewerbsfähigkeit wäre im Zuge der Wiedereinführung einer massiv aufgewerteten D-Mark erheblich gesunken. Was viele bis heute nicht erkennen, ist die Tatsache, dass die Vollbeschäftigung, die wir viele Jahre bis zur Corona-Krise hatten und mit ihrer Überwindung wohl auch wieder haben werden, zu einem großen Teil dem Euro zu verdanken ist. Durch ihn hatten wir eine künstlich tiefe Währung, die uns auf allen Märkten der Welt und natürlich auch auf dem chinesischen erlaubte, zu sehr konkurrenzfähigen Preisen anzubieten. Und auch die geringen Staatsschulden und überaus günstigen Finanzierungsbedingungen haben wir der gemeinsamen Währung zu verdanken. Seit Jahren schon kann sich der deutsche Staat sogar über zehnjährige Anleihen mit einem Negativzins finanzieren, was daran liegt, dass die Nachfrage nach deutschen Anleihen in der Euro-Krise so massiv anstieg, weil die Anleger aus Anleihen anderer Länder

flüchteten. Mittlerweile sind es aber natürlich auch die Anleihe-
käufe der EZB, die die Zinsen so tief halten, und das nicht nur in
Deutschland und anderen Hartwährungsländern, sondern auch in
den vermeintlich schwächeren Ländern der Euro-Zone. Selbst Griechenland und Italien müssen nur noch einen Zinskupon von rund
1 Prozent bezahlen, wenn sie zehnjährige Anleihen begeben. Allen
ist klar: Die EZB steht bereit.

Das Spardiktat und den Zwang zu Strukturreformen hielt die Europäische Kommission jedoch bis zur Corona-Krise aufrecht. 2019
stritt man sich mit Italien noch über 0,2 Prozent mehr oder weniger Budgetdefizit. Auch Mario Draghi betont immer wieder, dass
die EZB nur einen Teil zur Lösung des Problems beisteuern kann.
Das ist auch richtig. Doch Strukturreformen gepaart mit gleichzei-
tiger Sparpolitik sind gefährlich. Es ist wie mit einem menschli-
chen Körper, der eine Operation benötigt. Hat er diese frisch hinter
sich, braucht er zunächst Schmerzmittel, bevor es dann nachhaltig
besser wird. Bundeskanzler Gerhard Schröder hatte das begriffen,
als er die Agenda 2010 durchzog, dafür aber vorübergehend mehr
Schulden machte. Es war damals Deutschland, das mit einer höheren Neuverschuldung als 3 Prozent vom Bruttoinlandsprodukt
den Maastricht-Vertrag brach. Natürlich kann man auch sparen und
reformieren. Doch wer das verlangt, sollte nie vergessen, dass in einer Demokratie dies von der Bevölkerung auch mitgetragen werden
muss. Andernfalls wird die reformierende Regierung abgewählt und
Demagogen die Stimme anvertraut. Das Aufkommen der Lega Nord,
aber auch der Fünf-Sterne-Bewegung in Italien sind Ergebnisse
dessen. Und von wem würde Frankreich heute regiert, hätte es das
Phänomen Emmanuel Macron und seine Partei La République En
Marche! nicht gegeben? Wahrscheinlich von Marine Le Pen, einer
strammen Faschistin. Welche Folgen das Kaputtsparen des italienischen Gesundheitssystems hatte, konnte man bedauerlicherweise in
der Corona-Krise beobachten.

Fazit:

Fast vier Jahrzehnte liegen hinter uns, in denen in jeder Krise die Schulden nicht nur absolut, sondern auch in Relation zur Wirtschaftsleistung gestiegen sind. Angetrieben wurde die Verschuldung durch die Notenbanken, die die Zinsen in jeder Krise auf ein noch tieferes Niveau setzten als in der vorherigen und irgendwann auch begannen, Staaten direkt zu finanzieren, indem sie die Schulden des eigenen Staates aufkauften. Möglich war dies zum einen, weil es keine Verbraucherpreisinflation gab. Die Frage, die sich nur stellt: Bleibt dies für immer so, oder springt die Inflation irgendwann an?

KAPITEL 4

Die Geschichte der Wirtschaft ist auch eine von großen und kleinen Krisen

Wenn man die Reaktion von Politik und Notenbanken auf die Krisen der vergangenen 30 Jahre verstehen will, kommt man nicht umhin, sich mit der »Mutter aller Krisen« zu befassen, nämlich mit der Weltwirtschaftskrise in den 1930er-Jahren, die im angelsächsischen Raum auch als »The Great Depression« – die Große Depression – in die Annalen eingegangen ist und die vor allem in den USA und in Europa wütete. Aber es gab auch andere bedrohliche Krisen, etwa die weltweite Rezession, die von den Ölpreis-Schocks der 1970er-Jahre ausging. Ein großes Rätsel gibt die Japankrise der 1990er-Jahre auf. Zwar blieb diese auf das asiatische Land begrenzt. Aber ihr Ausmaß und ihre zeitliche Ausdehnung geben zu denken. Japan hat sich bis auf den heutigen Tag noch nicht davon erholt und dient damit ebenfalls als Negativvorbild für alle, die heute in der Verantwortung stehen und versuchen, die Folgen der Finanzkrise einzudämmen.

Die »Mutter aller Krisen«: Die »Great Depression« ab 1929

Spekulationsblasen gab es schon viele. Sie treten auf, seit es Märkte freier Preisbildung und geeignete Spekulationsobjekte gibt. Doch kaum eine Krise hat es so nachdrücklich geschafft, sich im allgemeinen Bewusstsein zu verankern wie die »Große Depression« und der ihr vorausgehende Schwarze Freitag an der Wall Street 1929, der eigentlich ein Donnerstag war, der 24. Oktober. Aber da die Nachricht erst am darauffolgenden Freitag, dem 25. Oktober in Europa ankam, ging er hier als »Schwarzer Freitag« in die Geschichte ein.

Dem vorausgegangen war wie fast immer eine lange Phase von Wachstum und Prosperität und eine Spekulationsmanie, in der jeder glaubte, schnell am Aktienmarkt reich werden zu können.

So erschien im August 1929 im *Ladies' Home Journal* ein Artikel von John Jakob Raskob mit dem Titel »Everybody Ought to be Rich«[9]. Die damals außergewöhnliche Kernaussage lautete: Es sei für jeden durchschnittlichen Amerikaner klüger, am Aktienmarkt zu investieren, anstatt sich mit Bankkonten und anderen niedrigverzinslichen Geldanlagen zu begnügen. Anlagetipps, die in einer populären Frauenzeitschrift abgedruckt wurden?! Kein Zweifel: Das Thema Aktien war en vogue, es war massentauglich geworden.

Das Vorspiel: Die Goldenen Zwanziger

Der Optimismus kam nicht von ungefähr. Vorausgegangen waren die »Goldenen 1920er-Jahre«, in den USA als »Roaring Twenties« bekannt, also mehrere Jahre steigender Prosperität. Der Erste Weltkrieg war vorbei, seine Folgen bekamen zwar die Kriegsverlierer, vor allem Deutschland, in Form einer Hyperinflation sehr schmerzhaft zu spüren, nicht aber die Kriegsgewinner – und dazu gehörten die USA.

Die Vereinigten Staaten waren nur kurz in den Krieg verwickelt gewesen. Nach Kriegsende zogen sie sich aus den Verhandlungen sofort heraus und nahmen ihre einstige neutrale Position wieder ein. An Reparationszahlungen waren sie nicht interessiert; im Gegenteil, sie unterstützten den Wiederaufbau der alten Welt sogar mit Staatshilfen und Krediten. Dennoch hatten sie wirtschaftlich enorm vom Ersten Weltkrieg profitiert. Denn sie waren durch Waffen- und Rüstungslieferungen zur Exportnation geworden.

Die neuen Handelswege nach Europa ließen sich auch nach Friedensschluss nutzen und weiter ausbauen. Der technische Fortschritt war immens und im In- und Ausland wuchs die Nachfrage nach immer neuen technischen Erfindungen. Neue Produktionsmethoden sorgten dafür, dass Luxusgüter wie etwa das Automobil für breitere Bevölkerungsschichten erschwinglich wurden. So sorgte Henry Fords neu erfundene Fließbandproduktion des »Model T« für Aufsehen. Auf diese Weise konnten innerhalb eines Jahres 15 Millionen Autos produziert werden.

Die Wirtschaftsbelebung trat zunächst in den USA ein, bevor sie sich – weit zögerlicher – nach Europa ausbreitete. Mit der steigenden Prosperität stieg auch das Vertrauen in den Aktienmarkt. Börsennotierte Unternehmen kamen gut an, die Kurse stiegen rasant. Bis Mitte der 1920er-Jahre investierten vor allem Profis. Als die Börsen einen dauerhaften Anstieg zeigten, interessierte sich zunehmend die Öffentlichkeit für Aktien. Alle träumten den großen Traum, reich zu werden, ohne dafür arbeiten zu müssen. Das muss niemanden verwundern. Nirgends wird das Märchen vom Tellerwäscher zum Millionär so gerne erzählt – und geglaubt! – wie in Amerika.

Der Grundstücksboom in Florida

Aktien waren *ein* Feld der Spekulation. Aber nicht das einzige. Interessanterweise wurde bis Mitte der 1920er-Jahre auch mit Grundstücken und Immobilien spekuliert. Im Zentrum des Interesses stand Florida. Schon damals erfreute sich der südlichste Festlandsstaat

der USA vor allem bei den Bewohnern der nördlichen Ostküste
großer Beliebtheit. Sonnenschein, blauer Himmel und angenehme
Temperaturen – Florida schien für die Bewohner des kühlen Nor-
dens ein idealer Ort, um Sonne zu tanken und auszuspannen. Eine
Reise ins warme Florida wurde für die betuchtere Bevölkerung bald
zu einer jährlichen Annehmlichkeit, die man sich gerne gönnte.
Ebenso gerne gab man sich dem Glauben hin, Florida habe als Ort
der Freizeit und Erholung eine große touristische Zukunft vor sich.
Dabei konzentrierte man sich nicht nur auf die Küstenregion, sondern interessierte sich auch zunehmend für das sumpfige, bislang
weitgehend unerschlossene Binnenland.

So wuchs die Nachfrage nach Baugrundstücken und in dieser
Nachfrage witterten geschäftstüchtige Makler ihre Chance. Sie teil-
ten das Land in Baugrundstücke auf. Diese wurden zum beliebten
Spekulationsobjekt, vermutlich auch deswegen, weil die Interessenten nicht gleich den vollen Grundstückspreis zahlen mussten,
sondern lediglich eine Anzahlung von 10 Prozent. Sie kauften so
gewissermaßen eine Option auf den vollständigen Erwerb des jeweiligen Grundstücks.

Bald wurden diese Optionen selbst handelbare Rechte. Nicht nur
Bauwillige kauften solche Rechte, sondern vor allem Spekulanten,
die bestrebt waren, sie möglichst bald mit einem satten Gewinn
an Leute weiterzuverkaufen, die dafür noch mehr zu zahlen bereit
waren.

Merken Sie etwas? Ganz offensichtlich gibt es hier eine Analogie
zur jüngsten US-Immobilienblase: Auch dort gab es Marktteilnehmer, die sich nicht einmal mehr die Mühe machten, ein Grundstück
respektive eine Immobilie vor dem Kauf in Augenschein zu nehmen. Die Aussicht auf eine Preissteigerung und die Versicherung
des Maklers, das Grundstück werde auf jeden Fall an Wert gewinnen, genügten als Kaufargument. Ob eine solche Preissteigerung
auch wirklich wahrscheinlich war, wurde nicht anhand der objek-
tiven Tatsachen geprüft. Die Leute gaben sich einem regelrechten
Kaufrausch hin, genährt von der Hoffnung auf immense Gewinne

innerhalb kurzer Zeit. Die Folgen kennen wir alle – sie wurden uns mit den jüngsten Immobilienspekulationen in den USA, in Spanien und Großbritannien wieder vergegenwärtigt.

Der Florida-Boom der 1920er-Jahre endete recht abrupt im Jahr 1926. Auf einmal rückten nicht mehr genügend Käufer nach, die bereit waren, die mittlerweile horrenden Grundstückspreise zu zahlen. Die Grundstücksmakler konnten den Preisverfall jedoch noch eine Weile aufhalten, indem sie mit ausgefeilter Rhetorik jedem, der es hören wollte, die glänzende Zukunft Floridas ausmalten. Aber letztlich machte die Natur den Maklern und Grundstücksspekulanten einen dicken Strich durch die Rechnung.

Im Herbst 1926 fegten zwei Hurrikans über Miami hinweg. Einer davon war so verheerend, dass 400 Menschen dabei den Tod fanden. So manche Luxusjacht wurde ins Landesinnere geblasen, wo sie an einem Hindernis zerschellte. Auch die Schäden an Häusern und Siedlungen waren enorm. Der Hurrikan deckte ganze Dächer ab, hinterließ an Außenwänden und Fassaden Spuren der Verwüstung und nicht wenige Fenster zersplitterten, als herumfliegende Teile sie trafen.

Nun war es schlagartig vorbei mit dem Glauben an Floridas rosige Zukunft. Den Spekulanten ging das Geld aus, als sie ihre Grundstücke – beziehungsweise die Anwartschaft auf einen Grundstückserwerb – nicht mehr mit Gewinn weiterverkaufen konnten. Infolgedessen wurden viele Grundstücke, einst für Mondpreise gehandelt, einfach an die Farmer zurückgegeben, denen sie ursprünglich gehört hatten. Die mussten sich nun nicht länger grämen, das vermeintliche Bauland einst viel zu billig an geschäftstüchtige Makler abgegeben zu haben.

Die Grundstücksblase von Florida platzte, aber obwohl es einige Geschädigte gab, änderte dies am grundsätzlichen Optimismus der damaligen Zeit nichts.

Eine ganze Nation im Aktienfieber

Der zunehmenden Beliebtheit von Aktien konnte das Ende des Florida-Booms nichts anhaben. John Kenneth Galbraith, Autor des Buches *Der große Crash 1929* sollte es später so ausdrücken: In Amerika herrschte die Überzeugung, Gott selbst habe den Reichtum der Mittelklasse gewollt.[10] Die Menschen machten sich keine Gedanken darüber, ob nicht auch am Aktienmarkt eine Spekulationsblase entstehen und womöglich irgendwann platzen würde. Sie sahen es gewissermaßen als gottgewollt an, an der Börse zu schnellem, aber letztlich verdientem Reichtum zu kommen.

Zunächst schien es ganz so, als könnte das auch klappen. 1923 schaffte der Dow Jones den Sprung über die 100-Punkte-Marke. Danach ging es fast nur noch aufwärts, und das immer schneller. Im September 1929, kurz vor dem großen Börsencrash, erreichte der Dow Jones einen Höchststand von 381 Punkten.

Die zunächst noch langsam, aber kontinuierlich steigenden Aktienkurse waren Anfang und Mitte der 1920er-Jahre tatsächlich Ausdruck einer wachsenden Wirtschaftskraft und noch nicht einer überbordenden Spekulation. Sie spiegelten durchaus die wachsenden Gewinne der Aktiengesellschaften wider. Ein großer Anteil dieser Wirtschaftskraft ging auf die Industrieproduktion zurück, welche die steigende Nachfrage nach Industrie- und Konsumgütern in den USA und zunehmend auch in Europa bediente. Aber nicht nur. Denn zunehmend rückten Banken und Investmenttrusts ins Interesse der Investoren.

Am schnellsten ließ sich Geld mit Geld verdienen

Das größte Wachstum verzeichnete die Finanzbranche – und hier kommt sehr schnell das Thema Geldmengenausweitung und Spekulation ins Spiel. Übrigens zeigt sich auch in diesem Punkt wieder eine Parallele zu unserer jüngsten Krise, der Finanzkrise von 2008/2009: Offenbar ließ sich schon in den 1920er-Jahren am schnellsten Geld mit Geld verdienen. So wie in letzter Zeit viel Geld in unsinnige Verbriefungen mit fragwürdiger bis nicht vorhandener Werthaltigkeit investiert wurde, so fand in den späten 1920er-Jahren eine Finanzkonstruktion großen Anklang, die letztlich auch nur noch mit wenig realen Werten handelte: Gemeint sind Investmenttrusts, also gewissermaßen eine frühe und sehr spekulative Form von börsennotierten Private-Equity-Gesellschaften.

Solche Investmenttrusts schossen wie Pilze aus dem Boden. Ihr Ziel: das Geld in Aktien zu stecken, die möglichst schnell an Wert gewinnen sollten. 1921 gab es nur etwa 40 Investmenttrusts in den USA. 1926 hatte sich die Zahl auf 160 vervierfacht, 1927 lag sie mit rund 300 beim 7,5-Fachen. Aber nicht nur die Zahl der Investmenttrusts vervielfachte sich, sondern auch ihr Vermögen. Das wuchs allein zwischen 1927 und der Zeit kurz vor dem Crash 1929 auf das Zehnfache an.

Damit wurde die Nachfrage nach Aktien erst recht angekurbelt. Die Investmentgesellschaften verdienten ihr Geld nicht nur mit dem Wertzuwachs der Aktien, die sie gekauft hatten, sondern sie gingen auch selbst an die Börse. So konnten die Gründer und Eigner ihre Anteile in Bares umwandeln, denn es gab genügend Investitionswillige, die ihnen die Aktien mit Handkuss abkauften. Das blähte die Spekulationsblase auf. Privatanleger kauften Aktien von Unternehmen. Aber sie kauften auch Aktien von Investmenttrusts, die ihrerseits Aktien von Unternehmen kauften. Die neuen Aktionäre waren bereit, für Anteile solcher Trusts Unsummen hinzublättern.

Ein Beispiel: Die Goldman Sachs Trading Corporation, eine Tochter der Investmentbank und Maklerpartnerschaft Goldman Sachs, wurde am 4. Dezember 1928 zu einem Anfangskurs von 104 US-Dollar an die Börse gebracht. Schon drei Monate später hatte sich der Kurs mehr als verdoppelt: Am 27. Februar 1929 stand er bei 222,50 US-Dollar. Mit dem Börsenwert der Aktien, die im Portfolio dieser Investmentgesellschaft lagen, hatte dieser Kurs nichts mehr zu tun, auch wenn dieser Börsenwert schon hoffnungslos über dem wahren Wert lag. Wie bei den meisten börsennotierten Investmentgesellschaften wurden satte Aufschläge allein für die vermeintliche Expertise und das Fachwissen der führenden Köpfe dieser Investmenttrusts gezahlt. Die Anleger gaben sich dem Glauben hin, die Vorstände wüssten genau, wie die wunderbare Geldvermehrung funktionierte, und sie würden die Aktionäre ihrer eigenen Gesellschaft künftig auch an diesem Geheimwissen – oder doch wenigstens an seinen Früchten – teilhaben lassen. Bei der Goldman Sachs Trading Corporation sorgte die Muttergesellschaft Goldman Sachs zum Teil selbst dafür, dass die Kurse stiegen. Denn auch sie kaufte die Aktien ihrer Tochter, um den Kurs weiter anzukurbeln. Das war zugegebenermaßen keine besonders faire Methode, aber sie wirkte.

Viel Geld ließ sich aber auch damit verdienen, finanzielle Mittel an andere Investoren zu verleihen. Als Sicherheit dienten Aktien. Bei steigenden Kursen akzeptierten die Banken diese Art der Besicherung gerne – auch das ein Prinzip, das uns in der jüngsten US-Immobilienkrise bis Mitte 2008 immer wieder begegnet ist, nur dass hier die immer teureren Immobilien und nicht etwa Aktien als Sicherheiten dienten.

Bei fallenden Aktienkursen in der damaligen Zeit verlangten die Banken allerdings schnell ein zusätzliches Pfand. Sonst musste der Schuldner sein Geld sofort wieder zurückzahlen. Zunächst aber funktionierte das System angesichts steigender Kurse prächtig. Es herrschte Optimismus, der mehr und mehr in eine haltlose Euphorie umschlug. Eine Euphorie, die sich übrigens auch im zunehmenden Kreditgeschäft niederschlug.

Als es ab Anfang 1929 zu ersten gelegentlichen Kurseinbrüchen kam, wurden diese noch nicht besonders ernst genommen. Das belegt ein Zitat des US-Ökonomen Irving Fisher, der noch kurz vor dem »Schwarzen Freitag« im Oktober 1929 sagte: »Die Aktienkurse haben ein dauerhaft hohes Niveau erreicht.«[11] Andere Kollegen aus der Zunft der Wirtschaftswissenschaftler stimmten ihm uneingeschränkt zu, so etwa Professor Joseph Stagg Lawrence von der Universität Princeton: »Der Konsens und das Urteil der Millionen, deren Bewertungen den Aktienmarkt ausmachen, ist, dass Aktien derzeit nicht überbewertet sind. Wo ist die Gruppe von Menschen mit der allumfassenden Weisheit, die sich berechtigt fühlt, das Urteil dieser intelligenten Menschenmenge anzuzweifeln?«[12]

Bis August 1929 waren mehr als 8,5 Milliarden US-Dollar als Kredite vergeben. Das war mehr als die gesamte Bargeldmenge, die in den USA im Umlauf war. Nicht nur institutionelle Investoren nahmen Kredite auf, um von den steigenden Aktienkursen zu profitieren. Auch Privatanleger taten dies. Wobei sie teilweise horrende Sollzinsen in Kauf nahmen, um ihren Traum vom schnellen Geld zu verwirklichen.

Wo so viel auf Kredit spekuliert wurde, reichte ein kleiner Kursverfall, um die Leute in Panik zu versetzen. Dann wurde wie wild verkauft, um die eigenen Verluste zu begrenzen. Verluste, die umso schlimmer waren, als ein Kreditnehmer befürchten musste, auf einem gigantischen Schuldenberg sitzen zu bleiben, der obendrein mit horrenden Zinsen belastet war.

Übrigens gibt es auch hier eine gewisse Analogie zum Geschehen des Jahres 2008, denn die Tage mit massiven Kursverlusten häuften sich: Ab dem Frühling 1929 gab es immer wieder vereinzelte Börsentage mit heftigen Kursstürzen. So etwa am 11. Juni 1929 und am 5. September 1929. Unmittelbar danach hellte sich das Börsenwetter aber immer wieder auf, und viele Stimmen beschworen geradezu das »bleibend hohe Niveau« des Aktienmarktes. Trotzdem wurden die Banken allmählich etwas vorsichtiger. Sie begannen, höhere Sicherheiten für die vergebenen Kredite zu verlangen. Sicherheiten, die viele Aktionäre nur aufbringen konnten, indem sie einen Teil ihrer Aktien verkauften.

Ein ähnlicher Effekt setzte in der Finanzkrise 2008/2009 ein, speziell als die Insolvenz der Investmentbank Lehman Brothers die Kurse immer wieder auf Talfahrt schickte. Hier waren hauptsächlich die Eigenkapitalrichtlinien für Banken maßgeblich für weitere Kursverluste. Erlaubt war einer Bank nur, sich mit 8 Prozent ihres Eigenkapitals zu verschulden. Als die Kurse sanken, mussten die Banken einen Teil ihrer Wertpapiere abstoßen, um die Eigenkapitalvorschriften zu erfüllen. Das wiederum schickte die Kurse abermals auf Talfahrt und machte neuerliche Wertpapierverkäufe nötig, um die Richtlinien einzuhalten. Ein wahrer Teufelskreis hatte begonnen.

Der Aktiencrash im Oktober 1929

Mit dem Spekulieren auf Pump lässt sich auch erklären, warum es am »Schwarzen Donnerstag«, dem 24. Oktober 1929, und an den Folgetagen zu einem solchen Ausverkauf kam. Um sich nicht in der Schuldenfalle wiederzufinden, verkauften viele Menschen auf einen Schlag alle Aktien, die sie hatten. Da dies alle zugleich taten, fielen die Kurse immer schneller. Die Börsenhändler kamen gar nicht mehr damit nach, alle Verkaufsaufträge abzuwickeln. Der Dow Jones konnte am »Schwarzen Donnerstag« die Marke von 300 Punkten nicht halten und schloss knapp über 299 Punkten. Die Verluste pflanzten sich am »Schwarzen Freitag« in Europa fort. In Paris, London, Berlin und Mailand brachen die Aktienkurse auf breiter Front ein.

Aber damit nicht genug. Nach einem Tag Verschnaufpause ging es auch an der Wall Street noch einmal kräftig abwärts: Am Montag, dem 28. Oktober 1929, verlor der Dow Jones abermals 13 Prozent und schloss bei 260 Punkten. Am Dienstag, dem 29. Oktober, betrug der Verlust 12 Prozent und der Schlussstand des Dow lag bei 230 Punkten. Insgesamt war der Leitindex binnen weniger als einer Woche um fast ein Drittel eingebrochen.

Waren die Kursstürze vom Oktober 1929 der Startschuss für die Weltwirtschaftskrise, die sich daran anschloss und in einigen Ländern bis in die 1940er-Jahre andauern sollte? Es scheint fast so. Wobei das Börsengeschehen sicher nicht die einzige Ursache für die fatale wirtschaftliche Entwicklung war, die in den Industrienationen für den Zusammenbruch zahlreicher Unternehmen, für eine beispiellose Massenarbeitslosigkeit und für Deflation sorgte, also einen Preisrückgang, der letztlich die ganze Wirtschaft lahmlegte.

Die Welt stürzt in eine tiefe Depression

Nach jedem Börsensturz wird viel darüber spekuliert, ob und wie stark er sich letztlich auf die Realwirtschaft auswirken wird. Immer finden sich Menschen, die das Geschehen an der Börse herunterspielen und keine größeren Einbrüche der Wirtschaftsleistung erwarten. Aber Kapitalmärkte und Realwirtschaft sind nun einmal eng miteinander verwoben. Wird an der Börse Geld verbrannt, dann fehlt es der Realwirtschaft. Auch im Fall des großen Crashs gab es zunächst beschwichtigende Stimmen. Sie sollten aber nicht recht behalten. Denn nach dem Börsenkrach setzte eine folgenschwere Kettenreaktion ein.

Unmittelbar von den Kursstürzen betroffen waren nur etwa anderthalb Millionen Menschen – von damals insgesamt etwa 120 Millionen US-Bürgern. Zwar waren Aktienkäufe zum Volkssport geworden, aber ganz so verbreitet wie dies heute häufig in den Medien dargestellt wird waren sie damals doch noch nicht. Wären nur diese Menschen nach dem Platzen der Aktienblase verschuldet gewesen, hätte dies die Wirtschaft wahrscheinlich nicht nennenswert beeinträchtigt. Was also sorgte dafür, dass die Krise so schnell und nachhaltig auf die Realwirtschaft übersprang?

Wenn man ehrlich ist, wird man feststellen, dass die Wirtschaft schon Anfang 1929 krankte, als auf dem Börsenparkett noch alles in bester Ordnung schien. Eine Überproduktion von Agrargütern, Holz und Rohstoffen hatte für einen massiven Preisverfall gesorgt. Um 60 Prozent waren die Preise eingebrochen.

Überproduktion kennzeichnete auch die Industrie: Autos, Radios, Kühlschränke, Grammofone, Fotoapparate – das alles hatte zwar Anfang und Mitte der 1920er-Jahre reißenden Absatz gefunden. Aber irgendwann ebbte diese Nachfrage ab; der Markt für solche Produkte war weitestgehend gesättigt. In dieser ohnehin schon kritischen Phase gab das Geschehen an der Wall Street den entscheidenden Ausschlag. Denn der Börsencrash machte deutlich, wohin der allzu sorglose Umgang mit Krediten führte: direkt in die Verschuldung.

Kreditvergabe: Erst zu viel, dann zu wenig Geld

Sehr schnell schlug die Krise auf die Banken durch. Im großen Umfang blieben sie auf Darlehen von Aktionären sitzen, die sich verspekuliert hatten und das geliehene Geld folglich nicht zurückzahlen konnten.

Nach dem Börsencrash war es plötzlich recht schnell vorbei mit der bis dato großzügigen Kreditvergabe. Diese Einsicht kam nicht gleich Ende 1929. Da waren die Zinsen noch niedrig. Aber sie setzte sich ab dem Jahr 1930 durch. Wer sich für Aktien verschuldet hatte, verspürte ohnehin keine Lust, zusätzlich zu den alten Schulden noch neue anzuhäufen. Aber auch andere potenzielle Kreditnehmer stießen bei den Banken mehr und mehr auf taube Ohren. Es gab keine Kredite mehr, zumindest nicht zu bezahlbaren Konditionen.

Wobei völlig egal war, wer da um ein Darlehen bat. Die Banken machten keinen Unterschied zwischen Spekulanten, die das geliehene Geld in Aktien investieren wollten (das traute sich nach dem großen Börsencrash ohnehin kaum noch jemand), Privatkonsumenten, die eine größere Anschaffung finanzieren wollten, und Industrieunternehmen, die neue Maschinen und Produktionsanlagen anschaffen wollten. Alle hofften vergeblich auf die dafür nötigen Kredite.

Entscheidend für die Entwicklung der Krise in den USA zur Weltwirtschaftskrise war aber die Kreditvergabe an das Ausland. Denn auch damit war jetzt Schluss. Gerade US-amerikanische Banken hatten in den 1920er-Jahren zig Milliarden US-Dollar an Kreditnehmer in Europa verliehen. Der Wiederaufbau nach dem Ersten Weltkrieg erforderte auch viel Geld und letztlich nährten die Kredite aus den Vereinigten Staaten auch die Nachfrage nach US-Exportgütern.

Um nach dem Börsencrash 1929 ihre Verluste im Inland auszugleichen, zogen die US-amerikanischen Banken das Geld aus Europa ab. Sie verlangten die sofortige Rückzahlung und vergaben auch keine neuen Darlehen mehr ins Ausland. Das brachte wiederum einige europäische Banken, die diese Gelder langfristig verliehen beziehungsweise investiert hatten, an den Rand des Ruins. Ein weiterer Brandbeschleuniger bei der Ausbreitung des Flächenbrands Weltwirtschaftskrise.

Aber nicht nur die Banken knauserten mit Geld. Auch die US-Regierung und die Federal Reserve drehten rigoros den Geldhahn zu. Ohnehin hatte zumindest die Notenbank mit einer gewissen Skepsis die zunehmende Spekulation auf Kreditbasis zur Kenntnis genommen – ohne indessen entschlossen einzugreifen und die Geldmenge zu reduzieren. Auf Bitten der europäischen Staaten hatte sie noch 1927 die Geldmarktzinsen gesenkt, um den von Kriegsschulden und (Hyper-) Inflation geplagten Ländern der alten Welt zu helfen. Außerdem hatte man Europa großzügig Kredite gegeben, um dort US-amerikanische Industrie- und Konsumgüter sowie Nahrungsmittel problemlos absetzen zu können. Jetzt sah man die unerwünschte Nebenwirkung dieser Maßnahmen und zog die Zügel wieder an. Folglich gab es auch keinen großzügigen Geldverleih mehr an das Ausland.

Keine günstige Refinanzierung mehr für die Banken, die dieses Geld früher leichtfertig für Kredite an Spekulanten eingesetzt hatten. Keine Regierungsgelder für Industrieprojekte, die das Wirtschaftswachstum auf einem zuverlässigen Niveau halten sollten.

Stattdessen strebten die USA verbissen einen ausgeglichenen Staatshaushalt an, koste es, was es wolle. Aus Angst vor einer Inflation wurden die Staatsausgaben reduziert; und die Steuern, die noch im November 1929 gelockert worden waren, wurden erhöht. Was faktisch bedeutete: Dem Markt wurde zusätzliche Kaufkraft entzogen. Man sparte sich buchstäblich zu Tode.

Ein Kapitalabfluss sondergleichen aus Europa

Mit Staatskrediten und Bankdarlehen hatten die USA in den 1920er-Jahren Europa großzügig versorgt. Ab 1924 hatte der Dawes-Plan dafür gesorgt, dass der Kriegsverlierer Deutschland von den Vereinigten Staaten mit Geld versorgt wurde. Bis 1929 flossen über

15 Milliarden Reichsmark in Form von Krediten nach Deutschland. In Form von Reparationsleistungen kam ein Teil des Geldes auch in Frankreich und England an. Ohnehin hatten Frankreich und England selbst noch Schulden bei den USA, die aus Kriegszeiten herrührten. Etwa 4,7 Milliarden US-Dollar waren es im Fall Frankreichs, rund 4 Milliarden US-Dollar im Fall Englands. Insgesamt beliefen sich die Schulden aller europäischen Länder bei den USA auf etwa 12 Milliarden US-Dollar.

Die Bereitschaft der USA, Europa weiterhin mit Geld zu versorgen, war aber nach dem Börsencrash dahin. Die in Not geratenen Banken und der US-amerikanische Staat forderten die Mittel unverzüglich zurück. Das erwies sich für die europäische Wirtschaft als Katastrophe. Deren Banken hatten das Geld langfristig investiert beziehungsweise in Form von Krediten vergeben. Jetzt wurde es kurzfristig zurückbeordert. Das brachte viele Banken in Europa in Zahlungsnot und das Bankensystem und mit ihm die europäische Wirtschaft in echte Bedrängnis. Im Mai 1931 war die größte Bank Österreichs, die Österreichische Credit-Anstalt für Handel und Gewerbe, zahlungsunfähig. Daraufhin wollten immer mehr Bankkunden ihre Guthaben bei diversen Banken abheben, was immer mehr Kreditinstitute, auch in Deutschland, in die Bredouille brachte.

Hier sind wieder die Parallelen zur Krise von 2008/2009 offensichtlich: Erinnern wir uns an die Bilder der britischen Immobilienbank Northern Rock, die sich im Herbst 2007 einem Ansturm von panischen Kunden ausgeliefert sah, die alle auf einmal ihr Geld abheben wollten. Und auch hierzulande gaben Angela Merkel und Peer Steinbrück nicht von ungefähr eine Garantie für Spar- und Sichtguthaben der Bankkunden. Sie wussten: Wenn das Vertrauen in das Bankensystem weg ist, dann ist die ganze Wirtschaft im freien Fall. Aber zurück zur Bankenkrise in Österreich und Deutschland Anfang der 1930er-Jahre:

Ein Notkredit über mehr als 400 Millionen Reichsmark von der Deutschen Reichsbank, die sich kurzfristig Geld von England, Frankreich und den USA geliehen hatte, konnte das Schlimmste abwenden. Trotzdem trug das marode Bankensystem zu einem wesentlichen Teil zur Verschlimmerung der Krise bei. Übrigens gehen auf diese Zeit auch die Anfänge der Bankenaufsicht in Deutschland zurück. Wobei man sich angesichts der Finanzkrise ruhig die Frage stellen darf, was diese eigentlich bringt, wenn sie nicht in der Lage ist, die schlimmsten Auswüchse, wie nun erlebt, zu erkennen und zu verhindern.

Protektionismus lässt den Welthandel einbrechen

Noch ein weiterer Faktor sorgte dafür, dass sich die Rezession zur Weltwirtschaftskrise auswachsen konnte: der Protektionismus. Die USA machten den Anfang. Um ihre eigene Wirtschaft zu unterstützen, verabschiedeten sie sofort im Jahr 1930 den sogenannten Smoot-Hawley Tariff Act. Damit wurden Importzölle auf Waren aus dem Ausland verhängt. Des Weiteren wurden Exportsubventionen für Güter aus den USA beschlossen, die nach Übersee ausgeführt werden sollten. Und tatsächlich sanken die Einfuhren. Der Wert der monatlichen Importe der USA hatte vor dem Börsencrash 1929 noch durchschnittlich 400 Millionen US-Dollar pro Monat betragen. Im Herbst 1930 waren es nur noch rund 200 Millionen US-Dollar.

Wer allerdings denkt, die USA hätten von diesen Maßnahmen profitiert, der irrt. Die Handelsbeschränkungen blieben nicht ohne eine entsprechende Reaktion aus den Ländern, deren Export auf diese Weise erschwert wurde. Europa antwortete seinerseits mit Schutzzöllen. Selbst das traditionell offenmarktfreundliche Großbritannien gab seine Freihandelsstrategie auf und erhob seinerseits Zölle.

Heute weiß man: Protektionistische Maßnahmen sind für kein Land von Vorteil, auch wenn der Ruf nach einer Förderung, die nur der eigenen Wirtschaft zugutekommt, auch im 21. Jahrhundert immer wieder laut wird.

Importbeschränkungen und Schutzzölle schaden nicht nur der Wirtschaft der betroffenen Handelspartner, sondern erweisen sich auch als Gift für das Land, zu dessen Gunsten sie eigentlich eingeführt werden. Tatsächlich brach der Welthandel aufgrund dieser Maßnahmen von 1929 bis zum Höhepunkt der Weltwirtschaftskrise im Jahr 1933 um rund 66 Prozent ein. Mit umso verheerenderen Folgen: Wenn schon die Inlandsnachfrage einen Tiefpunkt erreicht hat, um wie viel schlimmer ist es dann, wenn auch auf internationaler Ebene die Nachfrage einbricht?

Sinkende Preise, sinkende Nachfrage: Ein Teufelskreis

Die Preise für Dienstleistungen, Konsum- und Industriegüter, das lernt jedes Schulkind, bilden sich aufgrund von Angebot und Nachfrage. Was aber passiert, wenn bei einem gleichbleibenden Angebot die Nachfrage plötzlich nachlässt? Zwangsläufig muss der Anbieter reagieren, wenn er noch etwas verkaufen will. In aller Regel wird er die Preise senken.

Das passierte auch in den 1930er-Jahren. Die Preise fielen auf breiter Front. Sinkende Preise verhalfen der Wirtschaft allerdings nicht zu einer Steigerung ihrer Absatzzahlen. Im Gegenteil. Das Geld war knapp, viele Menschen hatten sich verschuldet. Der Markt für Industrie- und Konsumgüter war weitestgehend gesättigt. Die Menschen bekamen keine Kredite und mussten ohnehin sparen. Also blieben die Waren plötzlich in den Regalen stehen. Dadurch – und weil es an Investoren und Banken als Geldgeber fehlte – schlitterten erste Unternehmen in die Insolvenz. Menschen wurden entlassen. Folglich fehlte jetzt erst recht das Geld für Einkäufe. Die Nachfrage sank weiter und mit ihr die Preise.

Das Problem bei sinkenden Preisen ist, dass sich auch eine zahlungskräftige Käuferschicht recht schnell daran gewöhnt. Vor allem wenn die Preise über eine längere Zeit immer wieder gesenkt werden. Dann werden Kaufentscheidungen immer länger hinausgeschoben, ganz einfach weil jeder potenzielle Käufer davon ausgeht, dass er eine Ware oder Dienstleistung später zum noch günstigeren Preis bekommt.

Tatsächlich entpuppt sich ein solcher Aufschub schnell als Aufschub auf den Sankt-Nimmerleins-Tag. Bei nachhaltig sinkenden Preisen wird überhaupt nicht mehr investiert und gekauft. Stattdessen wird eisern gespart, denn das Geld im Portemonnaie oder auf dem Bankkonto gewinnt ja an Kaufkraft und damit an Wert. Schon morgen kann man sich mehr leisten als heute. Und in einem Jahr erst recht. Für diese Entwicklung gibt es auch einen Namen: Sie nennt sich »Deflation«. Fallende Preise verstärkten auch den Nachfragerückgang während der Weltwirtschaftskrise. Durch den Nachfragerückgang wiederum gerieten immer mehr Unternehmen unter Druck und gingen schließlich pleite. Durch solche Unternehmenspleiten wurden immer mehr Menschen arbeitslos und konnten sich nichts mehr leisten. Was die Preise abermals unter Druck brachte, und so weiter und so weiter.

Alltag in der Weltwirtschaftskrise

Diesseits und jenseits des Atlantiks stürzte die Weltwirtschaftskrise die Menschen in Armut und Arbeitslosigkeit. Gesunde Unternehmen brachen zusammen. Von 1929 bis 1932 stieg die Zahl der Arbeitslosen in den USA von 1,6 auf 12,1 Millionen Menschen. Die Arbeitslosenquote betrug 1932 fast 25 Prozent. Wer zu den Glücklichen gehörte, die Arbeit hatten, musste empfindliche Lohneinbußen hinnehmen. Die Durchschnittslöhne fielen um 60 Prozent.

In Deutschland brach die Industrieproduktion um rund 40 Prozent ein. Die Zahl der Arbeitslosen stieg zwischen Herbst 1929 und Frühjahr 1933 von rund 1,9 auf 5,6 Millionen. Damit waren auf dem Höhepunkt der Krise rund 30 Prozent der arbeitsfähigen Deutschen erwerbslos. Die Reallöhne sanken hier um rund ein Drittel.

Armut, Verelendung und Hunger breiteten sich aus. Ältere Menschen hatten überhaupt keine Chance mehr auf dem Arbeitsmarkt. Jüngere mussten sich mit Niedrigstlöhnen zufriedengeben, um irgendwie über die Runden zu kommen. In den Suppenküchen der Wohlfahrtsorganisationen drängten sich die Menschen in der Hoffnung, wenigstens eine warme Mahlzeit und ein kleines Stück Brot zu ergattern. Vor den Arbeitsämtern bildeten sich lange Schlangen. Nicht selten stellten sich auch Menschen mit einem Schild um den Hals an den Straßenrand: »Gelernte Stenotypistin sucht Beschäftigung, ganz gleich welcher Art.«

Wer es nicht schaffte, einen bezahlten Job zu ergattern, der schlitterte unweigerlich ins soziale Aus und musste ein Leben in Armut und Obdachlosigkeit fristen. Bettler zogen von Haus zu Haus. Frauen wurden in die Prostitution getrieben, um zu überleben und ihre Kinder durchbringen zu können. Im Winter froren die Menschen, weil sie sich weder Holz noch Kohlebriketts leisten konnten. Obwohl die Menschen nicht massenweise verhungerten, waren einige doch gezwungen, Müllhaufen nach Ess- und Brauchbarem zu durchwühlen und sich von Wildpflanzen zu ernähren.

Dennoch verkündeten die politisch Verantwortlichen, allen voran der damals amtierende US-Präsident Herbert Hoover, immer wieder das Ende der Krise. Jede Erholung der Börse wurde als Vorbote für einen Aufschwung interpretiert. Tatsächlich setzte im November auch sehr schnell eine Rallye ein, die bis ins Frühjahr 1930 anhielt und in deren Folge sich der Dow-Jones-Index um satte 48 Prozent erholte. Danach aber ging es weiter abwärts und jede Erholung wurde von einem weiteren scharfen Kursverfall abgelöst. Den Tiefpunkt markierte der Dow Jones am 8. Juli 1932 mit nur noch 41,22 Punkten, was, vom Hoch am 3. September 1929 mit 381,17 Punkten gerechnet, einem Kursverfall von 89,19 Prozent entsprach.

Auch psychisch traf die Weltwirtschaftskrise die Menschen hart. Vor allem in den USA sank das Selbstwertgefühl auf null. Hatten viele Amerikaner in den 1920er-Jahren noch geglaubt, dass jeder zu Wohlstand gelangen werde, der ihn auch verdient habe, trieb die Massenarbeitslosigkeit die Menschen jetzt reihenweise in den Ruin. Zwangsläufig mussten sie glauben, selbst daran schuld zu sein. Die Zahl der Selbstmorde stieg rapide an.

Die Verzweiflung brach sich auch auf andere Weise Bahn: In den 1930er-Jahren stieg die Kriminalitätsrate sprunghaft an. Gewalt auf offener Straße gehörte gerade in den Städten dies- und jenseits des Atlantiks zum Alltag. Immer mehr Menschen schlossen sich kriminellen Banden an und zunehmend auch radikalen politischen Gruppierungen.

In den USA reduzierte sich das reale Bruttoinlandsprodukt um 25 Prozent, durch die zusätzlich massiv fallenden Preise nominal sogar um 40 Prozent. Aktuell liegt es 4 Prozent unter dem Vorjahr, was verdeutlicht, dass die Krise bisher nur bezüglich der Gründe – nämlich Überschuldung damals wie heute – vergleichbar ist, nicht jedoch in ihrem Ausmaß. Was die Krise damals so schlimm machte, war die restriktive Geld- und Fiskalpolitik. Dazu muss man wissen, dass die Währungen damals nicht frei floateten wie heute, sondern zu einem festen Kurs ans Gold gebunden waren. »Goldstandard« nennt sich dieses Währungssystem, das die US-Notenbank damals zwang, die eigene Währung mit dem eigenen Gold zurückzukaufen, weil der US-Dollar gegenüber dem Britischen Pfund zur Schwäche neigte. Im sogenannten »New Deal«, den der damals neu gewählte Präsident Franklin D. Roosevelt 1933 in die Wege leitete, war wohl die wichtigste Maßnahme, den US-Dollar vom Gold loszureißen. Die Geldmenge konnte so wieder erhöht werden und das Schlimmste war zunächst vorbei. Bis die USA dieses Drama wirklich überwunden hatten und das Bruttoinlandsprodukt wieder das Niveau von 1929 erreichte, dauerte es bis Anfang der 1940er-Jahre. Parallel vollzog sich eine lange und sehr schmerzhafte Phase der Entschuldung. Erst mit den Ausgaben für den Krieg, die eine Neuverschuldung des Staates von 27 Prozent im Jahr 1942 auslösten, verließ Amerika die Rezession endgültig und begann wieder zu wachsen. Der Dow Jones brauchte jedoch noch weitere zwölf Jahre und somit insgesamt 25 Jahre, bis er am 23. November 1954 seinen Höchststand von 1929 wieder erreichte.

Auch in Deutschland wurde damals die gleiche verheerende Deflationspolitik unter Reichskanzler Heinrich Brüning und seinem Reichsbankpräsidenten Hans Luther betrieben. Die ohnehin unter den Reparationszahlungen schwer leidende Weimarer Republik wurde damit weiter geschwächt. Das Ergebnis war Massenarbeitslosigkeit, die Hitler am Ende zum Sieg verhalf. Das zeigt, wie mächtig die Geldpolitik sein kann, was in Deutschland nur wenigen Bürgern bewusst ist.

Die Ölkrise der 1970er-Jahre

Während die Weltwirtschaftskrise der 1930er-Jahre unter dem Zeichen der Deflation stand, war die Ölkrise der 1970er-Jahre von Stagflation geprägt, einem Phänomen, das bis dahin noch weitgehend unbekannt war. »Stagflation« ist ein Kunstwort, eine Zusammensetzung aus »Inflation« und »Stagnation«. Diese Phase dauerte lange an und war für die Weltwirtschaft mit massiven, jahrelangen Einschnitten verbunden. Die Politik des billigen Geldes, mit der man versuchte, dieses Problems Herr zu werden, war hier wirkungslos.

Ölverknappung als politisches Druckmittel der arabischen Staaten

Die Ölkrise begann als politische Krise. Als Reaktion auf eine Provokation seiner Nachbarn eroberte der Staat Israel im Sechstagekrieg 1967 die Halbinsel Sinai, die Golanhöhen, den Gazastreifen, das Westjordanland und Ost-Jerusalem. 1970 lehnte Israel einen Friedensvertragsentwurf der Ägypter ab, der die Rückgabe der Sinai-Halbinsel vorsah. Das heizte die Stimmung im Nahen Osten erst so richtig auf.

Am 6. Oktober 1973, am jüdischen Feiertag Jom Kippur, griffen Syrien und Ägypten gemeinsam den israelischen Staat an. Sie hatten aber keinen Erfolg, denn die israelischen Streitmächte waren ihren Angreifern haushoch überlegen. Die syrische Armee wurde binnen weniger Tage hinter die Golanhöhen zurückgedrängt. In Ägypten überschritten die israelischen Streitkräfte den Suezkanal und drangen noch weiter ins Landesinnere vor als im Sechstage-krieg von 1967. Am 22. und 24. Oktober 1973 trat schließlich ein unter der Vermittlung der UNO zustande gekommener Waffenstill-stand in Kraft. An der feindlichen Gesinnung der arabischen Staa-ten gegenüber Israel änderte dies nichts, im Gegenteil.

Die arabischen Länder besannen sich auf ein anderes Druck-mittel, eines, das weltweit eine viel stärkere und nachhaltigere Wirkung entfalten sollte als jede militärische Operation: Sie be-schlossen, das Erdöl künstlich zu verknappen. Am 17. Oktober 1973 fasste die OPEC (Organisation erdölexportierender Länder) den Entschluss, die Ölförderung um 5 Prozent gegenüber dem Vor-monat zu drosseln. Das konnte sie aufgrund ihrer vorherrschenden Marktstellung: Die Hauptfördergebiete für Öl lagen in den arabi-schen Staaten, die in der OPEC den Ton angaben. Diese verkünde-ten einhellig, die Ölfördermengen so lange zu reduzieren, bis Israel die besetzten Gebiete räumen und die Rechte der Palästinenser re-spektieren würde. Kein Zweifel: Das Ölkartell OPEC funktionierte damals ausgezeichnet.

Gegen die USA und die Niederlande wurde sogar ein vollstän-diger Ölboykott verhängt, denn sie galten als engste Verbündete Israels. Deutschland musste eine Reduktion der Ölfördermenge um ein Viertel hinnehmen.

Sofort schnellte der Ölpreis in die Höhe. Von rund drei auf über 5 US-Dollar stieg er noch im Herbst 1973, das war ein Anstieg um 70 Prozent. Im Folgejahr sollte es noch schlimmer kommen: Auf beinahe 12 US-Dollar kletterte dann der Rohölpreis pro Barrel und lag damit bei etwa dem Vierfachen des Ausgangswertes.

Den westlichen Industrieländern und Japan wurde auf diese Wei-se schlagartig deutlich, wie abhängig sie vom Öl waren – zum ei-nen als Rohstoff, der für zahlreiche Produktionsprozesse gebraucht wurde, zum anderen als Hauptenergielieferant. So deckte beispiels-weise Deutschland damals über die Hälfte seines Energiebedarfs mit Ölimporten. 75 Prozent dieser Ölimporte kamen wiederum aus arabischen Ländern. Die Ölpreisschocks setzten dem Wirtschaftswunder, das die Nachkriegszeit geprägt hatte, ein jähes Ende. Sie beendeten zudem die halbherzigen Bemühungen der USA, wieder eine strengere Geldpolitik einzuführen.

Staatliche Rettungs- und Konjunkturprogramme

In der Zeit nach dem Vietnamkrieg hatte sich zunächst ein allzu lockerer Umgang mit Staatsgeldern durchgesetzt. Die Inflationsrate war Anfang der 1970er-Jahre bereits auf rund 6 Prozent angestiegen. Die USA hatten mehrfach die Leitzinsen gesenkt, um ihrer Kriegsschulden Herr zu werden. Eben war man dabei, die Leitzinsen wieder zu erhöhen, um die US-Währung zu stabilisieren. Dann kam der Ölboykott der Araber, der die Wirtschaft sofort im Anschluss auf eine Talfahrt schickte.

Vorbei war es plötzlich mit Sparwillen und Haushaltsdisziplin. Dem Konjunktureinbruch begegneten die westlichen Notenbanken mit einer drastischen Kürzung der Leitzinsen. Die Regierungen gaben Milliarden aus, um Konjunktur und Arbeitsmärkte zu stützen. Der Schutz vor Inflation war plötzlich zweitrangig hinter dem Interesse, nur möglichst schnell die Wirtschaft wieder in Gang zu bringen.

Allerdings mündeten alle damaligen Bemühungen in eine Stagflation, das heißt in eine wirtschaftliche Stagnation verbunden mit einer Inflation. Denn die Kaufkraftverluste, die Konsumenten und Unternehmen durch die immer höheren Preise erlitten, die sie für Öl und ölabhängige Produkte zu zahlen hatten, konnten auch durch die ausgeweitete Geldmenge und die staatlichen Ankurbelungsversuche nicht verhindert werden. Viele Dollars, D-Mark, Franc oder Pfund, die bis dahin für Produkte der heimischen Industrie ausgegeben wurden, landeten nun in den Ölförderländern. In den USA kletterte die Inflation auf 10 bis 13 Prozent. Die US-Verschuldung erreichte Ende der 1970er-Jahre knapp 1 Billion US-Dollar. Trotz der zahlreichen Konjunkturprogramme gelang es im gesamten Jahrzehnt nicht, die Wirtschaft nachhaltig anzukurbeln. Angekurbelt wurden am Ende nur die Teuerungsraten. Immerhin besserte sich die Situation nach Ende des Ölboykotts schrittweise, wenn auch langsam.

In Deutschland bereitete die Ölkrise 1973/1974 einer Phase der Vollbeschäftigung ein abruptes Ende. Auch hier wurde zur Bekämpfung der Rezession eine massive Verschuldung in Gang gesetzt. Hatte die Bundesrepublik 1973 noch einen Überschuss von elf Milliarden D-Mark ausgewiesen, so häufte sie bereits 1975 aufgrund von milliardenschweren Konjunkturprogrammen bei gleichzeitig sinkenden Staatseinnahmen Schulden von 60 Milliarden D-Mark an. Die Inflationsrate in Deutschland lag 1973 und 1974 bei rund 7 Prozent, im Gegensatz zu den USA sank sie aber zum Ende des Jahrzehnts wieder auf etwa 3 bis 4 Prozent ab.

Normalisierung, als der Ölpreis zurückging

Es sollte nicht beim Ölpreisschock von 1973/1974 bleiben. Die Iranische Revolution und der beginnende Konflikt zwischen dem Iran und dem Irak waren der Katalysator für den zweiten Ölpreisschock 1979/1980, der den Preis auf rund 40 US-Dollar beförderte. Die Überheblichkeit der nahöstlichen OPEC-Staaten stieg immer weiter. Der damalige saudische Ölminister Ahmed Zaki Yamani sagte offen: »Wir werden der westlichen Welt eine Lektion erteilen.« Die Scheichs waren plötzlich die Könige der Welt und führten die Reichenlisten an. »Petrodollars« nannte man die Dollars, die aus den Ölstaaten wieder zurückkamen und mit denen sich die reichen OPEC-Länder in der westlichen Industrie einkauften. Es war ein Ausverkauf des Westens. Die Sowjetunion hatte das Glück, selbst über genügend Öl zu verfügen, um den Ostblock versorgen zu können.

In der heutigen Zeit erlebten die OPEC-Staaten durch den jüngsten Ölpreisanstieg auf in der Spitze sogar 147 US-Dollar insofern eine kleine Renaissance, als sie plötzlich mit ihren Staatsfonds den westlichen Banken durch Beteiligungen zur Seite sprangen. Auch Porsche versuchte mithilfe des Emirats Katar, im Machtkampf um die Übernahme von VW zu obsiegen. Es gelang zwar nicht, dennoch hat sich Katar am VW-Konzern beteiligt. Das Timing insbesondere der Staatsfonds beim Einstieg in Banken wie die Citibank war jedoch sehr schlecht und durch den wieder halbierten Ölpreis ist die Kauflaune erst einmal zurückgegangen. Der hochgejubelte Retortenstaat Dubai hat nun erst einmal mit sich selbst zu tun. Wenn das billige Geld versiegt, werden zunächst die sinnlosesten Investitionen gestoppt. Das trifft Dubai besonders hart.

Ende der 1970er-Jahre wurde das Ende der OPEC-Überlegenheit eingeläutet, als die Angebotsmacht von über 50 auf deutlich unter 30 Prozent fiel. Zum einen gab es andere Ölförderländer, die sich dem Preiskartell der OPEC nicht anschlossen.

Zum anderen hatte die Ölkrise der 1970er-Jahre dafür gesorgt, dass die westlichen Länder selbst zunehmend alternative Energiequellen erschlossen, energiesparende Autos erfanden und – beispielsweise in der Nordsee – neue Ölreserven erschlossen. Das machte sie unabhängiger von Ölimporten aus arabischen Ländern.

Außerdem herrschte Rezession. Auch das verringerte die Nachfrage nach Öl und somit die Öleinnahmen, die in die OPEC-Länder flossen. Verringerte Einnahmen lagen aber wiederum überhaupt nicht in deren Interesse. Immer mehr OPEC-Staaten protestierten daher gegen die beschlossenen Förderbegrenzungen oder hielten sich einfach nicht daran. 1986 war der Bann gebrochen. Der Ölpreis fiel zeitweise auf unter 10 US-Dollar.

Das Ende der Stagflation

Der Verfall des Ölpreises minderte auch die Teuerung in den westlichen Industriestaaten. Das ermöglichte es Notenbankchef Paul Volcker, dessen Amtszeit 1979 unter Präsident Jimmy Carter begann, die Inflation regelrecht »abzuwürgen«. Er hob die Leitzinsen auf zeitweise 20 Prozent an und begrenzte zugleich rigoros die Geldmenge. Mit dieser Radikalkur sollte das Gespenst der Inflation endgültig vertrieben werden. Die Kehrseite der Geldverknappung war allerdings eine schwere Rezession 1982/1983. Diese Rezession bezeichnete Präsident Ronald Reagan, 1981 frisch im Amt, als notwendigen Preis für das Ende der Teuerungswelle. Doch es hatte sich gelohnt, diesen Preis zu bezahlen. Von rund 10 Prozent im Jahr 1981 sank die Inflationsrate auf 3,2 Prozent im Jahr 1985.

Das alles änderte jedoch nichts mehr daran, dass in den Jahren zuvor das Geld enorm an Kaufkraft verloren hatte. Ein Dollar von 1971 war 1986 nur noch 38 Cent wert.[13] Das Geld hatte in den 15 Jahren 62 Prozent seines Wertes verloren. Das war nicht ohne Auswirkungen auf das Anlageverhalten geblieben. Der Goldpreis schoss in die Höhe und erreichte 1980 in der Spitze 850 US-Dollar pro Feinunze. 1971, unter dem noch vorherrschenden Goldstandard, waren es rund 40 US-Dollar gewesen.

Die Japankrise der 1990er-Jahre

Bei der Überlegung, welche Entwicklung eine wirtschaftliche Krise nehmen kann, darf auch Japan als Negativbeispiel nicht fehlen. Japan steckt seit den 1990er-Jahren in einer schleichenden Deflation fest und noch ist nicht klar, ob und wann sich das Land von dem Stillstand wieder erholen wird, in den es nun infolge der Weltwirtschaftskrise wieder hineingezogen wurde. Zuvor hatte es erstmals vielversprechende Anzeichen dafür gegeben, dass im Land der aufgehenden Sonne das Deflations-Rezessions-Szenario endlich ein Ende finden würde.

Das Interessante an der japanischen Krise ist, dass es – anders als nach dem Börsencrash 1929 – als Reaktion keine rigiden Sparmaßnahmen und keine konsequente Geldverknappung gab. Im Gegenteil, die Notenbank senkte die Zinsen 1991 vielleicht etwas spät, aber dann doch immerhin radikal in mehreren Schritten auf quasi null Prozent. Auch die Staatsausgaben wurden enorm erhöht und das Defizit stieg von 20 auf heute 190 Prozent des Bruttoinlandsprodukts. Dennoch gelang es nicht, eine schwere Rezession, ja sogar eine Depression zu verhindern. Die Japankrise ist zwar lokal begrenzt. Sie verdeutlicht aber, dass auch folgerichtige Maßnahmen von Politik und Notenbank zur Krisenbekämpfung nicht automatisch von Erfolg gekrönt sind.

Erst kam ein beispielloses Wirtschaftswachstum

Beginnen wir in den Jahren, als alles noch in bester Ordnung zu sein schien. Von Anfang der 1950er-Jahre bis Ende der 1980er-Jahre wuchs die japanische Wirtschaftsleistung kontinuierlich an. Japan wurde in der damaligen Zeit zu einem der wichtigsten Zugpferde für die Weltwirtschaft und man traute dem Inselstaat zu, schon bald zur Nummer eins aufzusteigen. Vor allem mit dem Export von Industriegütern hatte sich der asiatische Inselstaat hochgearbeitet. Für westliche Unternehmen gehörte es in den 1980er-Jahren zum guten Ton, ihre Führungskräfte vorübergehend nach Japan zu schicken. Dort sollten sie mehr über die Erfolgsgeheimnisse japanischer Unternehmen erfahren. »Kaizen« (ins Deutsche übersetzt mit »kontinuierlicher Verbesserungsprozess«) und »Total Quality Management« waren Praktiken, die auch in Europa als Vorbild hochgelobt wurden. Qualität war nicht nur ein Lippenbekenntnis. In der Tat produzierte Japan keinen Billigramsch, sondern Güter, die höchsten Ansprüchen genügten: Unterhaltungselektronik, Speichermedien, Autos. Hauptabnehmer waren die USA. Den Aufschwung Japans erklärte man sich in der westlichen und östlichen Welt damit, dass es dem Land der aufgehenden Sonne gelungen war, seine Traditionen bis in die Neuzeit zu bewahren und zugleich an die neuen Erfordernisse anzupassen. Japanische Unternehmen waren oft im Besitz von Familien, die so gut miteinander vernetzt waren, dass man sich gegenseitig unterstützte, wann immer das nötig war. Es entstand in den westlichen Industrienationen geradezu eine Angst vor dem Wirtschaftswunder Japan und der offensichtlichen Überlegenheit seines Systems. Bücher mit Titeln wie *»Das leise Lächeln des Siegers«* kamen überall in der westlichen Welt zuhauf auf den Markt und verkündeten die zumindest wirtschaftliche Macht-übernahme durch Japan.[14] Auch die Ablösung des US-Dollars als Weltwährung durch den japanischen Yen wurde diskutiert, so wie heute die Ablösung des US-Dollars durch den chinesischen Yuan diskutiert wird.

Gegenüber dem US-Dollar war der Yen stark unterbewertet. Das änderte sich, als die G7-Staaten 1985 beschlossen, den US-Dollar abzuwerten. Der Goldstandard war längst aufgegeben, die Verschuldung unter Ronald Reagan wuchs rasant. Im Gegenzug drohte dem Yen eine Aufwertung. Eine Aufwertung, die der Exportnation Japan leicht hätte schaden können. Denn eine starke Währung nutzt keinem Exportland. In einem solchen Fall müssen die Abnehmerländer in ihrer Währung mehr als bisher für die Güter zahlen, die sie importieren. Deshalb ergriff die japanische Notenbank die passenden Gegenmaßnahmen und senkte den Diskontsatz. 1982 lag er noch bei 5,5 Prozent. Schrittweise wurde er bis 1987 auf 2,5 Prozent gesenkt. Auf diesem niedrigen Niveau sollte er für weitere zwei Jahre bleiben. (Zur Erläuterung: Der Diskontzins ist der Zinssatz, zu dem der Staat Wechsel von Banken aufkauft. So können sie sich Liquidität verschaffen. Heute wird stattdessen der damit vergleichbare Leitzins angeführt.) Gleichzeitig erhöhte die Regierung die Ausgaben für staatliche Investitionen.

Die Maßnahmen verhalfen der Exportnation Japan nur bedingt zu weiteren Höhenflügen. Denn es blieb nicht bei Investitionen in die Realwirtschaft. Das billige Geld suchte sich andere Ziele.

Vom Wirtschaftsaufschwung zur Spekulationsblase

An der Börse verdoppelte sich Ende der 1980er-Jahre der japanische Leitindex Nikkei 225 innerhalb von nur drei Jahren auf einen Höchststand von fast 38.915 Punkten. Besonders deutlich zeigt sich die Überbewertung japanischer Aktien am Börsengang des Telekommunikationsunternehmens Nippon Telegraph and Telephone (NTT). 1988, ein Jahr nach der Börseneinführung, war die Marktkapitalisierung von NTT mit 376 Milliarden US-Dollar bereits mehr wert als alle börsennotierten deutschen Unternehmen zusammen. NTT war kein Einzelfall. Damals wurde der Gesamtmarkt mit Kurs-Gewinn-Verhältnissen (KGV) von 60 und mehr gehandelt. (Grob gesagt gibt das Kurs-Gewinn-Verhältnis an, nach wie vielen Jahren sich das Investment in eine Aktie allein durch die Gewinne rentiert, die das Unternehmen in dieser Zeit eingefahren hat. Bei einem Unternehmen mit KGV 60 müsste man also 60 Jahre warten, bis man das Geld für die Aktie wieder heraushätte, gleichbleibende Gewinne vorausgesetzt.)

Zu einer solchen Überbewertung konnte es auch deswegen kommen, weil die Unternehmen selbst an der Börse spekulierten, statt das Geld in ihr Kerngeschäft zu stecken. Dabei kam ihnen zugute, dass sie meist großen Immobilienbesitz hatten, den sie dank steigender Immobilienpreise problemlos beleihen konnten. Wenn ein Unternehmen im operativen Geschäft Verluste machte, spekulierte es einfach mit geliehenem Geld an der Börse und bald waren diese Verluste ausgeglichen.

Privatleute machten es übrigens ähnlich: Zwar blieben viele Japaner bei der bis dato üblichen japanischen Sparsamkeit. Aber es gab genug private Spekulanten, die es auf das schnelle Geld abgesehen hatten. Sie nahmen Kredite auf und kauften Aktien oder Grundstücke mit dem Ziel, sie bald weiterzuverkaufen. Die Konsumentenschulden stiegen Ende der 1980er-Jahre auf 130 Prozent des Bruttoinlandsprodukts, die der Unternehmen lagen bei 225 Prozent.

Die Übertreibungen am Immobilienmarkt waren von ähnlicher Größenordnung wie am Aktienmarkt und sie zeigen deutliche Parallelen zu den jüngsten Immobilienblasen in den USA, aber auch in Großbritannien und Spanien.

Dank der großen Nachfrage stiegen die Grundstückspreise ins Unendliche. Allein die japanischen Grundstücke in ihrer Gesamtheit wurden Ende der 1980er-Jahre viermal höher bewertet als alle US-amerikanischen Grundstücke zusammen. Im Vertrauen auf weiter steigende Grundstückspreise waren neue Kredite problemlos erhältlich. Kredite, welche die Spekulation mit Aktien und Grundstücken abermals anheizten. In der Spitze war der doch überschaubare Landanteil von 110.000 Quadratmetern des Kaiserpalastes in Tokio mehr wert als die gesamte Fläche Kaliforniens. Das machte die Absurdität deutlich.

Allerdings zeigten sich bald die Folgen dieser ungesunden Entwicklung. Kaum eine Durchschnittsfamilie konnte sich mehr eine eigene Wohnung, geschweige denn ein eigenes Haus leisten. Die Mieten waren so hoch, dass normale Familien in Tokio das Wohnen quasi nicht mehr bezahlen konnten. Die Blase der Vermögenspreise und hier insbesondere die der Immobilien schlug sich nun in den normalen Verbraucherpreisen nieder und wurde damit zu einem ernsten Problem für die Stabilität des Landes.

Dass dies in den offiziellen Inflationsraten nicht sichtbar wurde, lag daran, dass Mieten in diesem Preisindex gar nicht berücksichtigt wurden und auch ansonsten der Warenkorb, mit dem die allgemeine Teuerung gemessen wurde, nur wenig mit den Lebenshaltungskosten einer japanischen Durchschnittsfamilie zu tun hatte.

Maßnahmen gegen die Verschuldung leiteten den Abschwung ein

In der westlichen Welt wären die Bürger irgendwann gegen die ausufernden Preissteigerungen auf die Barrikaden gegangen. Die japanische Mentalität ist jedoch von deutlich mehr Demut gekennzeichnet und so ertrugen es die Bürger, mit immer mehr Familienangehörigen auf immer kleinerem Raum hausen zu müssen. Man muss hierbei aber bedenken, dass Japan und seine Wirtschaft damals und im Grunde auch noch heute deutlich zentralistischer organisiert sind als westliche Industrieländer und mit einer Demokratie nach westlichem Verständnis nicht zu vergleichen sind. Jahrzehntelang, genau genommen seit 1955, regierten nahezu ununterbrochen die Liberaldemokraten (LDP) das Land. Erst im Spätsommer 2009 kam es zur vorübergehenden Regierungsübernahme durch die 1996 gegründete Demokratische Partei (DJP) und somit zu einem geradezu als revolutionär einzustufenden Regierungswechsel, bis 2012 die LDP wieder an die Macht kam.

Doch bei aller Demut machte sich Ende der 1980er-Jahre Unmut in der Bevölkerung breit. Unmut, den man sich quasi selbst ins Haus geholt hatte. Denn was in den 1970er-Jahren die Ölländer waren, war in den 1980er-Jahren Japan. Mit den Dollars, die das Land für seine Exporte in die ganze Welt und natürlich vor allem in das konsumhungrige Amerika bekam, kaufte es sich hier entsprechend ein. Ob Unternehmen oder Hotels wie das traditionsreiche Hamburger »Vier Jahreszeiten«, die Japaner kauften, was es zu kaufen gab. Bilder großer Meister wie von van Gogh oder Monet gingen bei Versteigerungen von Christie's oder Sotheby's fast immer an Japaner – zu Beträgen, die zuvor noch nie bezahlt worden waren. Und auch die europäischen und amerikanischen Metropolen wurden von japanischen Konsumenten gestürmt. Der Luxusmodehersteller Hermes sah sich in seiner Pariser Filiale irgendwann gezwungen, an Japanerinnen nur noch Waren bis zu einem bestimmten Wert zu verkaufen, weil man mit der Produktion nicht mehr nachkam und man auch die betuchte französische Stammkundschaft noch beliefern wollte, um diese nicht zu verärgern.

Viele japanische Konzerne schickten zudem ihre Mitarbeiter in die zuvor erworbenen Unternehmen im Ausland. Vor allem die Ehefrauen sahen, wie viele Rechte und Freiheiten amerikanische, britische oder deutsche Frauen hatten. Diese Eindrücke brachten sie mit zurück in die Heimat und so entstand in der einfachen Bevölkerung zunehmend der Wunsch, am wirtschaftlichen Aufschwung stärker teilzuhaben. Tatsächlich aber geriet sie aufgrund der steigenden Mieten zunehmend ins Hintertreffen.

Ende der 1980er-Jahre merkte die Regierung – wenn auch sehr spät –, dass sie gegensteuern musste, um die sich gegenseitig befeuernde Aufwärtsspirale aus steigenden Aktien- und Immobilienpreisen abzuwürgen.

Die japanische Notenbank erhöhte den Diskontsatz innerhalb kürzester Zeit von 2,5 auf 6,0 Prozent. Zudem wurden die Regeln für eine Kreditvergabe zur Immobilienfinanzierung verschärft. Auch sollte die mittlerweile auf 50 Prozent des japanischen Bruttosozialprodukts gestiegene Staatsverschuldung gesenkt werden. Eine Steuerreform im Jahr 1989 sollte dem Staat mehr Einnahmen verschaffen, um seine Schulden zu senken.

Die jahrelang steigende Geldmenge wurde plötzlich gesenkt – und wie so oft in der Geschichte der Wirtschaft und der Börse war dies der Anfang vom Ende. Wie so oft ahnten die Beteiligten aber zunächst nicht, wie groß und lang anhaltend das Drama werden würde.

Zunächst kam das ganze Ausmaß der Spekulationsblase ans Licht. Nicht wenige Banken hatten ohne jede Überprüfung Hypothekendarlehen gewährt. In der Bilanz waren diese Kredite – ob fahrlässig, ob vorsätzlich – oft nicht so genau ausgewiesen. Als diese Verschleierungspraxis ans Licht kam, ging der japanische Aktienmarkt auf Talfahrt. Anfang April 1990 hatte der Nikkei-Index bereits gut 10.000 Punkte eingebüßt und lag nur noch bei rund 28.000 Punkten. Am Ende des Jahres 1990 sollten es nur noch rund 24.000 Punkte sein. Im April 2003 hatte der Nikkei 225 insgesamt 80 Prozent an Wert verloren und notierte bei 7831 Punkten.

Noch wollte 1990 niemand wahrhaben, dass die Phase des vermeintlich endlosen Wachstums zu Ende war. Wirtschaftsexperten und Medien waren sich einig, dass die Phase des Wachstums sich bald fortsetzen würde. (Sie erinnern sich: Eine solche Einschätzung hatte es auch im Jahr 1929 in den USA gegeben.)

Erst 1991 und 1992 wurde immer offensichtlicher, dass die Unternehmensgewinne sanken und die Arbeitslosenzahlen allmählich stiegen. Zaghaft begann die Notenbank, die Zinsschraube zu lockern. Dann gingen plötzlich erste Unternehmen pleite. Zuerst solche, die allzu eifrig spekuliert hatten. Dann aber auch andere. Und damit traf es auch die japanischen Banken, denen die immer zahlreicheren Kreditausfälle massiv zu schaffen machten. Die Abschreibungen erreichten Ende der 1990er-Jahre ihren Höhepunkt, als 8,2 Prozent des japanischen Bruttoinlandsprodukts auf Kreditausfälle entfielen. Weil die Banken für die Wirtschaft so lebensnotwendig sind, stützten die japanische Regierung und die Notenbank selbst unrentable Kreditinstitute. Auch hier wieder eine Parallele zur heutigen Zeit, die durchaus beunruhigt.

Ab Mitte 1991, also anderthalb Jahre nach den ersten Kursstürzen an der Tokioter Aktienbörse, senkte die Notenbank den Diskontsatz, erst behutsam, dann immer kräftiger von ursprünglich 6,0 auf dann 0,75 Prozent. Geld wurde billiger, aber die Wirkung blieb gleich null. In Japan folgte der großzügigen Kreditvergabe jetzt eine Kreditklemme. Nicht nur Immobilienkäufer, sondern auch Unternehmen bekamen dies schmerzhaft zu spüren. Es fehlten die Mittel für Investitionen, aber auch für die Vorfinanzierung neuer Aufträge. Immer mehr Firmen wurden zahlungsunfähig, was die Banken zu neuen Abschreibungen auf Kredite zwang.

Unternehmen, die ihre Grundstücke beliehen hatten, sahen sich gezwungen, sie zu veräußern. Durch das steigende Angebot fielen auch die Immobilienpreise, zunächst langsam, Mitte der 1990er-Jahre dann aber rasant. Am meisten betroffen waren die Stadtgrundstücke. Sie verloren rund 50 Prozent an Wert.

Deflation als Folge zögerlicher Reaktionen

Am Beispiel Japan zeigt sich, wohin eine zu zögerliche Reaktion der Notenbank führen kann: Die Preise fielen immer weiter. Die Kaufzurückhaltung der Konsumenten wurde nicht besser. Abwarten hieß das Gebot der Stunde. Jeder nahm an, die Preise für Güter und Dienstleistungen würden noch weiter zurückgehen. Niemand gab Geld aus. Warum auch, wenn Güter und Dienstleistungen womöglich bald billiger sein würden? Ähnlich agierten die Unternehmen, sofern sie überhaupt gesund genug waren, die sich rasch verschärfende Rezession zu überstehen. Sie horteten Bargeld, statt es zu investieren.

Lediglich der Staat sparte nicht. Er folgte dem keynesianischen Modell zur Unterstützung der Wirtschaft und verabschiedete riesige

Konjunkturpakete. Noch im Jahr 1990 war der japanische Staatshaushalt ausgeglichen gewesen. Die Neuverschuldung sollte in den folgenden Jahren bis 2002 auf 7,9 Prozent des Bruttoinlandsprodukts wachsen. Alles vergeblich, wie sich zeigte: Aus der Rezession wurde eine Depression. Die Wirtschaft schrumpfte weiter, die Arbeitslosigkeit stieg und der Konsum zog trotz des billigen Geldes nicht an.

Das ist es, was Ökonomen und Regierungsverantwortliche im Rückblick auf diese Krise zutiefst verunsichert: Auch eine noch so großzügige Geldpolitik der japanischen Notenbank und sämtliche Stützungsmaßnahmen durch die japanische Regierung konnten den Teufelskreis der Deflation nicht mehr aufhalten. Eine Deflation entwickelt, so scheint es, eine gewisse Eigendynamik, sobald sie erst einmal begonnen hat. Wenn niemand bereit ist, zu kaufen und zu investieren, nützt auch ein Zinssatz nahe null Prozent nichts mehr, um die Wirtschaft in Schwung zu bringen. Das zumindest zeigt das Beispiel Japan.

Das Geld landete nicht bei japanischen Unternehmen und Verbrauchern. Stattdessen war billiges japanisches Geld jahrelang bei Spekulanten besonders beliebt für Währungsspekulationen, sogenannte *Carrytrades*. Man lieh sich billiges japanisches Geld und legte es in einem Land mit höheren Zinsen an, zum Beispiel dem Euro-Raum oder Island.

Bis heute hat sich die japanische Wirtschaft nicht nachhaltig erholt. Der Nikkei-Index dümpelte Mitte 2009 immer noch bei drei Vierteln seines einstigen Höchststandes herum, bei einer Marke von ungefähr 10.000 Punkten.

Die Japankrise ist ein Negativszenario, das die verantwortlichen Politiker und Notenbanker ebenfalls vor Augen hatten, als sie sich überlegten, wie sie auf die US-Immobilienkrise reagieren sollten. Viele Ökonomen – dazu gehört auch Ben Bernanke – sind der Meinung, das Schlimmste hätte man verhindern können, wenn die japanische Notenbank nur früher die Zinsen gesenkt und die Geldmenge erhöht hätte. Was erklärt, warum die Federal Reserve und die Europäische Zentralbank (EZB) heute die Märkte sofort mit neuer Liquidität fluten, wenn eine Krise ausbricht. Es ist der Ansatz, von dem die verantwortlichen Politiker hoffen, dass er halbwegs funktioniert, vorausgesetzt, es werden sofort Maßnahmen ergriffen und nicht verzögert, so wie in Japan.

Dennoch ist die japanische Krise nicht mit unserer heutigen vergleichbar, da sie immer auf Japan begrenzt blieb. Japan konnte womöglich existenzielle Nöte und die Verelendung ganzer Bevölkerungsschichten nur vermeiden, weil die Weltwirtschaft brummte und der Export durch den sich abschwächenden Yen Linderung brachte.

Fazit:

Es gibt in der Historie unzählige Wirtschaftskrisen. Die erste wird mit den sieben fetten und sieben mageren Jahren schon im Alten Testament beschrieben. Keine Krise gleicht der anderen eins zu eins. Es wird irgendwann in der Zukunft Geschichts- oder Wirtschaftsbücher geben, in denen genau beschrieben wird, wie die Krise, in der wir heute stecken, weiter verlief und wann und wie sie zu Ende ging. Heute können wir nur spekulieren und sie mit historischen Krisen wie der von 1929, jener der 1970er-Jahre oder der japanischen ab 1990 vergleichen. Da die Einflussfaktoren unzählig und die Umstände immer andere sind, ist die genaue Voraussage des weiteren Krisenverlaufs unmöglich. Die Wirtschaftswissenschaft ist keine exakte Wissenschaft, wie die Mathematik oder die Physik, die genaue Berechnungen zulässt.

KAPITEL 5

Das System Geld

Die Finanzwelt ist ein komplexes Gebilde. Sie ist über Jahrhunderte entstanden und hat ihre vorläufig letzte Entwicklungsstufe mit dem ungedeckten Papiergeldsystem erreicht. Ob es irgendwann offizielle Digitalwährungen auf Blockchainbasis gibt, wird sich zeigen. Aber beginnen wir mal mit dem Geldsystem, wie wir es heute in fast allen Ländern finden.

Funktionen des Geldes

Bevor es Geld gab, haben die Menschen Tauschhandel betrieben, genauso wie auch später in Situationen, in denen eine Währung aufgrund von zum Beispiel Hyperinflation ihren Wert komplett verloren hatte. Doch das bringt logischerweise sehr viele praktische Probleme mit sich. »Ich lege dir heute die Fliesen in deinem Bad und du lieferst mir dafür ein Jahr lang Tag für Tag kostenlos Brötchen für meine ganze Familie.« – Irgendwie funktioniert ein solcher Tauschhandel nicht richtig.

Geld ist eine geniale Erfindung der Menschheit und mit genau diesem Beispiel lässt sich sehr schnell erklären, warum. Denn Geld hat als Zahlungsmittel gleich drei entscheidende Vorteile beziehungsweise Funktionen. Diese drei Vorteile zusammen erklären,

warum das Wirtschaften ohne Geld in einer zivilisierten Gesellschaft schlichtweg nicht geht.

Vorteil 1: Die Wertbemessungsfunktion
(Geld als Recheneinheit)

Wie viele Brötchen gibt es für einmal Fliesenlegen im Bad? Oder
anders gefragt: Wenn der Fliesenleger für seine Familie zum Früh-
stück täglich zehn Brötchen haben möchte, wie lange muss ihn der
Bäcker dann im Gegenzug beliefern? Schon dieses simple Beispiel
zeigt, wie schwierig ein Tauschhandel ohne Geld sein kann.

Die beiden Beteiligten brauchen eine Maßeinheit, die es ihnen
ermöglicht, die erbrachte Dienstleistung (das Fliesenlegen) und die
in Zukunft zu liefernden Güter (die Brötchen) zu bewerten. Mit Geld
ist das ganz einfach:

Nehmen wir an, es kostet rund 3600 Euro, das Bad neu zu fliesen, und jedes Brötchen kostet 60 Cent (inklusive Lieferung). Schon
ist klar: Eine tägliche Lieferung von zehn Brötchen würde 6 Euro
kosten. Das heißt, der Bäcker müsste dem Fliesenleger 600 Tage
lang Brötchen liefern, also deutlich länger als ein Jahr.

In der Ökonomie spricht man hier von der »Wertbemessungs-
funktion des Geldes«.

Vorteil 2: Die Zahlungsmittelfunktion
(Geld als Tauschmittel)

»Nein, ich mag keine Backwaren, dir als Bäcker werde ich folglich das Badezimmer nicht fliesen.« Das könnte bei einem Naturaltausch passieren, wenn nicht die richtigen Tauschpartner zusammenfinden. Angenommen, der Bäcker kann nur Waren anbieten,
auf die der Fliesenleger keinen Wert legt. Dann bleibt sein Bad eben
ungefliest. Aber selbst wenn der Fliesenleger gerne Brötchen isst,
will er wahrscheinlich nicht den Gegenwert von 3600 Euro nur in
Form von Backwaren bekommen. Lieber kauft er sich zusätzlich

auch noch Butter, Marmelade, Schinken oder Käse. Oder er ersteht in einem Sportgeschäft neue Fußballtrikots für sich und seine Söhne. Oder er lässt sein Auto reparieren. Oder neue Fenster einbauen. All das kann ihm ein Bäcker nicht bieten.

Hier zeigt sich der zweite Vorteil, den das Geld mit sich bringt: Es dient als neutrales, universell einsetzbares Tauschmittel. Als solches lässt es sich anderswo beliebig gegen die gewünschten Waren oder Dienstleistungen eintauschen. Auf diese Weise müssen nicht erst die richtigen Tauschpartner zusammenfinden, bevor ein Handel überhaupt zustande kommen kann.

Hier sprechen Ökonomen von der »Zahlungsmittelfunktion des Geldes«.

Vorteil 3: Die Wertaufbewahrungsfunktion (Geld als Wertspeicher)

Angenommen, der Fliesenleger im genannten Beispiel hat seine Arbeit ordnungsgemäß erbracht. Aber er will gar keine Backwaren für ein bis zwei Jahre, sondern lieber ein komplettes Catering zur Hochzeit seiner Tochter. Diese aber soll erst in sechs Monaten stattfinden. Da fragt er sich natürlich zu Recht: »Erinnert sich der Bäcker in einem halben Jahr noch an den Umfang meiner Dienstleistung? Wird er nach so langer Zeit eine entsprechende Gegenleistung erbringen? Und was geschieht, wenn er zwischenzeitlich wegzieht? Oder wenn die Hochzeit meiner Tochter plötzlich abgesagt werden muss?«

Hier kommt der dritte Vorteil des Geldes zum Vorschein: Es dient auch als Wertspeicher. Bei einem Tauschhandel wird es irgendwann schwierig, wenn die Gegenleistung allzu lange auf sich warten lässt. Bei Geld haben die Beteiligten dieses Problem nicht. Bezahlt wird sofort und das Geld hat in aller Regel auch in einem halben Jahr noch den entsprechenden Wert. Der Fliesenleger kann es zur Seite legen und es erst dann ausgeben, wenn er Bedarf an einer Gegenleistung seiner Wahl hat.

Das nennen die Wirtschaftswissenschaftler die »Wertaufbewahrungsfunktion des Geldes«.

Die wichtigsten Anforderungen, die Geld erfüllen muss

Geld muss bestimmte Kriterien erfüllen, um als Zahlungsmittel den genannten Funktionen gerecht zu werden.

Teilbarkeit

Es muss gut teilbar sein, sonst ließe es sich nicht in beliebiger Stückelung einsetzen. Zwar leitet sich das lateinische Wort für Geld, »pecunia«, von »pecus« ab, was »Vieh« bedeutet. Tatsächlich aber dürften die Römer recht schnell bemerkt haben, dass Vieh kein besonders gutes Tauschmittel ist. Denn eine einfache Holzschließe für die Tunika gleich mit einem ganzen Rind bezahlen? – Das wird schwierig! Und das Rind zu zerlegen, nur um die Rindsleber gegen die Tunikaschließe einzutauschen? Dann bleibt eine ganze Menge schlecht haltbares Fleisch übrig, das innerhalb kürzester Zeit gegen andere Waren und Dienstleistungen eingetauscht werden müsste. Fazit: Geld muss teilbar sein und sich idealerweise aus vielen kleinen Einheiten mit immer gleichem Wert zusammensetzen.

Werthaltigkeit

Geld muss zudem werthaltig sein, sonst würden die Menschen es gar nicht erst als Zahlungsmittel akzeptieren. Wobei man über den Begriff »Werthaltigkeit« durchaus diskutieren kann. Interessanterweise ist damit nämlich meist nicht der praktische Nutzen gemeint, wie etwa die Essbarkeit eines Rinbersteaks oder der Heizwert von einzelnen Kohlebriketts.

Mit »Werthaltigkeit« verbinden wir Menschen vor allem die Eigenschaft der Seltenheit oder mangelnden Verfügbarkeit. Als wertvoll erachten wir folglich vor allem das, was nicht in beliebiger Menge erhältlich und produzierbar ist. Selbst wenn der Nutzen eines Zahlungsmittels für uns bei null liegt: Schon die Tatsache, dass alle anderen es haben wollen, dass also eine andauernde Nachfrage danach besteht, macht es für uns wertvoll.

In Afrika und Asien erfüllten jahrhundertelang die Gehäuse der Kaurischnecken diese Funktion. Sie waren selten und damit als Zahlungsmittel sehr begehrt. Auch der Wert von Gold und anderen Edelmetallen lässt sich auf diese Weise erklären

Die meisten Menschen erachten Gold schon deswegen als wertvoll, weil es sich nicht beliebig herstellen lässt (die Alchimisten des Mittelalters und der frühen Neuzeit versuchten genau das vergeblich). Heute wissen wir: Gold kann man nicht produzieren, man kann es nur in einer Goldmine fördern oder aus sekundären Flusslagerstätten herauswaschen. Beides erfordert aber einen hohen Aufwand und selten bleibt Gold nichtsdestotrotz, weil es nur wenige Lagerstätten gibt. Folglich genießen auch Edelmetalle das Vertrauen der Menschen, im Gegensatz zu Kaurischnecken gilt das auch heute noch.

Ohne Vertrauen geht nichts

Die Voraussetzung für das Funktionieren des Systems Geld ist, dass die Menschen darauf vertrauen, ihr jeweiliges Zahlungsmittel auch wirklich jederzeit gegen die gewünschten Waren oder Dienstleistungen eintauschen zu können. Wie kann dieses Vertrauen hergestellt beziehungsweise aufrechterhalten werden?

Selbstverständlich könnte man auch heute noch mit Silber- oder Goldmünzen bezahlen. Das Vertrauen in diese Edelmetalle besteht schließlich schon seit der Römerzeit und es ist unwahrscheinlich, dass die Menschen ihre Wertschätzung plötzlich über Bord werfen.

Der Nachteil ist aber, dass Edelmetalle knapp sind, zu knapp, um daraus Geld für alle Länder dieser Welt herzustellen. Außerdem hätte wohl niemand große Lust, ständig einen Beutel mit schweren Silber- und Goldmünzen mit sich herumzutragen, um seine Einkäufe zu tätigen.

Aber aus noch viel naheliegenderen praktischen Gründen sind Gold und Silber nicht die idealen Zahlungsmittel. Beim alltäglichen Handel wäre es schwierig, laufend die Echtheit von Edelmetallmünzen zu gewährleisten. Eine Gold- oder Silberwährung würde ständige Kontrolle erfordern: Händler und Privatleute bräuchten Waagen, mit denen sie eine Münze wiegen und ihr Gewicht nachprüfen könnten. Auch die Standardisierung von Edelmetallmünzen brachte in der Vergangenheit in dieser Hinsicht nicht den entscheidenden Vorteil. Es gab immer Gauner und Kleinkriminelle, die etwa vom Rand einer Münze ein kleines bisschen »abschälten«, das abgeschälte Edelmetall für sich behielten und einschmolzen und die etwas kleinere Münze mit vermindertem Materialwert dann zum gleichen Nennwert weiter zum Bezahlen nutzten. (Die Riffelungen am Rand unserer Münzen sind übrigens aus diesem Grund entstanden.)

Aber selbst wenn niemand das Gewicht der Münzen unbemerkt verringern könnte, bliebe noch das Problem der Legierungen und damit der Fälschungen. Zink, Zinn, Blei, Nickel, Aluminium und sogar Stahl sehen Silber ausgesprochen ähnlich und das Aussehen von Gold lässt sich problemlos über Beimischungen von Kupfer imitieren. Messing (als Legierung aus Kupfer und Zink) und Bronze (als Legierung aus Kupfer und Zinn) haben ja tatsächlich eine ähnliche Farbe wie Gold. Die genaue Zusammensetzung einer Münze und ihr Feingehalt an Silber oder Gold ließe sich im Alltagsgeschäft erst recht nicht überprüfen.

Dieses Problem ist auch in Hightech-Zeiten nicht zu vernachlässigen: Selbst normale Altgoldkäufer, wie es sie in den meisten Innenstädten gibt, arbeiten bei Goldschmuck meist nur mit Prüfsäuren, die ihnen zwar Auskunft darüber geben, ob in dem betreffenden Schmuckstück oder Goldzahn tatsächlich Gold enthalten ist, aber nicht darüber, wie viel. Entsprechend hoch ist der Abschlag auf den Preis, zu dem solche Altgoldaufkäufer ihren Kunden das angebotene Altgold dann abnehmen.

Lediglich Scheideanstalten, die Altgold einschmelzen, verfügen über bessere technische Möglichkeiten. Sie haben sogenannte Massenspektrometer, also eine Art Röntgengeräte, die den Feingehalt an Gold, Silber, Platin und sonstigen Metallen genau ermitteln können. Im Alltag wären solche Geräte aber viel zu teuer und das Verfahren viel zu aufwendig, um es etwa im Handel einzusetzen. Auch das ist ein Grund, warum sich Edelmetallmünzen nicht dauerhaft als Zahlungsmittel durchgesetzt haben.

Stattdessen kam im Laufe der Zeit ein anderes Zahlungsmittel auf: Papiergeld. Es entstand aus Wechseln und Schuldverschreibungen. Damit es von jedermann im Gegenzug für Waren und Dienstleistungen akzeptiert wurde, brauchte es aber eine Art von Absicherung. Jahrzehntelang wurde hier der Goldstandard als probates Mittel für diesen Zweck eingesetzt. Er begrenzte die Möglichkeit der Notenbanken, Geld zu drucken.

Hintergrund: Goldstandard

Bis zum 18. beziehungsweise 19. Jahrhundert zahlten die Menschen – wenn nicht per Naturaltausch – mit Münzen aus Edelmetall. Zunächst war dieses Edelmetall zumeist Silber, später wurde Gold als Zahlungsmittel eingeführt. Das Prinzip war einfach: Je größer und schwerer eine Münze und je höher ihr Feingehalt an Silber beziehungsweise Gold, desto wertvoller war sie.

Nach und nach, zwischen dem Jahr 1817 und dem Jahr 1900, änderte sich das in den verschiedenen Ländern. Bezahlt wurde mehr und mehr mit Papiergeld oder mit Münzen aus vergleichsweise wertlosen Legierungen. Das Vertrauen in diese Währungen erhielt man dadurch aufrecht, dass jede Banknote und jede Münze bei der Notenbank in eine klar definierte Menge an Feingold (also Gold von höchstem Reinheitsgrad) umgetauscht werden konnte.

Da die Weltwährung Gold schon seit Jahrhunderten vor allem in Europa als Zahlungsmittel akzeptiert wurde, konnten die Länder beziehungsweise die Notenbanken mit der Einführung dieses sogenannten Goldstandards das Vertrauen in ihre Währungen erhalten. Das ist nicht so selbstverständlich, wie es klingt. Denn plötzlich sind keine echten Barwerte, also Goldmünzen, mehr im Umlauf, sondern im Prinzip beliebige, bedruckte Zettelchen praktisch ohne jeden Eigenwert. Diese Zettelchen nennen sich »Banknoten«. Warum sollte man sich ein solches Zettelchen in die Hand drücken lassen und daran glauben, dass ein Händler oder Dienstleister es im Austausch für seine Waren und Leistungen akzeptiert? Doch nur, weil jemand die Garantie dafür gibt, sie auf Wunsch in Gold einzutauschen. Dasselbe gilt übrigens auch für Münzen aus unedlen Metallen.

Banknoten gewannen ihre Glaubwürdigkeit erst aus einer solchen Garantie des Staates beziehungsweise der Notenbank. Diese versprachen, dass der Inhaber einer Banknote sie jederzeit in eine fest definierte Menge an Feingold umtauschen könne. War dieses System erst etabliert, war es kein Problem, die Bürger vom Nutzen von Banknoten als Zahlungsmittel zu überzeugen. So waren die Währungen früher praktisch alle physisch mit Gold gedeckt. Bis 1914 rüttelte niemand am Prinzip des Goldstandards. Die Währungen waren stabil und genossen in der Bevölkerung Vertrauen.

Dabei blieb es aber nicht, denn die Regierungen hatten durchaus ein Interesse daran, den Goldstandard abzuschaffen. Das war vorwiegend in Kriegszeiten der Fall. Die Länder, die in den Krieg ziehen wollten, brauchten dafür besonders viel Geld. Um ihre Rüstungsausgaben zu finanzieren, rückten die meisten Staaten im Ersten Weltkrieg vom Goldstandard ab. Der Preis dafür war nach dem Krieg eine Inflation, in Deutschland, Österreich, Ungarn, Polen und einigen anderen Ländern sogar eine Hyperinflation.

Selbst der Spekulationsboom der 1920er-Jahre in den USA und der anschließende Börsencrash 1929 können zum großen Teil damit erklärt werden, dass der Goldstandard zu dieser Zeit noch nicht vollständig wiederhergestellt war. So wurde eine Geldschöpfung via Kreditvergabe im größeren Umfang überhaupt erst möglich (siehe unten).

Die schlechten Erfahrungen führten aber dazu, dass der Goldstandard später wieder eingeführt wurde, um die Geldmenge zu begrenzen und das Vertrauen in die Währung wiederherzustellen.

Der Goldstandard verbietet es den Ländern respektive den Notenbanken, beliebig viel Geld zum eigenen Gebrauch zu drucken. Der garantierte Umtausch von Geld in Gold funktioniert nicht mehr, wenn die Staaten die Geldmenge beliebig ausweiten. Denn für jede Währungseinheit (das heißt für jeden US-Dollar, jede Reichsmark, jedes Britische Pfund et cetera) muss die Notenbank eine entsprechende, vorher definierte Menge an Gold vorhalten. Das heißt zwar nicht, dass alles Geld, das sich im Umlauf befand, zu 100 Prozent mit Gold gedeckt sein musste, denn man ging davon aus, dass nicht alle Inhaber von Banknoten gleichzeitig den Umtausch in Gold verlangen würden. Aber zumindest eine Deckung von einem Drittel wurde als nötig erachtet, um jeden, der Gold für seine Banknoten haben wollte, auch zufriedenzustellen. Wäre deutlich mehr Geld als Gold vorhanden, könnte die Notenbank ihren Verpflichtungen nicht mehr nachkommen und das Vertrauen der Menschen in ihre Währung würde schwinden.

Den Goldstandard gibt es heute nicht mehr. Im Zweiten Weltkrieg wurde er erneut vorübergehend außer Kraft gesetzt. Mit dem Abkommen von Bretton Woods 1944 wurde die Bindung der Währungen an das Edelmetall Gold aber wieder fest etabliert. Die Finanzminister und Notenbankchefs von 44 Ländern einigten sich damals unter maßgeblicher Beteiligung des Ökonomen John Maynard Keynes darauf, den US-Dollar als Leitwährung einzuführen und ihn mit Gold zu hinterlegen. 35 US-Dollar berechtigten dann zum Umtausch in eine Feinunze (das heißt 31,104 Gramm) Gold. Für alle anderen Währungen wurden feste Umtauschkurse in Bezug zum US-Dollar definiert, die nur minimal schwanken durften. Die Zentralbanken der Staaten, die das Bretton-Woods-Abkommen unterzeichneten, mussten durch Käufe und Verkäufe von Devisen (also ausländischen Schuldtiteln) dafür sorgen, dass der Wechselkurs ihrer Landeswährung zum US-Dollar innerhalb eines bestimmten Korridors blieb. Faktisch sorgte das dafür, dass diese Währungen ebenfalls mit Gold gedeckt waren. Deutschland trat dem Bretton-Woods-Abkommen im Jahr 1949 bei.

Der Goldstandard von Bretton Woods wurde Anfang der 1970er-Jahre abgeschafft, als Frankreich seine hohen Dollar-Reserven zurückgab und dafür Gold von der US-Regierung verlangte. Tatsächlich war die Dollar-Geldmenge zu diesem Zeitpunkt bereits über ein verkraftbares Maß hinaus angewachsen, auch infolge der Verschuldung der USA wegen des Vietnamkriegs. Von einer vollständigen Golddeckung konnte also de facto nicht mehr die Rede sein. Das führte letztlich zur offiziellen Aufgabe der Golddeckung im Jahr 1971.

Das ist aus Sicht der Regierungen auch der entscheidende Nachteil des Goldstandards: Er begrenzt die Geldmenge strikt und macht eine Verschuldung so gut wie unmöglich. Was bedeutet, dass die Staaten bei Bedarf nicht so viel Geld ausgeben können, wie sie sich das vielleicht wünschen. Was aber auch heißt, dass der Wirtschaft nur in sehr begrenztem Ausmaß Kredite für Investitionen zur Verfügung stehen. Letztlich können die Banken bei einer an Gold gekoppelten Währung nur solche Gelder als Darlehen vergeben, die jemand als Sparguthaben auf ein Bankkonto eingezahlt hat.

Das heißt im Endeffekt: Der Goldstandard begrenzt nicht nur die Geldmenge, sondern auch das Wirtschaftswachstum und zwingt die Staaten in die Deflation. Es war also nicht nur der kurzfristige Eigennutz der Staaten, der letztlich zu einer Aufgabe der goldgedeckten Währungen führte. Es war vielmehr die Erkenntnis, dass für immer mehr Güter und Dienstleistungen auch immer mehr Geld zur Verfügung stehen muss. Deshalb gibt es heute statt goldgedeckter Währungen das sogenannte »Kreditgeld« oder, wie der international gebräuchliche Fachausdruck dafür lautet, »Fiat Money«.

Hintergrund: Fiat Money – die moderne Alternative zum Goldstandard

Mittlerweile hat sich in praktisch allen Ländern ein Währungssystem durchgesetzt, das man gemeinhin als »Kreditgeld«, »Fiat Currency« oder »Fiat Money« bezeichnet. »Fiat« ist Latein und heißt »es werde«. Der Ausdruck ist aus dem biblischen Schöpfungsbericht entlehnt, in dem Gott spricht: »Fiat lux« – »Es werde Licht«. So ähnlich funktioniert auch modernes Geld: Es wird quasi »erschaffen«.

Dabei handelt es sich um Geld, bei dem der Emittent (also der Staat) keine Verpflichtung mehr hat, seine Banknoten und Münzen gegen Gold einzulösen. Zum Zahlungsmittel wird dieses Geld, indem es der Gesetzgeber dazu erklärt und es beispielsweise für Steuerzahlungen sowie für sonstige Zahlungsverpflichtungen der Bürger akzeptiert.

Vertrauen genießt solches Kreditgeld in aller Regel trotzdem, zumindest solange es in einem gesunden Verhältnis zur Wirtschaftsleistung eines Landes steht. Denn solange man sich mit diesem Geld einen angemessenen Anteil an den Produkten und Dienstleistungen kaufen kann, die ein Land hervorbringt, werden die Banknoten und Münzen im Allgemeinen auch von der Bevölkerung und von den ausländischen Gläubigern akzeptiert.

Das ist auch der Grund dafür, dass die Geldmenge und die Verschuldung eines Landes meist zu seinem Bruttoinlandsprodukt in Bezug gesetzt werden, und deswegen enthalten zum Beispiel die Maastricht-Kriterien auch eine Verschuldungsgrenze, die in Prozent des BIP ausgedrückt wird. Erlaubt sind eine Neuverschuldung von maximal 3 Prozent des BIP und eine Gesamtverschuldung von maximal 60 Prozent des BIP.

Allerdings ist klar: Bei einer Währung ohne Goldstandard lassen sich im Prinzip in beliebiger Menge neue Banknoten drucken. Dass dieses Geld womöglich nicht mehr von der Wirtschaftsleistung eines Landes gedeckt ist, fällt der Bevölkerung in aller Regel nicht sofort auf, sondern meist verzögert. Das heißt aber nicht, dass eine extrem ausgeweitete

Geldmenge und Verschuldung verborgen bliebe. Irgendwann schwindet die Kaufkraft – und damit mehr und mehr auch das Vertrauen der Bevölkerung in die eigene Währung.

Die Aufgabe des Goldstandards und die Einführung von Kreditgeld haben für die Volkswirtschaften dieser Welt den entscheidenden Vorteil, dass diese wachsen können. Je höher die Wirtschaftsleistung, desto höher darf auch die Geldmenge sein, die im Umlauf ist. Sie ist schließlich dazu da, die angebotenen Produkte und Dienstleistungen zu bezahlen.

Heute wird viel darüber diskutiert, welcher Umfang einer Geldmengenausweitung noch vertretbar ist und ab wann es gefährlich wird, weil eine Inflation einsetzt und die Menschen das Vertrauen in ihre Währung verlieren. Hier die Hintergründe, wie Geldschöpfung und Geldmengenausweitung überhaupt funktionieren.

Hintergrund: Geldschöpfung/Geldmengenausweitung

Geld kann man erzeugen oder »schöpfen«, wie es in der Fachsprache heißt. Das gilt zumindest für Kreditgeld (Fiat Money), das nicht mit Gold gedeckt ist und folglich kein Einlöseversprechen enthält. Den Ausdruck »Fiat Money« kann man analog zum Schöpfungsbericht in der Bibel ruhig mit »Es werde Geld« übersetzen. Denn hier wird Geld quasi aus dem Nichts erschaffen. Das klingt zwar utopisch, schließlich geht es in der realen Welt nicht zu wie im Märchen »Sterntaler«, wo es plötzlich Taler vom Himmel regnet. Tatsächlich aber gehört die Geldschöpfung zu den ganz alltäglichen Vorgängen. Das funktioniert – grob vereinfacht – nach folgendem Prinzip:

Unternehmen oder Privatpersonen gehen zur Bank und nehmen dort einen Kredit auf. Die Bank wird die geforderte Kreditsumme, soweit es geht, aus den Guthaben ihrer Kunden bestreiten, die diese auf ihre Konten eingezahlt haben. (Reicht ihr dieses Geld nicht, kann sie sich auch Geld anderswo beschaffen oder wie die Fachleute sagen: sich refinanzieren. Sie leiht sich dafür Geld bei der Zentralbank oder bei anderen Geschäftsbanken.)

Der Anspruch der Konteninhaber, kurz-, mittel- oder langfristig über ihre Guthaben zu verfügen, bleibt aber bestehen. Ebenso haben die Zentralbank und die anderen Geschäftsbanken weiterhin das Recht, ihr geliehenes Geld zurückzubekommen. Das heißt, wir haben draußen in der Realwirtschaft die Guthaben der Bankkunden, mit denen sie sich etwas kaufen können. Dazu braucht es keine Banknoten oder Münzen, denn Zahlungsvorgänge finden heute zum größten Teil per Überweisung oder Lastschrift statt, also unbar. Das Geld wechselt einfach von Konto zu Konto, bleibt aber als Bankeneinlage bestehen. Dazu kommt zusätzlich das Geld, das die Bank als Darlehen an einen Kreditnehmer ausgezahlt hat und das dieser in der Regel investieren wird. Auf diese Weise wird dem Wirtschaftskreislauf extra Geld zugeführt.

Je nachdem, wie schnell das angelegte Geld verfügbar ist, unterscheidet man die Geldmengen M1, M2 und M3. Die Geldmenge M1 umfasst den Bargeldumlauf und das jederzeit verfügbare Sichtvermögen (also das Geld, das auf Giro- und Tagesgeldkonten liegt und täglich abgehoben werden kann). Bei der Geldmenge M2 kommen zusätzlich noch die Einlagen mit einer vereinbarten Laufzeit von bis zu zwei Jahren oder mit einer Kündigungsfrist von bis zu drei Monaten hinzu (also zum Beispiel das Geld, das auf Sparkonten liegt). Schließlich gibt es noch die Geldmenge M3, die zusätzlich zu M2 noch Teile von Geldmarktfonds und -papieren, Repoverbindlichkeiten (also Schuldtitel, die zwischen der Zentralbank und den Geschäftsbanken gehandelt werden) und Bankschuldverschreibungen dazuzählt, also grob gesagt alles, was sich nicht so schnell in Bargeld verwandeln lässt.

Die wunderbare Geldvermehrung funktioniert ausgezeichnet, solange nicht alle Bankkunden gleichzeitig auf die Idee kommen, sich ihre

Guthaben in bar auszahlen zu lassen. Dann droht ein Bankenrun – das ist der Tod jeder auch noch so gesunden Geschäftsbank, weil ihr dann das Geld ausgeht, so dass sie folglich illiquide ist und die geforderten Guthaben nicht mehr liefern kann.

Aber zurück zur Geldschöpfung: Auch die Zentralbanken können bei diesem Spiel kräftig mitmischen, indem sie den Geschäftsbanken für ihren Bedarf je nach Situation mal mehr, mal weniger Geld zur Verfügung stellen. »Zur Verfügung stellen« heißt »gegen Sicherheiten leihen«. Selbstverständlich spielt dabei der Leitzins eine Rolle, den die Zentralbank festlegt: Ist er niedrig, ist das Zentralbankgeld billig und folglich leihen sich die Geschäftsbanken mehr und geben meist auch mehr Geld in Form von Krediten an andere Banken, an die Wirtschaft und die Verbraucher weiter. Ist der Leitzins dagegen hoch, leihen sich die Geschäftsbanken weniger Geld bei der Zentralbank und verlangen ihrerseits einen höheren Zinssatz von ihren Kreditkunden.

Auch die Geldmenge kann die Notenbank festlegen und den Geschäftsbanken mal mehr und mal weniger Geld zur Zuteilung im Tenderverfahren anbieten.

Eine weitere Möglichkeit, die Geldmenge zu erhöhen, besteht darin, dass eine Geschäfts- oder Notenbank Sach- oder Anlagevermögen (also Aktivposten wie etwa Immobilien, Anleihen, Pfandbriefe oder sonstige Wertpapiere) kauft und den Verkäufern dafür auf einem Konto den Gegenwert in der jeweiligen Währung gutschreibt. Dem Wirtschaftskreislauf werden damit Geldwerte, wie beispielsweise Anleihen oder Sachwerte, entzogen und im Gegenzug werden den Verkäufern Geldbeträge gutgeschrieben.

Der Prozess der Geldschöpfung funktioniert selbstverständlich auch andersherum: Durch die Rückzahlung von Darlehen beziehungsweise von Staatsschulden wird Geld dem Wirtschaftskreislauf wieder entzogen. Die Notenbank kann die Leitzinsen erhöhen und Geld somit teurer machen. Außerdem kann sie im Rahmen des Tenderverfahrens dazu übergehen, nur noch geringere Geldmengen zuzuteilen. Auch wenn Geschäftsbanken fremdfinanzierte Aktien, (Staats-) Anleihen, Pfandbriefe, Immobilien oder Ähnliches verkaufen, führt das zu einer Kürzung ihrer Bilanz (weniger gebundenes Vermögen auf der Aktivseite und weniger Verbindlichkeiten auf der Passivseite) und somit zu einer Verringerung der Geldmenge.

Die Deflation

Angela Merkel sang einst einmal das Loblied auf die schwäbische Hausfrau. Ohne Zweifel kann Sparsamkeit eine gute Eigenschaft sein. Wenn sie aber in Geiz ausartet und gar chronisch wird, dann ist das nicht mehr so wünschenswert.

So ähnlich wie bei einzelnen Menschen verhält es sich in einer Volkswirtschaft: Man kann sich auch totsparen. Deflation ist ein Zustand, der letztlich allen Beteiligten schadet, der sich aber nichtsdestotrotz häufig verselbstständigt und immer schlimmer wird, je länger er andauert.

Wie Deflation entsteht

Was Deflation ist und wie sie sich entwickelt, lässt sich an einem ganz harmlosen Beispiel leicht verdeutlichen: Angenommen, Sie möchten ein Notebook kaufen. Beim günstigsten Händler gleich um die Ecke kostet das von Ihnen favorisierte Modell 800 Euro. Sie merken sich das, gehen zunächst aber noch einmal nach Hause, um sich die Sache zu überlegen. Als Sie in der Folgewoche wieder bei Ihrem Händler vorbeikommen, stellen Sie fest, dass der Rechner jetzt nur noch 750 Euro kostet. Normalerweise würden Sie jetzt zuschlagen. 50 Euro gespart, das ist doch toll! Aber vielleicht haben Sie gerade kein Geld auf dem Konto oder sind schon so vollgepackt, dass Sie nicht zusätzlich noch einen Laptop mitschleppen möchten.

Also warten Sie noch ein paar Tage, bis sie wieder hingehen. Und siehe da, das Notebook ist noch einmal um 50 Euro günstiger geworden. Kaufen Sie jetzt? Oder wäre es Ihrer Meinung nach nicht besser, noch länger zu warten? Wahrscheinlich würden Sie sich – wie die Mehrheit der potenziellen Käufer – in dieser Situation fürs Warten entscheiden.

Diese Überlegung ist durchaus angebracht. Vielleicht wird das Notebook noch weiter herabgesetzt. Dann könnten Sie sogar noch mehr sparen als nur 100 Euro. Sie haben es vorher geprüft: Es liegen noch genügend Laptops gleicher Bauart bei Ihrem Händler, das Modell Ihrer Wahl wird also nicht gleich morgen ausverkauft sein. Außerdem brauchen Sie bei genauerer Betrachtung den neuen Rechner gar nicht so dringend. Immerhin funktioniert Ihr alter Computer ja noch.

Deflation als Abwärtsspirale

So banal dieses Beispiel sein mag, so anschaulich zeigt es, was bei einer Deflation geschieht: Deflation ist die verhängnisvolle Abwärtsspirale, die bei sinkenden Preisen in Gang kommt. Wenn alles immer billiger wird, mag das für den Einzelnen zwar auf den ersten Blick höchst erfreulich erscheinen. Für eine Volkswirtschaft ist es aber verheerend. Bei anhaltend fallenden Preisen kauft niemand mehr. Um bei unserem Beispiel zu bleiben: Der Hersteller des Notebooks verdient kein Geld an der Produktion. Der Händler verdient kein Geld am Verkauf. Der potenzielle Käufer spart zwar Geld. Aber er schiebt zugleich auch die Anschaffung eines neuen und besseren Computers immer weiter hinaus, und das, obwohl er womöglich mit einem neuen Notebook seine Arbeiten viel schneller und effizienter erledigen könnte. Nicht selten wird der Kauf auf den Sankt-Nimmerleins-Tag verschoben, also überhaupt nicht mehr getätigt.

Was geschieht, wenn eine Deflation eingesetzt hat? Sie wird schnell zur chronischen Krankheit, die der ganzen Volkswirtschaft zusetzt: Die Nachfrage geht zurück und folglich reduzieren sich die

Lagerbestände – und damit das Warenangebot – nicht. Das wiederum zwingt die Hersteller und Händler dazu, ihre Preise abermals zu senken, um doch noch Käufer für ihre Angebote zu finden und ihre Lager zu räumen. Die potenziellen Käufer aber gehen erst recht nicht auf das verbilligte Angebot ein, sondern legen ihr Geld lieber aufs Sparkonto, wo es, weil die Waren ja immer günstiger werden, selbst bei Minizinsen schließlich immer mehr wert wird.

Übrigens ist ein Aufschub von Neuanschaffungen während einer Deflationsphase nicht nur bei Privatpersonen zu beobachten, sondern genauso bei Unternehmen. Wenn Maschinen immer billiger werden, warum sollte ein Unternehmer dann heute investieren, wo er doch sehr viel Geld sparen kann, wenn er eine Investition erst später vornimmt?

Deflation wird schnell zum Selbstläufer, zu einem Phänomen, das sich selbst verstärkt. Zum psychologischen Effekt (»Ich warte mit dem Kauf ab, bis die Ware noch billiger wird«) kommen auch noch die Auswirkungen einer solchen allgemeinen Kaufzurückhaltung hinzu: Bricht der Absatz von Waren und Dienstleistungen ein, machen die Unternehmen weniger Umsatz und verdienen weniger Geld. Deshalb sind sie gezwungen, ihrerseits zu sparen. Sie investieren weniger, kürzen die Löhne und entlassen womöglich sogar Mitarbeiter, um Lohnkosten zu sparen.

Die gekürzten Einkommen und die zunehmende Arbeitslosigkeit wiederum wirken sich abermals negativ auf den Konsum aus: Wer nur sehr wenig oder gar kein Geld verdient, ist gezwungen, zu sparen. Damit wird die Nachfrage nach Gütern und Dienstleistungen noch mehr reduziert, was weitere Unternehmen in wirtschaftliche Bedrängnis bringt und sie zwingt, Löhne zu kürzen, Teile der Belegschaft zu entlassen oder gar Insolvenz anzumelden und damit womöglich die gesamte Belegschaft nach Hause zu schicken. Ist eine Deflation erst in Gang gekommen, ist es ausgesprochen schwierig, ihr Einhalt zu gebieten. Die Krise verschärft sich mehr und mehr.

Auswirkungen einer Deflation

Deflation bedeutet: Die Menschen haben unbegrenztes Vertrauen in ihre Währung, weil deren Kaufkraft laufend steigt. Geld zu haben ist sehr viel attraktiver, als es auszugeben. Deflation macht diejenigen reicher, die hohe Geldsummen auf ihren Bankkonten oder in ihrem Tresor liegen haben. Die Mehrheit der Wohlhabenden hortet in deflationären Zeiten daher Bargeld und Guthaben bei Banken, denn das Geld wird immer wertvoller. Auch Unternehmen hüten lieber ihre Kassenbestände (sofern sie überhaupt noch welche haben), anstatt in Zukunftstechnologien und in eine effizientere Produktion zu investieren.

Allerdings gibt es in einer Deflation mehr Arme als Reiche und deren Zahl nimmt sogar zu. Den Unterprivilegierten ist das Sparen gar nicht möglich, weil ihnen das Geld kaum zum Leben reicht. Das gilt analog auch für Firmen. Längst nicht jedes Unternehmen ist in der Lage, in Zeiten einer Deflation Barrücklagen zu bilden. Weil die Nachfrage gering ist, leiden die Umsätze und erst recht die Gewinne. Für viele Unternehmen ist eine Deflation daher existenzbedrohend.

Die Verlierer einer Deflation sind außerdem Menschen, die Schulden haben. Deren Schuldenberg wächst immer mehr an. Deflation treibt viele Menschen sogar in die Überschuldung. Den Zusammenhang zwischen Deflation und Überschuldung konnte 1933 erstmals der US-amerikanische Ökonom Irving Fisher aufzeigen. Dahinter steckt folgender Mechanismus: Während einer Deflation wächst der Schuldenberg von Kreditnehmern – zwar nicht nominal, sehr wohl aber real. Um den Nennwert des Darlehens mitsamt den aufgelaufenen Zinsen zurückzuzahlen, muss ein Kreditnehmer immer mehr Arbeitsstunden ableisten. Kann er das nicht – etwa weil er arbeitslos ist oder Lohnkürzungen hinnehmen musste –, drohen Notverkäufe. Ein Häuslebauer wird also beispielsweise versuchen, seine kreditfinanzierte Immobilie zu verkaufen, um seine Schulden zu tilgen.

Das mag aus seiner Sicht genau richtig erscheinen. Gesamtwirtschaftlich betrachtet schadet ein solches Verhalten aber nur. Wenn etwa alle Häuslebauer ihre Immobilien auf einmal loswerden wollen, steigt das Angebot und folglich sinkt der Preis. Viele Schuldner können ihr Haus überhaupt nicht mehr verkaufen oder höchstens mit großen Abschlägen. Mit dem Verkaufserlös können sie ihre Kredite nicht mehr abzahlen. Es ist also gar nicht mehr möglich, sich seiner Schulden vollständig zu entledigen.

Auch für die Gläubiger, vor allem für die kreditgebenden Banken, ist die zunehmende Zahl der Überschuldungsfälle ein Problem, weil mit ihnen auch die Zahl der Kreditausfälle steigt. Das wiederum verstärkt die Vorsicht der Banken bei einer künftigen Kreditvergabe. Eine überschuldungsbedingte »Kreditklemme« zwingt Konsumenten und Unternehmen jedoch zu noch mehr Sparsamkeit. Auch das ist ein Effekt, der den Abwärtstrend einer Deflation noch verstärkt.

Deflation bewirkt daher immer einen wirtschaftlichen Stillstand oder sogar einen Rückgang. Sie führt in eine schwere Rezession und hat zudem, wie gesagt, die Tendenz, sich selbst zu verstärken. Das Wort »Abwärtsspirale« erscheint hier ausgesprochen passend.

Deflation und Geldmenge

Ein Aspekt wurde im geschilderten Beispiel allerdings noch nicht ausreichend beleuchtet: die Geldmenge. Aber sie ist wichtig, denn sie liefert oft den Initialfunken für das Zustandekommen einer Deflation. Es geht dabei um die Frage, wie viel Geld den Menschen und den Unternehmen überhaupt zum Ausgeben zur Verfügung steht. Dabei darf nicht allein das Geld betrachtet werden, das die Beteiligten vorher verdient und womöglich gespart haben. Es geht vielmehr vor allem um das Geld, das Konsumenten und Unternehmer für private Anschaffungen oder Investitionen als Kredit erhalten. Geizen die Banken mit Krediten, dann ist die Deflationsgefahr viel größer als bei einer großzügigen Kreditvergabe. Wie viel Geld die Banken den Konsumenten und Unternehmern in Form von Krediten zur Verfügung stellen, hängt aber nicht nur von ihrer Einschätzung über potenzielle Kreditausfälle ab, sondern auch davon, wie viel Geld sie sich zu welchem Zinssatz bei der Zentralbank besorgen können.

Eine absichtlich knapp gehaltene Geldmenge war einer der Hauptauslöser der Weltwirtschaftskrise, die auf den Börsencrash 1929 folgte. In diesem Punkt sind sich die Ökonomen heute weitestgehend einig. Die Great Depression konnte nur deshalb dieses verheerende Ausmaß erreichen, weil ein strikter Sparkurs und eine strikte Geldmengenbegrenzung eine Deflation geradezu heraufbeschworen. Die Geldmenge war nach dem Börsencrash 1929 von den Notenbanken drastisch reduziert worden. Die Verantwortlichen sahen diesen Schritt als notwendig an, weil es in den 1920er-Jahren diesseits und jenseits des Atlantiks infolge einer allzu großzügigen Kreditvergabe überbordende Börsenspekulationen gegeben hatte. Viele dieser Kredite platzten später. Sie konnten aber auch gar nicht anders handeln, da der Goldstandard sie dazu zwang.

In Europa spielte bei dieser restriktiven Geldpolitik die Staatsverschuldung als Folge des Ersten Weltkriegs eine große Rolle. Die Hyperinflation, die daraufhin in Deutschland, Österreich und einigen südosteuropäischen Staaten auftrat, war – und ist bis zum heutigen Tage – noch fest im Gedächtnis der Verantwortlichen verankert (mehr dazu weiter unten in diesem Kapitel im Abschnitt »Die Inflation«).

Das wollte man in den 1930er-Jahren vermeiden und kam zu dem Schluss, dass es das Beste sei, die Geldmenge strikt zu begrenzen. Die Regierungen sparten, die Notenbanken drehten den Geldhahn zu. Den Banken ging das Geld aus und sie vergaben keine Kredite mehr, weder an Unternehmen noch an Privatleute. Einfuhrzölle und sonstige Handelsbeschränkungen ließen außerdem die Nachfrage aus dem Ausland einbrechen. Und nicht zuletzt beschränkte der Goldstandard das Geldmengenwachstum.

Kurzum: Wo die Geldmenge solchermaßen begrenzt ist, werden Kredite knapp. Wo keine Kredite vergeben werden, fehlt es an der

Bereitschaft, zu konsumieren und zu investieren. Dadurch kommt es zu einem verstärkten Sparwillen und Sparzwang in der Bevölkerung und bei den Unternehmen.

Die Weltwirtschaftskrise der 1930er-Jahre liefert eine gute Erklärung dafür, warum seit 30 Jahren alles getan wird, um eine »Kreditklemme« möglichst zu vermeiden: Eine solche Kreditklemme würde schlagartig die Nachfrage verringern und die beteiligten Länder mit großer Sicherheit in eine teuflische Deflation treiben.

Heißt das umgekehrt, man könnte jede Deflation vermeiden, indem man den Geldhahn aufdreht? Es gibt viele namhafte Ökonomen, die das behaupten, so etwa der 2006 verstorbene Milton Friedman (siehe Abschnitt »Die Inflation«), an dessen Thesen sich die großzügige Geldpolitik der Fed seit vielen Jahren orientiert. Und es ist auch richtig. Mit Helikoptergeld lässt sich jede Deflation beenden. Es besteht nur die Gefahr, dass sie ins Gegenteil umschlägt.

Die Inflation

Ist Inflation das Gegenteil von Deflation? Es klingt so, aber ganz so einfach ist die Sache nicht. Einen entscheidenden Unterschied zur Deflation gibt es aber ohne jeden Zweifel: Bei einer Inflation steigen die Preise, bei einer Deflation sinken sie. Das führt aber nicht zwangsläufig dazu – hier enden die Gegensätze –, dass es Verbrauchern und Unternehmen während einer Inflation immer besser geht und der Wohlstand steigt.

Inflation und Kaufkraft

Wenn eine Inflation herrscht, verliert das Geld laufend an Kaufkraft. Eine leichte Inflation ist normal, ja sogar erwünscht. Sie ist die Folge und zugleich die Voraussetzung für kontinuierliches Wachstum. André Kostolany sagte einmal, Inflation sei wie Alkohol oder Nikotin. In Maßen wirke es durchaus förderlich, man dürfe nur nicht zum Alkoholiker oder Kettenraucher werden. Für die Europäische Zentralbank ist eine Geldentwertung bis zu 2 Prozent pro Jahr als Zielgröße akzeptabel.

Was darüber hinausgeht, wird aber schnell zum Problem. Denn ein steigendes Preisniveau können sich Privatleute und Unternehmen nicht dauerhaft leisten. Wer immer weniger Güter und Dienstleistungen für gleiches Geld bekommt, der verliert außerdem das Vertrauen in seine Währung. Eine Inflation lässt Sparmaßnahmen und jegliche finanzielle Vorsorge unsinnig erscheinen. In der Tat: Wozu sollte man Geld auf ein Konto einzahlen und mehren, wenn es in Zukunft doch immer weniger wert sein wird?

Wenn von Inflation die Rede ist, denken viele vor allem in Deutschland an das Hyperinflationsjahr 1923, als die Menschen die Geldscheinbündel mithilfe von Leiterwagen zum Bäcker schaffen mussten, nur um sich ein Brot oder ein paar Semmeln davon zu kaufen. Zwar lebt niemand mehr, der diese Zustände bewusst miterlebt hat, aber die Angst vor kompletter Geldentwertung wird in Deutschland seitdem quasi weitervererbt.

Hintergrund: Hyperinflation

Von einer Hyperinflation sprechen die Ökonomen, wenn die Abwertung einer Währung monatlich bei über 50 Prozent liegt.

Der in Europa bekannteste Fall einer Hyperinflation spielte sich 1923 in Deutschland ab. Diese rapide Geldentwertung war eine Folge der Kriegsschulden, die Deutschland im Ersten Weltkrieg in Erwartung eines sicheren Sieges auf sich geladen hatte. Sogar der Goldstandard war 1914 aufgehoben worden, um Schulden in Höhe von 154 Milliarden Mark für die Kriegsführung aufnehmen zu können, zum Teil in Form von Kriegsanleihen bei der eigenen Bevölkerung.

Am Ende des Ersten Weltkriegs war die Geldmenge bereits fünf Mal so groß wie am Anfang. Als der Krieg verloren war, blieb Deutschland auf diesen Schulden sitzen und konnte sie nicht auf irgendwelche Kriegsverlierer abwälzen. Hinzu kamen Reparationsforderungen der Alliierten in schier unermesslicher Höhe und die Aufgabe, heimkehrende Soldaten – darunter viele Kriegsversehrte – angemessen zu besolden beziehungsweise ihnen eine kleine Invalidenrente zu zahlen.

Den Weg in die rasante Geldentwertung bereitete eine Reichsfinanzreform im Jahr 1919, die durchgeführt wurde, um einen Staatsbankrott zu vermeiden. Die Regierung verpflichtete die Reichsbank zur Vergabe neuer Darlehen, die schlicht und einfach mit dem Druck von Banknoten refinanziert wurden. So kam immer mehr Geld in Umlauf, der Produktionsapparat aber lag am Boden und vieles wurde wegen der Reparationsverpflichtungen abgebaut. Es gab also viel Geld, aber keine Ware. Heute gibt es auch viel Geld, aber einen Produktionsapparat, der schier unglaubliche Warenmengen auswirft. Deshalb gibt es eben keine starke Inflation bisher. Das ganze Ausmaß der Hyperinflation wird an den folgenden Zahlen deutlich:

► Im Juli 1914 kostete 1 US-Dollar 4,20 Mark.
► Im Juli 1921 kostete 1 US-Dollar 76,70 Mark.
► Im Juli 1923 kostete 1 US-Dollar 353.412 Mark.
► Im August 1923 kostete 1 US-Dollar 4,6 Millionen Mark.
► Im September 1923 kostete 1 US-Dollar 98,9 Millionen Mark.
► Im Oktober 1923 kostete 1 US-Dollar 25,2 Milliarden Mark.
► Im November 1923 kostete 1 US-Dollar 4,2 Billionen Mark.

»Wer wird Millionär?« Ein solches Gewinnspiel wäre in Zeiten der Hyperinflation geradezu lächerlich gewesen. Alle waren Millionäre, ja sogar Milliardäre und Billionäre. Reich war indessen kaum einer. Nur wer Sachgüter besaß oder gar ein Haus oder einen Betrieb auf Kredit gekauft hatte, konnte sich glücklich schätzen: Seine Schulden wurden von Tag zu Tag geringer. Der Industrielle Hugo Stinnes kaufte sich beispielsweise während der Hyperinflation auf Kredit auf clevere Weise sein Firmenimperium zusammen. Er nutzte die Möglichkeit, seine Darlehen mitsamt Zinsen stets kurze Zeit nach der Aufnahme mit fast wertlosem Geld zurückzuzahlen.

Was aber bedeutete die Hyperinflation im Alltag anderer Menschen? Einige Anekdoten aus der damaligen Zeit, nachzulesen auch im Themenheft »Geld!« der *Spiegel*-Reihe »Geschichte«[15], machen dies deutlich: Ein Mann sitzt im Café. Er trinkt eine Tasse Kaffee für 5000 Mark, anschließend noch eine. Als ihm die Gesamtrechnung über 14.000 Mark präsentiert wird und er sich beschwert, wird er zurechtgewiesen: Wenn er pro Tasse wirklich nur 5000 Mark hätte zahlen wollen, dann hätte er beide Tassen gleichzeitig bestellen müssen.

Eine Familie beschließt, nach Amerika auszuwandern, und verkauft ihr Haus. Am Hamburger Hafen erfährt sie, dass der Verkaufserlös schon nicht mehr für die Überfahrt mit dem Schiff reicht. Es kommt aber noch schlimmer: Das Geld reicht noch nicht einmal mehr für die Bahnfahrt zurück nach Hause.

Menschen, die Geld als Lohn für ihre Arbeit erhalten haben, waren in ständiger Unruhe, denn sie mussten das Geld schnell in Lebensmittel umwandeln, bevor es nicht mehr für ein Brot, einen Schinken oder eine Wurst reichte. Übrigens holten im Herbst 1923 oft die Frauen den Lohn ihrer Männer mit dem Leiterwagen aus der Fabrik. Den brauchten sie, um die vielen Geldbündel überhaupt transportieren und zum Bäcker oder Metzger bringen und gegen Nahrungsmittel eintauschen zu können.

Dieses letzte Beispiel zeigt, wohin eine Hyperinflation zum Schluss führt: Die Menschen setzen lieber auf den Naturaltausch, weil jegliches Vertrauen in die Kaufkraft der Währung verloren geht. Bezahlt wird mit Goldschmuck, mit Eiern, mit Kohlebriketts oder mit geschlachteten Hühnern. Nach dem Zweiten Weltkrieg waren übrigens Zigaretten die beliebteste Währung. Die Menschen kaufen Lebensmittel auf Vorrat und horten, was sie nur horten können. Hyperinflation führt letztlich dazu, dass die Waren knapp werden und dass auch ständige Lohnerhöhungen (im Herbst 1923 wurden zum Teil täglich die Löhne erhöht) nicht mehr reichen, um sie zu bezahlen. Wer für Lebensmittel und Kleidung nur heimische Banknoten bieten kann, geht leer aus. Allenfalls gegen Naturalien oder ausländisches Geld kann man sich noch mit dem Nötigsten eindecken. Ausländer mit britischen Pfund-Noten oder amerikanischen Dollars lebten während der Hyperinflation übrigens wie Könige in Deutschland. Mit ihren Devisen konnten sie sich alles kaufen.

Logistisch war die Hyperinflation übrigens eine echte Herausforderung. Die Reichsbank, die in Sachen Geldpolitik völlig versagt hatte, konnte sich doch immerhin diese Leistung auf die Fahnen schreiben: Sie schaffte es, das ganze Deutsche Reich lückenlos mit Unmengen von Bargeld zu versorgen. Allein 7500 Angestellte waren in der Reichsdruckerei damit beschäftigt, immer neue Banknoten zu drucken.

Die Hyperinflation fand ein Ende, als im Rahmen einer Währungsreform die Rentenmark eingeführt wurde. Sie war zwar nicht mit Gold gedeckt, aber durch eine Hypothek auf das deutsche Gewerbe und auf die deutsche Landwirtschaft. Für diese Deckung stand die neu gegründete, unabhängige »Deutsche Rentenbank« gerade. Ob die Abwicklung einer solchen Deckung im Ernstfall funktioniert hätte, darf bezweifelt werden. Aber schon ihr Vorhandensein stellte das Vertrauen der Menschen in die neue Währung wieder her.

Zumal die Reichsbank zugleich die Ausgabe immer neuer Schuldtitel beendete und damit aufhörte, Banknoten in diesem exzessiven Ausmaß zu drucken. Zur Beendigung der Hyperinflation trug auch die Tatsache bei, dass die deutsche Regierung sparte und die Steuern erhöhte, was zu einer Haushaltskonsolidierung führte.

Keiner der politisch Verantwortlichen kann heute ein Interesse daran haben, dass unsere Währung einen solchen Vertrauensverlust erleidet und solchermaßen destabilisiert wird.

Doch eine Hyperinflation ist gar nicht notwendig. Auch eine Inflation zwischen 5 und 10 Prozent führt auf Dauer zu einem enormen Kaufkraftverlust. Hier zur Verdeutlichung einige Rechenbeispiele.

Hintergrund: Kaufkraftverlust bei Inflation

Welche Kaufkraft haben 1000 Euro nach einer bestimmten Zeit, wenn Inflation herrscht? Rechnen wir das Ganze doch einfach einmal durch:

Beispiel 1: Die Inflationsrate beträgt jährlich 5 Prozent:

- ▶ Nach einem Jahr beträgt die Kaufkraft nur noch 952,38 Euro.
- ▶ Nach fünf Jahren beträgt die Kaufkraft nur noch 783,53 Euro.
- ▶ Nach zehn Jahren beträgt die Kaufkraft nur noch 613,91 Euro.
- ▶ Nach 15 Jahren beträgt die Kaufkraft nur noch 481,02 Euro (Das Geld hat also faktisch schon über die Hälfte seines Wertes eingebüßt!)
- ▶ Nach 20 Jahren beträgt die Kaufkraft nur noch 376, 89 Euro.

Beispiel 2: Die Inflationsrate beträgt jährlich 8 Prozent:

- ▶ Nach einem Jahr beträgt die Kaufkraft nur noch 925,93 Euro.
- ▶ Nach fünf Jahren beträgt die Kaufkraft nur noch 680,58 Euro.
- ▶ Nach zehn Jahren beträgt die Kaufkraft nur noch 463,19 Euro (Das Geld hat also faktisch schon über die Hälfte seines Wertes eingebüßt!)
- ▶ Nach 15 Jahren beträgt die Kaufkraft nur noch 315,24 Euro. (Das ist weniger als ein Drittel des ursprünglichen Wertes!)
- ▶ Nach 20 Jahren beträgt die Kaufkraft nur noch 214,55 Euro. (Das ist weniger als ein Viertel des ursprünglichen Wertes!)

Beispiel 3: Die Inflationsrate beträgt jährlich 10 Prozent:

- ▶ Nach einem Jahr beträgt die Kaufkraft nur noch 909,09 Euro.
- ▶ Nach fünf Jahren beträgt die Kaufkraft nur noch 620,92 Euro. (Das Geld hat also faktisch schon ein gutes Drittel seines Wertes eingebüßt!)
- ▶ Nach zehn Jahren beträgt die Kaufkraft nur noch 385,54 Euro. (Das ist ein Verlust von über 60 Prozent!)

- Nach 15 Jahren beträgt die Kaufkraft nur noch 239,39 Euro. (Das ist weniger als ein Viertel des ursprünglichen Wertes!)
- Nach 20 Jahren beträgt die Kaufkraft nur noch 148,64 Euro. (Das ist weniger als ein Sechstel des ursprünglichen Wertes!)

Die Folge einer Inflation ist eine Flucht in Sachwerte. Den schädlichen Folgen einer Inflation entgeht nur, wer rechtzeitig investiert und langlebige Sachgüter oder Unternehmensbeteiligungen kauft. Eigentümer von Immobilien, von Handwerksbetrieben, Produktionsmitteln, von Gold oder von Aktien müssen bei einer allgemeinen Preissteigerung nicht um den Wertverlust ihres Vermögens fürchten. Wer Sachwerte besitzt, ist gegen den Preisverfall gewappnet – allerdings mit der Einschränkung, dass er sich die tagtäglichen Bedarfsgüter trotzdem kaufen muss und sein in Sachwerten »geparktes« Vermögen zu diesem Zweck nicht unbedingt liquidieren kann.

Schuldner sind die Profiteure einer Inflation

Von einer Inflation profitieren vor allem die Schuldner. Sie können sich mittels einer Inflation bequem ihrer Schulden entledigen.

Die Entschuldung via Inflation funktioniert hinreichend gut, vorausgesetzt, ein Staat oder seine Bürger und Unternehmen haben sich in Eigenwährung und nicht in Fremdwährung verschuldet. Dazu muss die Notenbank nur – bildlich gesprochen – immer mehr Banknoten drucken und die Gläubiger damit bedienen. Diese erhalten zwar nominal den gleichen Betrag zurück, den sie dem betreffenden Staat mit dem Kauf seiner Staatsanleihen einst geliehen haben. Tatsächlich aber hat das bei Fälligkeit zurückgezahlte Geld eine viel geringere Kaufkraft als zum Zeitpunkt des Anleihenkaufs (siehe Beispielrechnung oben). In einem auf Papiergeld beruhenden

Geldsystem gleichen die Geldscheine einem Wertpapier, das eine Zahlungsverpflichtung des Staates darstellt. Dieser entledigt er sich via Inflation ganz elegant.

Bei Gläubigern aus anderen Ländern beziehungsweise Währungszonen heißt das: Die Umtauschrelation zwischen ihrer eigenen Währung und der Währung, in der sie ihre Schulden aufgenommen haben, verändert sich zu ihren Ungunsten. Sie bekommen in ihrer eigenen Währung weniger Geld zurück, als sie anfangs – beim Kauf der fremden Staatsanleihen – investiert haben. Je nachdem, wie hoch die Inflationsunterschiede zwischen verschiedenen Währungen ausfallen, ändert sich über kurz oder lang die Umtauschrelation.

Von einer Inflation profitieren daneben aber auch die »kleinen« Schuldner, etwa Immobilienkäufer, die ihr Haus mit einem Hypothekendarlehen finanziert haben. Wer einen Kredit aufgenommen hat, kann diesen bei einer fortschreitenden Geldentwertung vergleichsweise bequem zurückzahlen. Die Rückzahlungssumme bezieht sich auch hier auf den Nominalwert und nicht auf die reale Kaufkraft der geschuldeten Summe. Ein Kreditnehmer wird für die ursprünglich geliehene Kreditsumme immer weniger arbeiten müssen, denn während einer Inflation steigen als Ausgleich für die steigenden Preise meist auch die Löhne Zug um Zug.

Wie Inflation entsteht

Inflation bedeutet nichts anderes, als dass die Preise steigen. Sprechen wir von Inflation, dann meinen wir gemeinhin die Preissteigerungsrate der Lebenshaltungskosten. Aber Inflation gibt es natürlich auch bei Vermögensgütern wie beispielsweise Aktien oder Immobilien. Ausgelöst wird sie immer durch eine das Angebot übersteigende Nachfrage. Auch die Verbraucherpreise steigen nur, sofern die Nachfrage der Verbraucher höher ist als das Angebot an Waren. Ist dies der Fall, wird in einer gut funktionierenden Wirtschaft der Warenausstoß durch die Unternehmen einfach erhöht, so dass der Preisanstieg gestoppt wird oder für die betroffenen Güter die Preise wieder auf ihr ursprüngliches Niveau zurückfallen. Problematisch wird es jedoch, wenn die Ware natürlich begrenzt ist, wie beispielsweise bei Rohstoffen. So sind die Ölförderkapazitäten genauso begrenzt wie das Fördervolumen von Metallminen oder die Ackerbaufläche. Zwar lässt sich, solange die Erde Vorrat bietet, auch die Rohstoffgewinnung ausweiten, es dauert jedoch oft Jahre, bis nennenswerte Kapazitäten erschlossen werden. Fabriken, die Fernseher oder Automobile herstellen, können ihre Kapazitäten bedeutend schneller ausweiten. In den vergangenen gut drei Jahrzehnten gab es deshalb auch kaum Inflation bei den Verbraucherpreisen. Die Globalisierung mit neuen Fertigungsstätten in Osteuropa und anderen Schwellenländern sorgte für enorme Überkapazitäten. Der dadurch entstehende Wettbewerbsdruck sorgte für Güter immer besserer Qualität zum gleichen oder sogar zu einem tieferen Preis.

Eine Inflation entwickelt sich immer in verschiedenen Stufen. Es beginnt zumeist mit der rein nachfragegetriebenen Inflation. Ist diese nicht zu stoppen, setzen sogenannte Zweitrundeneffekte ein, welche die Inflation weiter anheizen. Das bekannteste Phänomen ist die Lohn-Preis-Spirale. Sind die Preise schon längere Zeit gestiegen, richten sich die Lohnforderungen der Arbeitnehmerseite bei Tarifverhandlungen danach. Wird ein weiterer Preisanstieg erwartet, fallen diese Forderungen automatisch umso höher aus, was eine Lohn-Preis-Spirale in Gang setzen kann.

Hintergrund: Lohn-Preis-Spirale

Wer war zuerst da, die Henne oder das Ei? Diese Frage stellt sich in abgewandelter Form auch während einer Inflationsphase. Die ständig steigenden Preise führen zu höheren Lohnforderungen der Gewerkschaften. Schließlich sollen die Arbeitnehmer mit ihren Löhnen den Kaufkraftverlust der Vergangenheit ausgleichen können. Die höheren Lohnforderungen spiegeln sich in höheren Tarifabschlüssen wider. Das bleibt aber nicht ohne Folgen. Die Unternehmen geraten dadurch unter höheren Kostendruck und müssen versuchen, die gestiegenen Lohnkosten durch eine Erhöhung der Preise für ihre Produkte und Dienstleistungen wieder hereinzuholen. Wegen des allgemeinen Preisanstiegs wiederum brauchen die Arbeitnehmer erst recht mehr Geld, um sich den bisherigen Lebensstandard auch leisten zu können. Sie werden also in der nächsten Tarifrunde noch einmal höhere Abschlüsse durchsetzen. Abermals sind die Unternehmen deshalb gezwungen, die Preise zu erhöhen und an die Verbraucher weiterzugeben. Das Spiel setzt sich fort. Ganz fatal wird es, wenn die Gewerkschaften in die Tarifverträge einen Automatismus hineinschreiben lassen, der die Löhne automatisch mit der Inflation steigen lässt.

Als dritte und ultimative Stufe der Inflation ist die »Inflationspsychose« zu bezeichnen. Sie tritt dann ein, wenn die Inflation ein solches Niveau an Höhe und Dauerhaftigkeit erreicht hat, dass die Sparer die Angst packt, ihr Vermögen könnte sich zu großen Teilen entwerten. In Panik versuchen sie nun, ihr Geld vor der Inflation zu schützen, und stecken es in Sachwerte, die in der Inflation schließlich steigen und den Wertverlust des Geldes ausgleichen können. In den 1970er-Jahren haben die Leute schließlich auch alte Kaffeemühlen oder Nähmaschinen gekauft, um sich vor der Inflation zu schützen.

Spätestens wenn diese dritte Stufe eintritt, wird die Inflation zur sich selbst erfüllenden Prognose. Die Flucht in Sachwerte wie Rohstoffe oder Immobilien lässt diese nur noch weiter steigen, was die Inflation abermals anheizt. Denn steigen die Immobilienpreise, steigen auch die Mieten.

Inflationsberechnung – »Traue keiner Statistik ...«

Die monatlich veröffentlichten Zahlen zur Preisentwicklung (in Deutschland vom Statistischen Bundesamt errechnet) stimmen oft nicht mit dem Erleben der Menschen überein. Davon können Sie sicher ebenso ein Lied singen wie ich: Bei Speisekarten im Restaurant hat man beispielsweise das Gefühl, die Gastwirte hätten die ursprünglichen Zahlen unverändert gelassen und lediglich die Währungsangabe »DM« durch »Euro« ausgetauscht. Eine Pizza, für die man früher 10 D-Mark zahlte, kostet heute 10 Euro und ein Bier, das früher für 2,50 D-Mark zu haben war, kostet heute 2,50 Euro.

»Euro = Teuro«, diese Gleichung haben die Verbraucher seit Einführung der Gemeinschaftswährung aufgestellt. Rechnet man allerdings nach, dann ist man verblüfft: Die Teuerungsrate hätte von Anfang 2002 (dem Jahr der Einführung des Euros) bis einschließlich 2008 durchschnittlich mehr als 12 Prozent pro Jahr betragen müssen, wenn es in dieser Zeit wirklich zu einer faktischen Verdopplung der Preise gekommen wäre.

Tatsächlich aber weisen die Statistiker der Euro-Zone für die Jahre 2002 bis 2008 nur eine durchschnittliche Teuerungsrate von 1,7 Prozent aus (Verbraucherpreisindex) mit einem Niedrigstwert von 1,0 Prozent im Jahr 2003 und einem Höchstwert von 2,8 Prozent im Jahr 2008. Wie kommt es zu diesen gravierenden Unterschieden zwischen »gefühlter« und »errechneter« Inflationsrate?

Zunächst sollten wir uns vor Augen führen, wie das Statistische Bundesamt den Verbraucherpreisindex, die gängigste Messgröße zur Ermittlung der Inflation, überhaupt berechnet.

Hintergrund: Inflationsberechnung in Deutschland

Rund 700 Güter und Dienstleistungen (von der Kartoffel über die Stromlieferung bis zum Haarschnitt) umfasst der sogenannte repräsentative

Warenkorb. Für diese Güter erfassen die Preiserheber der Statistischen Landesämter und des Statistischen Bundesamts monatlich in den verschiedenen Bundesländern und Regionen die Preise, wobei sie in der Regel das meistgekaufte Produkt einer Kategorie wählen.

Die Zusammensetzung des Warenkorbs wird regelmäßig alle fünf Jahre aktualisiert, um die geänderten Verbrauchergewohnheiten zu erfassen. Beispielsweise gehören heute Schreibmaschinen nicht mehr zum Warenkorb. Da fast jeder heute einen Computer benutzt, haben Rechner die einst üblichen Schreibmaschinen ersetzt. Auch bei Dienstleistungen gibt es Anpassungen. So sind etwa im aktuellen Warenkorb Transaktionsgebühren für Wertpapiergeschäfte enthalten. Früher hingegen flossen allein die Kontogebühren der Banken in die Inflationsberechnung mit ein. Der Kauf von Aktien oder Fondsanteilen ist inzwischen bei den meisten Verbrauchern üblich (und sei es nur über einen bei der Hausbank abgeschlossenen Sparplan).

Der Warenkorb allein wäre aber nicht aussagekräftig, wenn die einzelnen Güter und Dienstleistungen nicht zusätzlich gewichtet würden. Diese Gewichtung nennt sich »Wägungsschema«. Dazu führen im Auftrag der Statistischen Landesämter beziehungsweise des Statistischen Bundesamts zahlreiche Familien akribisch Buch über ihre Einkäufe. Sie listen auf, was genau sie kaufen und wie oft. Ein Beispiel: Einen Fernseher kauft sich eine Familie im Durchschnitt alle zehn Jahre. Ihre Miete dagegen zahlt die gleiche Familie Monat für Monat. Entsprechend darf die Anschaffung eines Fernsehers bei der Indexberechnung nur ein viel geringeres Gewicht bekommen als die Entwicklung der Mieten. Die Gewichtung der einzelnen Ausgabengruppen im Warenkorb sieht im Basisjahr 2015, das auch für die Berechnungen 2020 herangezogen wird, beispielsweise so aus (Quelle: Statistisches Bundesamt):

- ▶ Warmmiete: rund 32 Prozent.
- ▶ Lebensmittel und alkoholfreie Getränke: rund 10 Prozent.
- ▶ Alkoholische Getränke und Tabak: rund 3 Prozent.

- Bekleidung und Schuhe: rund 6 Prozent.
- Einrichtungsgegenstände und technische Geräte (inklusive Instandhaltung): rund 5 Prozent.
- Gesundheitspflege: rund 5 Prozent.
- Verkehr: rund 13 Prozent.
- Post, Telefon, Handy: rund 3 Prozent.
- Freizeit, Unterhaltung, Kultur: rund 11 Prozent.
- Bildung: rund 1 Prozent.
- Gastronomie: rund 5 Prozent.
- Sonstiges: rund 6 Prozent.

Jede dieser Preiskategorien setzt sich aus einer Vielzahl von Gütern und Dienstleistungen zusammen, die ihrerseits gewichtet werden. Aus den Preisen, welche die Preiserheber zuvor ermittelt haben, und der Gewichtung wird dann der Verbraucherpreisindex errechnet. Außerdem weist das Statistische Bundesamt für die einzelnen Ausgabenarten verschiedene Unterindizes aus.

Den aktuellen Verbraucherpreisindex teilt das Statistische Bundesamt Monat für Monat der Europäischen Zentralbank mit. Da die Inflationsbekämpfung zu ihren Kernaufgaben gehört, berücksichtigt die EZB diese Daten (und natürlich auch die der anderen Euro-Länder) bei all ihren geldpolitischen Entscheidungen.

Die offiziellen Inflationsraten sind aber beispielsweise auch Grundlage für Lohnforderungen bei Tarifverhandlungen. Ebenso wirken sie sich auf das Niveau der Renten, Beamtenpensionen und staatlichen Sozialleistungen aus. Sie beeinflussen außerdem die Zahlen über die Entwicklung des Bruttoinlandsprodukts. Je niedriger die Inflationsrate, desto höher das reale BIP.

Noch ein Wort zur »gefühlten« Inflationsrate. Sie ist laut Statistischem Bundesamt oft schon deswegen deutlich höher, weil wir Negatives stärker wahrnehmen als Positives. So sind die Preise für Telekommunikation beispielsweise deutlich gesunken, die in der Gastronomie aber in der Tat gewaltig gestiegen. Außerdem bekommen wir die Preisänderungen beim Bäcker, im Gasthaus und im Supermarkt sehr viel häufiger mit, weil sie mit einem alltäglichen und sehr häufigen Bezahlvorgang verbunden sind. So ärgern wir uns womöglich bei jedem Einkauf oder jedem Restaurantbesuch über gestiegene Preise. Erhöht sich dagegen die Miete, erregt das zwar einmal unseren Unwillen, nämlich wenn der Vermieter das ankündigt. Anschließend aber wird die höhere Miete von unserem Konto abgebucht, was wir nicht weiter zur Kenntnis nehmen, obwohl es sich in der Realität viel stärker auf unsere Ausgabensituation auswirkt.

Übrigens: Wenn Sie Interesse daran haben, ermitteln Sie doch einmal Ihren persönlichen Verbraucherpreisindex. Nichtautofahrer geben beispielsweise kein Geld für Benzin aus, Nichtraucher kein Geld für Zigaretten. Es kann folglich interessant sein, die einzelnen Güterarten nach Ihren eigenen Vorlieben und Gewohnheiten zu gewichten und Ihre persönliche Inflationsrate errechnen zu lassen. Das Statistische Bundesamt bietet eine entsprechende Funktion auf seiner Internetseite an. Gehen Sie auf www.destatis.de, klicken Sie rechts oben auf »Menü« und dann in der Kategorie »Themen« auf »Preise«. Sie finden dann unter der Überschrift »Verbraucherpreisindex« einen »persönlichen Inflationsrechner«, bei dem Sie nach Herzenslust eigene Eingaben machen und ein wenig herumprobieren können.

Kritiker zweifeln immer wieder an der Zusammensetzung des Warenkorbs und an der Gewichtung der darin enthaltenen Güter und Dienstleistungen. Nicht selten wird den Statistikern des Bundesamts Manipulation vorgeworfen. Man muss es den Deutschen aber lassen: Sie bemühen sich wenigstens um Realitätsnähe. Ihre Ermittlung der Inflationsrate beziehungsweise des Verbraucherpreisindex ist deutlich praxistauglicher als das, was etwa in den USA, in Großbritannien oder in Australien üblich ist.

In diesen angelsächsischen Ländern gilt das Prinzip der »hedonischen Inflationsberechnung« und das kommt der scherzhaften,

Winston Churchill zugeschriebenen Aussage »Traue keiner Statistik, die du nicht selbst gefälscht hast« verblüffend nahe. Denn mit ein paar statistischen Kniffen lassen sich unliebsame Wahrheiten, wie beispielsweise die wahre Höhe der Inflationsrate, trefflich schönrechnen.

Hintergrund: Hedonische Inflationsberechnung

Kann man ein heute erhältliches Handy mit neuester Technik überhaupt mit einem Mobiltelefon vergleichen, das vor zehn Jahren als technischer Standard galt? Nein, sagen die Statistiker etwa in den USA. Mit einem heutigen Handy ist es problemlos möglich, ins Internet zu gehen, Bilder und sogar ganze Videobotschaften zu verschicken, Filme anzuschauen, E-Mails zu empfangen und zu senden und sich nicht bloß mit ein paar SMS zu begnügen. Würde man heute ein Handy kaufen, das dem Stand von vor zehn Jahren entspräche, dann wäre es bedeutend billiger zu haben als die neuesten Handymodelle, die heute auf dem Markt sind.

Also gehen die Statistiker hin und nehmen die Preise für die früher üblichen, heute technisch veralteten Mobiltelefone als Grundlage für ihre Inflationsberechnung. Dabei vernachlässigen sie allerdings den Umstand, dass die einfachen Handys zumindest als nagelneue Modelle gar nicht mehr auf dem Markt erhältlich sind und dass ein Käufer folglich nicht die Wahl hat, tatsächlich für weniger Geld ein einfacheres Modell zu erstehen. Diese Option steht ihm zumindest dann nicht zur Verfügung, wenn er ein neues Gerät haben möchte.

Ähnlich kann man die Preise für Computer, für Autos, für Fernseher, für DVD-Geräte, ja für alle technischen Gerätschaften bei der Inflationsermittlung künstlich herunterrechnen. Selbst die Spritpreise lassen sich auf diese Weise manipulieren, schließlich gibt es an den Tankstellen jetzt überall das verbesserte Superbenzin mit verringerter Oktanzahl und zahlreichen positiven Spritspar-Eigenschaften zu tanken anstelle des früher üblichen Normalbenzins. Mit anderen Worten: Die höhere Qualität vieler

Güter und Dienstleistungen dient als willkommene Ausrede, um die steigenden Preise zu rechtfertigen beziehungsweise zu verschleiern.

Sie sehen, man muss nur genügend Fantasie entwickeln und schon entspricht die Inflationsrate ganz den Vorgaben der Mächtigen. Wobei es in den USA laut der Website www.shadowstats.com bereits zwei solcher Berechnungsänderungen gab: eine 1983 unter Ronald Reagan und eine 1998 unter Bill Clinton. Das Ergebnis konnte sich sehen lassen. Die erste dieser Reformen senkte die Inflationsrate um rund 6 Prozentpunkte. Die zweite brachte immerhin noch einmal eine Reduktion um gut 2 Prozentpunkte.

Tatsächlich aber haben die Verbraucher trotz dieser Zahlen weniger Geld im Portemonnaie beziehungsweise auf ihrem Konto als vorher. Denn sie müssen nun einmal das kaufen, was auf dem Markt ist – und nicht das, was es früher einmal in einfacherer Ausstattung gab. Dafür berappen sie dann aber auch zwangsläufig die höheren Preise. Durch diesen Umstand dürften die Reallöhne in den USA in den vergangenen Jahren bereits massiv gesunken sein.

Mein Tipp lautet: Beobachten Sie in Zukunft genau, wie die Verbraucherpreise im Euro-Raum ermittelt werden. Es ist nämlich durchaus denkbar, dass steigende Inflation auch hier mit solchen Mitteln kleingerechnet wird, offiziell natürlich zum Zweck einer besseren Vergleichbarkeit mit den angelsächsischen Ländern. Bei Meldungen über die offizielle Inflationsrate sollten Sie sich jedenfalls nicht damit begnügen, nur die Überschriften zu lesen, sondern Sie sollten auch mögliche »Anpassungen« der Berechnungsmethode kritisch mitverfolgen, auch wenn diese womöglich erst ganz hinten in der entsprechenden Zeitungsmeldung in einem kleinen Nebensatz abgehandelt werden.

Bei den offiziellen Zahlen zur Inflationsentwicklung aus den USA, Großbritannien und Australien kann ich nur sagen: Vorsicht! Diese statistischen Berechnungen sollten Sie schon jetzt nicht für bare Münze nehmen.

Inflation und Geldmenge

Was bei der Deflation gilt, ist auch bei einer Inflation Tatsache: Inflation und Geldmenge hängen eng miteinander zusammen. Auf diesen Zusammenhang machte 1963 der US-amerikanische Ökonom Milton Friedman aufmerksam.

Hintergrund: Milton Friedman und die Monetaristen

Der US-Ökonom Milton Friedman (1912–2006) äußerte im Jahr 1963 die Überzeugung: »Inflation is always and everywhere a monetary phenomenon.« (Frei übersetzt: »Inflation ist immer und überall eine Frage der Geldmenge.«) Damit widersprach er den meisten anderen Wirtschaftswissenschaftlern, die eine Teuerung vorwiegend etwa auf einen Ölpreisanstieg oder auf steigende Löhne und eine damit einsetzende Lohn-Preis-Spirale (siehe oben) zurückführten.

Friedmans Theorie lässt sich im Prinzip mit einem einfachen Gedankenspiel nachvollziehen. Angenommen, es existiert ein kleines Volk auf einer Insel, das eine bestimmte Menge an Waren für den Eigenbedarf produziert. Der Einfachheit halber nehmen wir an, ein Außenhandel finde nicht statt. Für diese Waren wird auf dieser Insel ein bestimmter Preis gezahlt. Wenn sich allerdings die Geldmenge verdoppelte, dann würde es – sofern Angebot und Nachfrage gleich blieben – nicht lange dauern und die Preise würden ebenfalls auf das Doppelte ansteigen.

Friedman zog aus diesem Zusammenhang aber auch den Umkehrschluss: Er war der Ansicht, die Gefahr einer Deflation lasse sich ganz simpel durch eine entsprechende Geldpolitik verhindern. Die Notenbank müsse nur die Geldmenge ausweiten, schon sei das Problem gelöst. Friedman und die von ihm begründete ökonomische Schule der Monetaristen forderten eine stetige Ausweitung der Geldmenge, damit ein konstantes Wirtschaftswachstum überhaupt möglich sei.

Mit ihren Forderungen standen und stehen die Anhänger Friedmans in einem gewissen Widerspruch zu John Maynard Keynes, der bei einem drohenden Abschwung vielmehr den Staat in der Pflicht sah, Konjunkturprogramme aufzulegen und auf diese Weise die Wirtschaft anzukurbeln (zur Not durch Staatsschulden finanziert).

Heute, so scheint es, stehen die Monetaristen und die Neokeynesianer nicht mehr in einem so krassen Widerspruch zueinander. Beide Maßnahmen (Geldmengenausweitung der Notenbank à la Friedman und staatliche Konjunkturprogramme à la Keynes) werden heute miteinander kombiniert, statt in Konkurrenz zueinander zu stehen. Womit letztlich keine der Fraktionen mehr den Beweis erbringen kann, dass ihre Maßnahme dafür verantwortlich ist, die Ausweitung einer Krise zu verhindern oder an dieser Aufgabe womöglich zu scheitern.[16]

Was Milton Friedman aber offenbar nicht hinreichend berücksichtigt hat: Eine große Geldmenge kann statt einer allgemeinen Teuerung auch eine Spekulationsblase erzeugen, und sei es nur, dass das Geld in *Carrytrades* fließt statt in die eigene Realwirtschaft. Solche Spekulationsblasen aufgrund stark ausgeweiteter Geldmengen gab es in den letzten Jahrzehnten gleich mehrfach in ähnlicher Form. Wie bereits in Kapitel 3 ausführlich beschrieben, führten die niedrigen Zinsen und großen Geldmengen während der Dotcom-Blase Ende der 1990er-Jahre zunächst zu einer Aktienpreisinflation. Ein Aktienfieber brach aus, vor allem für Technologie-, Kommunikations- und Internetunternehmen wurden an der Börse Mondpreise gezahlt. Ein wenig so wie heute, hat man das Gefühl.

Kaum war die Dotcom-Blase geplatzt und das Geld erst recht billig und im Übermaß verfügbar, kam es zu einer Immobilienpreisinflation. Die Preise für Häuser, Wohnungen und Gewerbeimmobilien stiegen über jedes vernünftige Maß hinaus an, und das sowohl in den USA als auch beispielsweise in Spanien und England. In den USA gesellte sich die Spekulationsblase mit verbrieften Immobilienkrediten und ihren Absicherungsinstrumenten (*Credit Swaps*) zur Immobilienblase dazu. Wobei sich die Ökonomen darüber streiten, wann eine übermäßig ausgeweitete Geldmenge zu einer allgemeinen Inflation führt und wann sie lediglich eine Spekulationsblase aufbläht.

Nach den Immobilien kamen dann nach der Finanzkrise die Anleihen dran, deren Kurse immer weiter stiegen mit dem Ergebnis stark fallender Renditen.

Der französische Politikwissenschaftler Jean-Paul Fitoussi führt das Entstehen solcher Blasen anstelle einer allgemeinen Teuerung auf eine ungleiche Verteilung der Einkommen zurück, womit er allerdings der Mehrzahl der Ökonomen widerspricht. Dennoch erscheint seine Argumentation plausibel: Es gab in den letzten 25 Jahren (anders als noch in den 1970er-Jahren) eine kontinuierliche Umverteilung von unten nach oben. Leute, die genug Geld zum Leben haben und die im Laufe der Zeit immer reicher geworden sind, suchen bei niedrigen Zinsen stets nach Möglichkeiten, dieses Geld weit gewinnbringender anzulegen als zu sicheren Bankzinsen. Sie fanden eine solche Möglichkeit in Technologieaktien (Dotcom-Blase) und später in Immobilien beziehungsweise in verbrieften Immobilienkrediten und ebenso verbrieften *Credit Swaps* (Immobilienkrise, Finanzkrise).

Fitoussi prognostizierte nach der Finanzkrise für die kommenden Jahre die nächste Blase, da sich an der Ungleichverteilung des Geldes nicht viel geändert hatte. Wie wir wissen, hatte er recht. Sowohl Aktien als auch Anleihen stiegen und nach kurzer Pause auch wieder die Immobilienpreise.

KAPITEL 6

Inflation als Chance – nicht nur schützen, sondern profitieren

Neben der volkswirtschaftlichen und politischen Sicht, aus der die Inflation am Ende doch das geringere Übel zur Überwindung der Verschuldungskrise zu sein scheint, gibt es natürlich auch eine ganz individuelle Sicht auf das, was uns da erwartet. In der Marktwirtschaft ist es dem einzelnen Anleger natürlich erlaubt, so er die Situation voraussieht, sich vor der Inflation zu schützen. So weit muss das soziale Gewissen bei Weitem nicht gehen, als dass man sein Erspartes quasi zur Schlachtbank führen lässt, wo es dann zwecks Entschuldung des Staates und der Wirtschaft weginflationiert wird. Und die gute Nachricht lautet: Es gibt durchaus sehr geeignete Möglichkeiten, sein Geld vor der Entwertung zu schützen.

Die schlechte Nachricht allerdings ist, dass insbesondere die Mehrheit der Deutschen es nicht schaffen wird. Das steht für mich heute schon fest. Kein Volk spart so konservativ und sicherheitsbewusst wie wir. Aus diesem Grund ist der Anteil der Ersparnisse, der auf Sparbüchern, in Festgeldern oder anderen risikolosen festverzinslichen Anlagen gespart wird, so hoch wie fast nirgendwo. Immer noch liegen zwei Drittel der Geldvermögen privater Haushalte in Geldwerten. Diese schrumpfen bereits seit Jahren und werden weiter schrumpfen.

In den vergangenen 100 Jahren haben die Deutschen mehrmals fast ihr gesamtes Vermögen verloren. Meine Generation, die bereits etwas auf die hohe Kante gelegt und demnächst viel Erbe zu erwarten hat von der ersten Elterngeneration, die nicht alles im Krieg verlor, wird möglicherweise zumindest wieder einen Großteil dahinschmelzen sehen.

Konventionelles Sicherheitsdenken bietet keinen Inflationsschutz

Wo wir auch stehen und gehen, überall schallt uns seit Jahren die Ermahnung entgegen, doch bitte schön finanziell genügend vorzusorgen. Es besteht kein Zweifel: Das ist auch nötig, denn von einer sicheren Rente kann angesichts der Löcher in der staatlichen Rentenversicherung nicht die Rede sein. Aber auch wer nicht zu den gesetzlich Versicherten gehört, kommt um eine zusätzliche private Vorsorge in aller Regel nicht herum. Es ist nicht davon auszugehen, dass Beamten- und Betriebspensionen sowie die Auszahlungen berufsständischer Versorgungswerke (etwa für Ärzte, Rechtsanwälte oder Architekten) zwangsläufig für einen Erhalt des bisherigen Lebensstandards und ein sorgenfreies Leben im Ruhestand reichen werden, auch wenn diese Pensionen in aller Regel voraussichtlich besser ausfallen als die Rentenzahlungen der gesetzlichen Kassen.

Der Appell, zu sparen, ist inzwischen bei der Mehrheit der Bevölkerung angekommen. Die Notwendigkeit einer eigenen finanziellen Vorsorge sehen die meisten ein. Immerhin unterstützt der Staat hierzulande die private Altersvorsorge. Wer fürs Alter vorsorgt, wird nicht selten in irgendeiner Form begünstigt. So sind die Gehaltsumwandlungen zugunsten einer betrieblichen Direktversicherung zum größten Teil von Steuern und Sozialabgaben befreit. Bei der Riester-Rente gibt es direkte staatliche Zuschüsse und in einigen Fällen zusätzlich noch eine steuerliche Begünstigung.

Bei Rürup-Verträgen besteht die staatliche Unterstützung aus der steuerlichen Absetzbarkeit der Prämien. Steuerlich absetzbar sind zudem – zumindest teilweise – auch die Prämien bestimmter Kapitallebens- und Rentenversicherungen. Die Auszahlungen bleiben günstigstenfalls steuerfrei oder werden nur zur Hälfte besteuert.

Traditionell im Fokus der Bemühungen: Der Kapitalerhalt

Interessant dabei ist, dass die Regierenden bei den ganzen staatlich gestützten Vorsorgeprogrammen einerseits auf größtmögliche Sicherheit pochen, andererseits aber eine mögliche Inflationsgefahr in ihr Sicherheitskalkül gar nicht erst einbeziehen. Staatliche Förderung oder Begünstigung genießen vor allem Vorsorgeformen, die auf den vollständigen Erhalt des eingezahlten Kapitals abstellen und insofern vermeintlich komplett risikofrei sind.

Ein besonders offensichtliches Beispiel für diese auf den reinen Kapitalerhalt ausgerichtete Förderpolitik ist die Riester-Rente. Ob Rentenversicherung, ob Fondssparplan oder ob Bausparvertrag: Alle förderfähigen Riester-Vorsorgeprodukte müssen die gesetzliche Auflage erfüllen, dass dem Vertragsnehmer am Schluss mindestens die eingezahlten Beiträge plus die staatlichen Zulagen garantiert werden. Bei anderen, vermeintlich riskanteren Anlage- und Vorsorgeformen wie Aktien oder Aktienfonds sucht man dagegen vergeblich nach staatlicher Begünstigung.

Diese Politik zugunsten der »risikolosen« Geldanlagen – von Politikern fast aller Couleur verfolgt – spiegelt dabei aber nur die Haltung wider, die der deutsche Otto Normalverbraucher beziehungsweise Otto Normalsparer ohnehin seit Jahrzehnten vertritt: »Hauptsache sicher, der Rest ist egal!« Doch diese vermeintliche Sicherheit ist nur eine nominale Kapitalsicherheit. Auf die können wir uns auch verlassen. Wie schon klar gesagt: Für mich besteht kein Zweifel daran, dass der deutsche Staat seine Schulden bei den Inhabern von Bundeswertpapieren auf Heller und Pfennig beziehungsweise Euro und Cent zurückzahlen wird. Auch die Bankguthaben, die unter die Einlagensicherung fallen, halte ich für »sicher« in dem Sinne, dass der Betrag auf den zahlreichen Spar-, Festgeld- und Tagesgeldkonten nicht einfach abnehmen wird, wenn zwischenzeitlich nichts davon abgehoben wird. Nur, darauf kommt es alleine nicht an. Entscheidend ist, was real, also nach Inflation übrig bleibt, und da erfahren wir schon seit Jahren einen Kapitalverzehr.

Wer einer Inflation entgehen will, der darf deshalb bis auf das berühmte Waschmaschinengeld eigentlich keine Geldwerte mehr haben. Das schließt dann aber eben nicht nur Girokonten, Sparbücher, Termin- und Festgelder, Schuldverschreibungen, Anleihen und Anleihefonds ein, sondern auch klassische Lebensversicherungen, die überwiegend in festverzinslichen Wertpapieren anlegen. Auch diese würde ich vor dem Hintergrund der zu erwartenden Inflation vorzeitig auflösen. Selbst Riester- und Rürup-Rente sind aufgrund meist zu geringer Aktienanteile zu überdenken. Sachwerte sind die einzige Lösung. Schon seit der Finanzkrise erwarte ich eine steigende Teuerung und einen negativen Realzins. Letzterer ist schon eingetroffen, wenn Erstere nun eintrifft, setzt sich der Kapitalverzehr mit erhöhter Geschwindigkeit fort. Wegen des schon seit Längerem negativen Realzinses ist es auch bereits seit über zehn Jahren richtig, in Sachwerte anzulegen. In Zukunft dürfte es noch richtiger und wichtiger sein. In den folgenden Abschnitten werde ich mich den verschiedenen Formen von Sachwerten widmen.

Aktien: Die besten aller Sachwerte

Ich weiß, viele Leser werden der Überschrift widersprechen. Insbesondere in Deutschland, wo Immobilienanlagen als die beliebtesten Sachwertanlagen gelten, werden viele anderer Meinung sein. Und ich habe natürlich auch nichts gegen die Immobilienanlage. Ganz im Gegenteil, ich widme auch ihr und den verschiedenen Formen, in die in sie investiert werden kann, einen langen Abschnitt in diesem Kapitel. Aber Immobilien sind eben, wie das Wort schon sagt, immobil, also nicht beweglich. Ich kann eine Immobilie nirgendwo mit hinnehmen, sie steht dort, wo sie ist, und ist dort auch dem Zugriff der gerade im Amt befindlichen Regierung und den aktuellen Gesetzen ausgeliefert. Ich rechne hier nicht mit Schlimmem, also Zwangshypotheken oder Ähnlichem, aber Aktien haben den entscheidenden Vorteil, dass sie auch Sachwerte sind, man sie aber überall mit hinnehmen und auch in kleinen Stückelungen zu Geld machen kann, wenn es nötig ist. Außerdem wird die Rendite von Immobilien meist überschätzt, weil die Instandhaltungskosten unterschätzt werden.

Obwohl es sich um Wertpapiere handelt, sind Aktien im Gegensatz zu Anleihen Sachwerte und keine Geldwerte. Das ist vielen nicht bewusst, weil sie unter einem Sachwert etwas verstehen, das sie anfassen können. Bei Aktien ist das mittelbar aber ja durchaus der Fall. Sie verbriefen den Besitz an allem, was der Aktiengesellschaft gehört. Jedes Bürogebäude, jede Fabrik, jede Maschine, aber auch immaterielle Vermögensgegenstände wie der Markenname oder Patente, die einer Aktiengesellschaft gehören, sind Sachwerte und auch diese steigen in einer Inflation. Dennoch glauben viele, eine steigende Inflation sei schlecht für Aktien.

Auch auf die aufkommende Inflationsangst im Frühjahr dieses Jahres 2021 reagierten die Aktien mit Kursverlusten. Doch es ist nicht die Inflation selbst, vor der sich die Anleger fürchten müssen, es ist das, was die Zentralbanken für gewöhnlich gegen die Inflation tun. Aber hier irrt der Markt. Denn die übliche Reaktion der Notenbanken aufgrund steigender Inflationsraten ist nicht zu erwarten, wie umfangreich in diesem Buch beschrieben. Und wenn es keine Zinserhöhungen und damit keine Bremsung durch die Zentralbanken gibt, dann sollten Sachwerte bei anziehender Inflation umso besser laufen und damit auch die Aktien.

Doch auf welche Aktien soll man bei einer höheren Inflation setzen? Früher hätte man eindeutig auf Rohstoffwerte gesetzt wie Mi-
nengesellschaften oder Mineralölunternehmen. Und in der Tat sind
diese mit den aufflammenden Inflationsängsten im Frühjahr 2021
auch deutlich gestiegen, insgesamt betrachtet muss aber festgehal-
ten werden, dass die Aktienwelt nicht mehr so einfach funktioniert
wie früher. Die Digitalisierung und die technischen Entwicklungen
wie künstliche Intelligenz, Blockchain und Genanalytik haben neue
Unternehmen an die Spitze der Börsenbewertung gebracht und
andere ehemals wertvolle Unternehmen wie die großen Mineralöl-
konzerne zu Dinosauriern gemacht. Sie sind zwar noch groß, was
ihre Umsätze betrifft, ihre Börsenkapitalisierung nimmt aber ihre
zukünftig kleinere Rolle vorweg. Natürlich spielt dabei auch die
Energiewende eine große Rolle. Dennoch dürften sie in einer Inflation steigen und sollten nicht in einem Depot fehlen.

Value Investing funktioniert nicht mehr wie einst

Auch das klassische *Value Investing* im Stil von Investmentlegende
Warren Buffett funktionierte in den letzten Jahren nicht mehr wie
früher. Wer es in den vergangenen Jahren nach dem klassischen
Stil des Begründers Benjamin Graham betrieb, der sah sich einer
fürchterlichen Underperformance gegenüber, die diese Aktien in
den letzten Jahren gegenüber den Wachstumstiteln hingelegt haben. Das war schon deswegen so ungewöhnlich, weil in der Zeit
davor *Value*-Aktien über längere Zeiträume hinweg immer klar besser performten als ihre Kontrahenten mit mehr Wachstumsfantasie.
Denn diese waren zumeist zu hoch bewertet.

Die Frage dabei ist aber auch: Was ist eigentlich *Value*? Die
schematisierten Vergleiche zwischen *Growth*- und *Value*-Aktien
finden ausschließlich auf Basis des Kurs-Buchwert-Verhältnisses
(KBV) statt. Kurz gesagt, es werden die Aktien mit einem geringen
KBV mit den Aktien verglichen, die ein hohes KBV besitzen. In der
Regel wachsen diese deutlich schneller, während man bei Unter-

nehmen mit geringem KBV zwar wenig Wachstum erwarten kann, dafür aber viel Substanz für sein Geld bekommt. Hat ein Unternehmen ein KBV von eins, dann kann man es theoretisch zerschlagen und bis zum letzten Computer allen Besitz des Unternehmens veräußern, mögliche Schulden abbezahlen und dann plus/minus null rausgehen. Liegt das Kurs-Buchwert-Verhältnis unter eins, dürfte der Erlös aus der Liquidation dann sogar höher sein, als man an der Börse für das Unternehmen bezahlt hat. Glücklicherweise gibt es oft große praktische Probleme, ein Unternehmen komplett zu kaufen und mir nichts, dir nichts zu liquidieren, so dass auch ein KBV von unter eins nicht automatisch dazu führt, dass Unternehmen zerschlagen und Arbeitsplätze vernichtet werden. Benjamin Graham, der Vordenker des *Value Investing*, schaute mehr oder minder nur auf diese Zahl. Doch schon Warren Buffett, der Graham klar als geistigen Ziehvater beschreibt, hat das *Value Investing* weiterentwickelt und viel stärker zukünftiges Wachstum und Erträge mit in die Unternehmensbewertung einbezogen. Schon 1992 schrieb er in den Geschäftsbericht seiner Investmentholding Berkshire Hathaway, dass ein Unternehmen mit einem hohen Kurs-Buchwert-Verhältnis, einem hohen Kurs-Gewinn-Verhältnis und einer niedrigen Dividendenrendite ebenfalls eine *Value*-Aktie sein kann. So kann man sich heute trefflich darüber streiten, ob ein Unternehmen wie Microsoft nicht sogar eine *Value*-Aktie ist, denn es erfüllt ja viele andere Kriterien, die für Warren Buffett so wichtig sind: hohe Preissetzungsmacht, starke Marktstellung, verantwortungsvolles, gutes Management und kontinuierliches Wachstum, um nur ein paar zu nennen.

Auch die statistischen Vergleiche zwischen *Value* und *Growth* bedienen sich allein dieser herkömmlichen Zahl des KBV. Demgemäß sind *Value*-Aktien heute noch unterbewerteter als auf dem Höhepunkt der Internetblase im Jahr 2000. Nachdem diese geplatzt war, erlebten *Value*-Aktien eine große Renaissance. Doch seitdem die großen Technologieunternehmen wie Apple, Alphabet (Google), Amazon, Microsoft, Facebook und Netflix die großen Abräumer in Bezug auf Wachstum und auch Profite sind, wurden klassische *Va-*

lue-Titel so stark und so dauerhaft abgehängt wie noch nie, seitdem man seit Anfang des vergangenen Jahrhunderts diesen Vergleich berechnen kann. Es ist aber nur verständlich. Hätte man innerhalb der DAX-30-Unternehmen auf klassische *Value*-Titel gesetzt, also Unternehmen mit niedrigem Kurs-Buchwert-Verhältnis, dann hätte man Versorger, Banken und Automobilwerte gekauft. Billig waren sie, aber auch zu Recht. Denn die Versorger litten unter der Energiewende, die Banken unter den Auswirkungen der Finanzkrise und dem Wandel in der Finanzindustrie und die Automobilindustrie unter der Umstellung auf den Elektromotor. Nur auf das KBV zu schauen, ist mittlerweile gefährlich, denn die Tech-Riesen sind sogenannte »*Capital light*«-Firmen. Sie benötigen nicht viel Kapital für den Betrieb ihres Geschäftes. Im Gegensatz zu einer Eisenbahngesellschaft von einst, die das Kapital dringend brauchte, um die Schienennetze aufzubauen, oder die Mineralölunternehmen, um die Bohrtürme aufzustellen, sind das Kapital dieser Firmen ihre Kreativität, ihre oft monopolartige Marktstellung und der Datenschatz, den sie besitzen. Sie werden damit nie eine hohe Substanz und hohe Buchwerte nach üblichem Verständnis haben.

Dennoch: Erholt sich nun, wie zu erwarten ist, die Wirtschaft und steigen auch die Inflationsraten, könnten klassische *Value*-Aktien durchaus eine Renaissance erfahren. Das Nachholpotenzial ist enorm. Substanz wird mehr wert in der Inflation, und damit auch diese substanzstarken Unternehmen. Unter ihnen befinden sich wegen der coronabedingten Konjunkturflaute derzeit auch die zyklischen Aktien, deren Gewinne sehr stark mit der Konjunktur atmen.

Dass das Pendel wieder so weit in Richtung *Value* ausschlägt wie nach dem Jahr 2000, als nach dem Platzen der Internetblase die Wachstumswerte jahrelang massiv an Wert verloren, ist allerdings höchst unwahrscheinlich. Denn die großen Technologiewerte, die natürlich zu diesen Wachstumswerten gezählt werden, sind diesmal nicht auf der Basis von wilden Wachstums- und Gewinnfantasien die ganzen Jahre gestiegen, sondern auf Basis realer Gewinne und realen Wachstums. Dieses dürfte sich auch in Zukunft fortsetzen und diese Unternehmen sollten auch weiterhin schneller wachsen als klassische Zykliker. Die weiter fortschreitende Digitalisierung spricht dafür und die fast unangreifbare Marktstellung, die sie haben.

Die Plattform-Ökonomie hat die Wirtschaft fundamental verändert. Immer weniger Unternehmen teilen den Profit, den die Privatwirtschaft erzielt, unter sich auf. Rund 10 Prozent der Unternehmen schöpfen mittlerweile 90 Prozent des Gewinns ab. Nichts verdeutlicht dies mehr als ein Vergleich der zehn wertvollsten Unternehmen der Welt im Jahr 2005 mit denen im Jahr 2020. 2005 waren alle zehn wertvollsten Unternehmen zusammen 2 Billionen US-Dollar wert. Es waren General Electric, ExxonMobil, Microsoft, Citigroup, BP, Walmart, HSBC, Royal Dutch Shell und Johnson & Johnson. Mit Microsoft war nur ein Technologiewert unter den Top Ten und genau dieses Unternehmen ist auch das einzige, das sich 2020 noch unter den Top Ten befindet. Die weiteren Werte sind Apple, Saudi Aramco, Amazon, Alphabet, Facebook, Berkshire Hathaway, Alibaba und Tencent. Apple allein hat heute knapp die Marktkapitalisierung der wertvollsten zehn von damals zusammen. Insgesamt waren die zehn wertvollsten Unternehmen 2020 rund 10 Billionen US-Dollar wert.[17] Dieser enorm gestiegene Wert ist aber eben nicht das Ergebnis wilder Zukunftsfantasie, sondern beruht auf Hunderten von Milliarden Gewinn. Dagegen erlebt die Masse der Unternehmen zum Teil einen harten Wettbewerb mit nur geringen und schrumpfenden Gewinnmargen, während die vorgenannten Unternehmen enorme Gewinnmargen einfahren. Weil der Nutzen für die Verbraucher umso größer ist, je mehr sich von ihnen auf einer Plattform tummeln, konzentriert es sich dann eben auch oft nur noch auf eine Plattform. Das schafft quasi Monopole, die eine große Preissetzungsmacht haben. Betrachten wir nur Microsoft. Windows ist der Standard in den Büros, von Werbeagenturen und Designerbüros mal abgesehen. Und selbst wenn dort teilweise mit Apple gearbeitet wird, nutzt man doch mittlerweile auch auf diesen Rechnern die Office-Programme von Microsoft. Es scheint heute unvorstellbar, dass noch mal ein anderes Betriebssystem Fuß fassen könnte. Apple wiederum hat ein Eco-System geschaffen für seine mobilen Geräte iPhone und iPad, aus dem man – einmal drin – nicht wieder rauskommt. Alle Daten und Apps sind in der Cloud und zu Android zu wechseln ist ein großer Aufwand. Alphabet mit Google ist die Plattform für alle, die etwas suchen, Facebook mit Instagram und WhatsApp für alle, die in sozialen Medien unterwegs sind. Na ja, und Amazon schwingt sich im Versandhandel zum universellen Marktplatz auf, um den keiner herumkommt, der etwas im Distanzhandel verkaufen möchte. Diese fundamentalen Entwicklungen kommen eben auch in den Aktienkursen zum Ausdruck, auch weil diese Unternehmen einen großen Teil der Gewinne und Cash-Reserven, die sie anhäufen, in Aktienrückkäufe stecken.

Allein die Kartellbehörden der verschiedenen Länder könnten noch zu einem kleinen Stolperstein für diese Unternehmen werden, umso mehr, je mehr sie ihre Marktmacht missbrauchen sollten.

Das Fazit ist einfach: Klassische zyklische *Value*-Aktien und Rohstoffwerte haben durchaus Nachholbedarf und sollten in einem Depot nicht fehlen. Die technischen Umbrüche sprechen aber nach wie vor und vor allem längerfristig auch für Technologieunternehmen und auch den Gesundheitssektor. Ich würde daher trotz der zu erwartenden Verbraucherpreisinflation nicht die unmittelbaren Profiteure übergewichten, sondern zu einem ausgewogenen weltweit gestreuten Aktienportfolio raten. Wer in dieser Weise in den vergangenen Jahren angelegt hat, freut sich heute über sehr ordentliche Renditen, trotz der Finanzkrise.

Natürlich fragen sich viele derzeit, ob die Aktien nicht schon viel zu teuer sind. Und in der Tat, inmitten der schwersten Rezession haussieren die Aktienmärkte. Doch das ist nicht so unnormal, wie man denkt. Die Börse nimmt alles vorweg. Der Tiefpunkt war bereits erreicht, als der Lockdown noch gar nicht richtig begonnen hatte, anschließend blieb nur, auf ein Ende des Lockdowns zu spekulieren, vor allem ab Zulassung der ersten Impfstoffe. Dass der Markt aber ohne zwischenzeitliche Korrektur gleich auf neue Rekordkurse durchzog, war schon ungewöhnlich und überraschte so manchen Profi. Es lag wohl daran, dass unter Privatanlegern eine echte Spekulationswut ausbrach, wie man sie seit der Internet-Blase im Jahr 2000 nicht mehr gesehen hatte. Auf Internetplattformen – die populärste ist Robinhood in den USA – zocken Anleger vor allem in Technologieaktien. Wie in Kapitel 1 beschrieben, haben vor allem die Amerikaner durch die Hilfspakete enorme Einkommenssteigerungen zu verzeichnen. Allein zwischen März und November 2020 standen ihnen per saldo wegen der Hilfszahlungen und geringeren Konsums 1,5 Billionen US-Dollar mehr zur Verfügung als im gleichen Zeitraum 2019. Das entspricht dem Volumen der rekordhohen Aktienrückkäufe aus dem Jahr 2018 und es ist mehr als das Dreifache aller Neuemissionen und Kapitalerhöhungen in den USA 2020. Und was mache ich, wenn ich plötzlich mehr Geld zur Verfügung habe als je zuvor, es aber nicht ausgeben kann? Dann investiere ich es doch mal am Aktienmarkt. Und die neuen Hilfspakete versprechen weiteren Nachschub. Der Aktienaufschwung in den USA vor allem bei den Technologiewerten lässt sich insofern zu einem großen Teil durch private Anleger erklären. Darauf deutet noch ein weiteres Indiz hin: Normalerweise haben Aktien von Privatanlegern eine schlechtere Performance als der Markt, diesmal ist es umgekehrt. Die beliebtesten ihrer Aktien, die Robinhood auf der eigenen Plattform veröffentlicht, hatten eine deutlich bessere Performance im vergangenen Jahr als der Gesamtmarkt. Teilweise trieben private Anleger sogar die Profis vor sich her, indem sie Aktien, bei denen institutionelle Anleger wie Hedgefonds auf fallende Kurse gesetzt hatten, so weit hochtrieben, dass sie eben diese Fonds unter Druck brachten, ihre Positionen aufzulösen. Prominenteste Aktie diesbezüglich war die Computerspiel-Ladenkette GameStop. Fraglos wurden in der Corona-Krise manche Technologiewerte zu sehr hochgetrieben. Prominentestes Beispiel ist der Elektroauto-Pionier Tesla. Zeitweise war das Unternehmen so viel wert wie VW, BMW, Daimler, Porsche, Renault, PSA Peugeot, Fiat Chrysler, Ford, General Motors, Toyota, Mitsubishi, Nissan, Kia und

Hyundai zusammen. Absoluter Wahnsinn. Hier wird es auch saftige Korrekturen geben, wenn die Börse einmal wieder deutlicher nach unten ausatmet. Wer jedoch breit gestreut investiert, sollte davon nicht überdurchschnittlich betroffen sein. Denn in der Breite sind die Aktien heute nicht zu teuer. Sie mögen es gemessen am Kurs-Gewinn-Verhältnis historisch betrachtet schon sein, setzt man aber die Gewinnrendite der Unternehmen ins Verhältnis zu den nicht mehr vorhandenen Zinsen, sind Aktien eigentlich noch viel zu günstig und könnten noch einen erheblichen Aufwertungsschub erleben. Nehmen Sie mal nur den DAX, in den ich auf keinen Fall ausschließlich investieren würde. Dennoch, die in ihm enthaltenen Unternehmen weisen Stand März 2021 eine Dividendenrendite von knapp 3 Prozent aus. Bei zehnjährigen Bundesanleihen muss der Anleger sogar noch Strafzinsen zahlen. Würden die Aktien nun um 50 Prozent steigen, dann läge die Dividendenrendite bei knapp 2 Prozent und wäre noch immer deutlich attraktiver als die von Bundesanleihen. Das ist auch der große Unterschied zum Internethype im Jahr 2000. Damals brachten zehnjährige US-Staatsanleihen 6 Prozent Rendite und deutsche Bundesanleihen 5 Prozent. Da gab es tatsächlich Alternativen zur Aktie. Heute gibt es sie in Bezug auf liquide rentierliche Anlagen nicht mehr. Es mag immer Rückschläge geben, aber längerfristig sollten Aktien sich gerade in der nächsten Zeit weiter gut entwickeln. Die Liquidität spricht einfach dafür. Sie ist in der heutigen Zeit des überbordenden Geldmengenwachstums zunächst einmal, jedenfalls mittelfristig betrachtet, der wichtigste Einflussfaktor. Die Politik der Notenbanken ist immer maßgeblicher für die Aktienkurse geworden. Und diese spricht eindeutig für Aktien.

Nachhaltigkeit wird immer wichtiger

In den USA taten sich zuletzt unglaubliche Dinge. Das Mutterland des Kapitalismus erklärte die Abkehr von der jahrelang gepredigten Philosophie des *Shareholder Value*. Unter Führung des Chefs von

JPMorgan, Jamie Dimon, haben sich 200 Vorstandschefs (CEOs) in den USA dazu bekannt, dass die Führung ihrer Unternehmen zukünftig nicht mehr allein der Steigerung des *Shareholder Value* dienen soll. Zukünftig sollten alle *Stakeholder* berücksichtigt werden. Dazu zählen die Arbeitnehmer, aber eben auch die Gesellschaft und damit die gesellschaftliche Verantwortung, die ein Unternehmen wahrnehmen sollte. Dabei geht es vor allem um soziale Aspekte, aber zukünftig auch immer mehr um den Erhalt unserer Ressourcen und einen schonenden Umgang mit der Umwelt. Kurz ausgedrückt: Das Management will in Zukunft Nachhaltigkeitsziele verfolgen. Zusammengefasst wird dies unter dem Stichwort »ESG« *(Environmental, Social, Government).*

Der Erfinder der Idee des *Shareholder Value*, der Ökonom Alfred Rappaport, dürfte sich an den Kopf gefasst haben, als er von dieser Initiative erfuhr. Denn so, wie er den Begriff *Creation of Shareholder Value* verstand, beinhaltete dieser schon immer die oben genannten Aspekte, die die CEOs neuerdings als Unternehmensziel verstehen. Denn seine Idee bestand nicht darin, auf Quartalsbasis den Aktienkurs nach oben zu treiben, sondern sehr langfristig über Jahrzehnte hinweg Mehrwert für Aktionäre zu produzieren. Und dieses Ziel ist keineswegs im Widerspruch, sondern im Gleichklang mit der Wahrnehmung von Verantwortung gegenüber den Arbeitnehmern und der Gesellschaft. Studien belegen sehr eindeutig, dass Firmen, die schon immer in dieser Weise gearbeitet haben, längerfristig erfolgreicher für ihre Eigentümer wirtschaften.

Es waren die Manager der Unternehmen, die den Begriff *Shareholder Value* pervertierten. Sie ließen sich mit Aktienoptionen bezahlen, was dazu führte, dass sie versuchten, den Aktienkurs der von ihnen geführten Unternehmen schnell nach oben zu treiben. Sie konnten dann ihre Option ausüben und hatten ihre eigene Vermögensoptimierung gesichert. Kreative Bilanzführung war hierzu ein Mittel. Das am häufigsten verwendete war und ist bis heute der Rückkauf eigener Aktien. Der ist per se nicht verwerflich, sofern ein Unternehmen über viel Cash verfügt und dieses sich im eigenen

Unternehmen gut verzinst. Doch viele Manager kauften und kaufen Aktien auf Kredit. Das steigert den Kurswert, aber eben nicht den *Shareholder Value* im Sinne von Rappaport. Dieser Unterschied wurde jedoch nicht mehr gesehen. Unter dem Begriff *Shareholder Value* verstand und versteht man im Allgemeinen die kurzfristige Profitmaximierung ohne Rücksicht auf andere Interessen. Hiervon Abstand zu nehmen, ist natürlich lobenswert.

Und es wird auch gar nicht anders gehen. Das Kapital wird zukünftig nur noch in Unternehmen fließen, die sich dem Thema Nachhaltigkeit verschrieben haben. Der Gesetzgeber zumindest in Europa verpflichtet institutionelle Anleger dazu. Mit der bereits in Kraft getretenen Offenlegungsverordnung müssen Anbieter von Kapitalanlagen zukünftig über Risiken aufklären, die sich durch nicht nachhaltige Investments in ihren Portfolios ergeben können. Auch werden sie ermutigt, noch weiter zu gehen und bei einzelnen Anlageentscheidungen zukünftig immer darauf zu achten, dass sie im Sinne des Umweltschutzes, sozialer Standards und einer guten Unternehmensführung investieren. Dann kann ein Fonds zukünftig auch damit werben, nachhaltig zu sein. Weitere Gesetze sind auf dem Weg.

Aber nicht erst seitdem der Gesetzgeber auf den Plan getreten ist, gibt es nachhaltige Geldanlagen und Fonds. Vor allem mit der Klimadebatte kam dieses Thema mit Macht und in der Breite. Zuvor war es eher Spezialisten vorbehalten. Doch Nachhaltigkeit ist nicht gleich Nachhaltigkeit. Seitdem Investoren das Thema Nachhaltigkeit bei der Auswahl der Kapitalanlage wie zum Beispiel von Fonds als immer wichtigeres Kriterium betrachten, versuchen jüngst immer mehr Fondsmanager, dieses Kriterium zu erfüllen, um sich »nachhaltig« nennen zu können. Viele wollen es aber nur so darstellen, als würden sie nachhaltig oder, wie es in der Branche heißt, »ESG-konform« investieren. Das Problem für den Anleger liegt darin, dass es keine einheitlichen Standards gibt. Die meisten Vermögensverwalter und Fondsmanager haben mittlerweile die »Principles for Responsible Investment (PRI)« der UNO unterschrieben. Die

Unterzeichner verpflichten sich, ESG-Themen in die Analyse- und Entscheidungsprozesse einzubeziehen, über Fortschritte Bericht zu erstatten und die Akzeptanz und die Umsetzung der Prinzipien in der Investmentbranche voranzutreiben. Also sehr weiche Prinzipien. In welcher Weise Vermögensverwalter diese dann bei ihrer Kapitalallokation berücksichtigen, definiert jedoch jeder für sich selbst. Anleger sollten daher zweimal hinschauen, wenn ihnen Anlagen als ESG-konform offeriert werden. Nicht selten finden sich dann doch Unternehmen darin wieder, die hohe Umsatzanteile im Rüstungsbereich haben und keineswegs CO_2-sparend ihrem Geschäft nachgehen.

Wer als Anleger sicher sein will, dass sein Geld am Ende nicht doch in Unternehmen investiert wird, die Kinder beschäftigen, an der Herstellung von Waffen verdienen oder die Ressourcen unserer Erde verschwenden, sollte einen Vermögensverwalter oder Fonds auswählen, dessen ESG-Konformität von einer unabhängigen Agentur bestätigt wurde. Ansonsten ist die Gefahr groß, einem Geldverwalter aufzusitzen, der nur »Greenwashing« betreibt und nicht wirklich nachhaltig investiert. Viele Fonds haben beim FNG (Forum Nachhaltige Geldanlagen) ein Nachhaltigkeitsprofil hinterlegt. Nur Fonds mit strengen ESG-Kriterien und einem entsprechenden Nachhaltigkeitsansatz erhalten ein FNG-Siegel, um das sich das Fondsmanagement aktiv bewerben muss. In Österreich haben entsprechende Fonds oft das Österreichische Umweltzeichen.

Wie anlegen? Aktien oder Fonds?

Wie investiert man nun am besten in Aktien? Indem man einzelne Aktientitel kauft oder indem man in Fonds investiert? Es ist sicherlich auch eine Typfrage. Wer die Zeit und die Lust hat, sich intensiv mit dem Aktienmarkt zu beschäftigen, der kann natürlich auch in Einzeltitel investieren. Ich präferiere, und das auch bei meinen eigenen Investments, aufgrund des enorm guten Angebots eher die Fondsanlage. Bei Einzelaktien besteht immer die Gefahr, dass man sich am Ende Klumpenrisiken ins Portfolio einkauft. Wie wir heute wissen, haben viele deutsche Anleger enorme Summen mit dem betrügerischen Pleiteunternehmen Wirecard verloren. Das passiert nicht demjenigen, der einen Fonds kauft. Um die von mir empfohlene Strategie eines weltweit breit gestreuten Aktienportfolios zu verfolgen, reichen Fonds aus. Man braucht nur ein Wertpapierdepot bei irgendeiner Bank – empfohlen sind hier Online-Banken, weil diese günstiger sind – und kauft ganz einfach einen Exchangetraded Fund (ETF) auf den MSCI World Index. Schon ist die Sache erledigt. Ja, man hält dann nur ein Wertpapier, was nach einem höheren Risiko aussieht, aber das stimmt nicht. Denn dieses Wertpapier enthält anteilig und wie im Index gewichtet 1600 Aktien aus 23 Ländern und gestreut über alle Branchen. Anschließend muss man sich damit eigentlich gar nicht mehr beschäftigen. ETFs sind Fonds, die wie eine Aktie an der Börse gehandelt werden und in den vergangenen 20 Jahren einen enormen Zulauf erlebten. Mittlerweile verwalten sie weltweit rund sieben Billionen Euro. Über 7600 verschiedene gibt es. Man kann auf wohl so ziemlich jede Strategie heute mit einem ETF setzen. Sie sind in aller Regel nicht aktiv gemanagt, sondern bilden einen Index nach. Wobei zuletzt auch immer mehr aktiv gemanagte ETFs dazukamen. ETFs sind zudem wie herkömmliche Investmentfonds Sondervermögen. Das bedeutet, es gibt kein Emittentenrisiko. Ginge die Fondsgesellschaft pleite, bliebe das Vermögen zu 100 Prozent erhalten, da sie auf die Aktien, die in den Fonds liegen, keinerlei Zugriff hätte. Dies wird streng von den Aufsichtsbehörden überwacht, in Deutschland von der Bundesanstalt für Finanzdienstleistungsaufsicht (BaFin). Investmentfonds gibt es seit Jahrzehnten und diesbezügliche Probleme gab es noch nie.

Natürlich gibt es auch den Weg, aktiv gemanagte Fonds zu kaufen, um am Aktienmarkt investiert zu sein. Der Trend ging allerdings in den letzten Jahren zu passiven ETFs, weil die Mehrheit der aktiven Manager daran scheiterte, ihren Vergleichsindex zu schlagen. Es gab aber auch welche, denen es gelang. Auf diesem Feld bin ich als Kapitalmarktstratege der ACATIS Investment natürlich nicht neutral in der Beurteilung. Wir sind mit gut 10 Milliarden Euro verwaltetem Vermögen eine der größten bankenunabhängigen Fondsboutiquen in Deutschland. Uns gelang es zuletzt, den Markt zu schlagen, weil die Corona-Krise die Spreu vom Weizen trennte. Unternehmen mit schwacher Bilanz schnitten sehr viel schlechter ab als solche mit hoher Bilanzqualität. Wir haben von jeher nur solche mit starker Bilanz. Warren Buffett ist unser intellektuelles Vorbild. Außerdem konnte man Unternehmen wie Fluglinien, Kreuzfahrtschiffe oder auch die stark gebeutelten Mineralölgesellschaften meiden und auf die Corona-Gewinner setzen. Das zahlte sich auch aus. Wer sich näher über unsere Fonds informieren will, der kann dies unter www.acatis.de tun. Es gibt aber natürlich auch andere bankenunabhängige Fondsanbieter wie die Shareholder Value Management AG oder die DJE Kapital AG, mit denen wir auch gemeinsame Veranstaltungen durchführen, die ebenfalls gute Fonds im Angebot haben. Und auch darüber hinaus gibt es bei großen Gesellschaften sicherlich interessante Produkte. Von Banken unabhängig zu sein, hat allerdings einige Vorteile, weil bei der Auswahl der Titel keinerlei andere Interessen eine Rolle spielen als die des Anlegers. Sehr populär wurden in den vergangenen Jahren auch die Mischfonds. Nach der Finanzkrise wurden die Anleger risikoscheuer. Sie suchten nach Anlagen, die sich zwar ähnlich entwickeln wie Aktien, die aber nicht so stark schwanken. Das schafften die guten Mischfonds sehr gut. Ihr Vorteil lag darin, dass sie neben Aktien auch Anleihen hatten. Diese brachten zwar zunehmend weniger Zinsen, der Zinsverfall seit der Finanzkrise führte aber natürlich zu Kursgewinnen bei den Anleihen, so dass auch von dieser Seite den Mischfonds ordentliche Erträge zuflossen. Dieser Vorteil dürfte in den kommenden Jahren aufgrund der annähernd bei null oder schon unter null befindlichen Zinsen nicht mehr gegeben sein. Ich würde daher Mischfonds präferieren, die einen hohen Aktienanteil haben und eher versuchen, Aktienrisiken mittels Kurssicherungen abzufedern.

Ob nun reiner Aktienfonds oder Mischfonds, ob aktiv oder passiv: Entscheidend ist, dass breit über viele Branchen und viele Länder angelegt wird. Ich kenne so viele Anleger, die mit Aktien nichts mehr zu tun haben wollen, obwohl sie in Fonds investiert hatten. Man sollte meinen, sie hätten das Risiko dann ja gestreut. Oft hatten diese Anleger dann aber irgendwelche Themenfonds gekauft, die auf nur eine Branche, ein Segment oder eine spezielle Ländergruppe setzten. Zu nennen wären da beispielhaft Telekommunikations- oder allgemein Technologiewerte oder solche aus Schwellenländern. Diese Fonds waren zu diesem Zeitpunkt dann gerade besonders gestiegen und ließen sich dem Anleger gut verkaufen. Die zugrunde liegenden Aktien waren dementsprechend teuer und waren dann die Verlierer der nächsten Jahre. Dies eben kann einem Anleger nicht passieren, der in einen MSCI-World-ETF oder einen global anlegenden aktiv gemanagten Aktienfonds investiert. Moden an den Kapitalmärkten hinterherzulaufen, ist fast immer falsch.

Wie auch immer Sie, verehrter Leser, zu Aktien stehen, egal welche negativen Erfahrungen Sie gesammelt haben sollten, weil Sie vielleicht so investiert haben, wie oben beschrieben – nicht breit gestreut, sondern vollkommen übergewichtet in einem Segment: Ohne Aktien geht es in den nächsten Jahren nicht, wenn Sie ihr Vermögen erhalten wollen, denn es geht nicht mehr ohne Risiko, sein Vermögen zu verwalten. Es gibt keinen risikolosen Zins mehr, sondern nur noch zinsloses Risiko. Überwinden Sie sich und investieren Sie breit gestreut wie beschrieben. Bringen Sie dann Geduld mit und werden Sie vor allem nicht nervös, wenn es mal runtergeht. Den Kurs eines Fonds und den Wert des Portfolios nicht täglich beobachten, ist eine gute Methode. Auf lange Sicht werden Sie es sich danken!

Gold: Kernanlage für den Inflationsschutz

Wann immer ich mich in den letzten 15 Jahren zum Thema Gold geäußert habe, hatte es vor allem langfristig betrachtet einen positiven Tenor. Dabei bin ich kein Goldanbeter, kein Crashprophet, der nur in Sachwerten wie Gold einen wahren Wert erkennt. Im Gegenteil, richtig sympathisch ist mir die Geldanlage in Edelmetallen nicht. Denn wer es tut, investiert sein Geld in totes Metall. Gold produziert nichts und deshalb wirft es auch keine Rendite ab. Auch Investmentlegende Warren Buffett war nie ein Freund des Goldes. Die oben von mir angeführten Argumente gegen Edelmetalle sind auch die seinen. Und auch mein Börsenziehvater, der 1999 verstorbene André Kostolany, sah das genauso. Buffett erzählte mal eine lustige Geschichte: »Wenn es Außerirdische geben sollte, die so gute Fernrohre haben, dass sie uns Menschen auf der Erde beobachten können, dann werden sie viele rationale und gute Dinge sehen, die wir tun. Aber bei einer Sache würden sie wohl mit dem Kopf schütteln. Denn wir Menschen graben tiefe Löcher in die Erde, um in Staubform da so etwas Gelbglänzendes herauszuholen. Dann schmelzen wir es ein in Barren und Münzen und graben wieder Löcher in die Erde, um es dort hineinzubringen und dann für viel Geld von Leuten bewachen zu lassen.«[18] Frage: Ist hier ein Mehrwert für die Menschheit entstanden? Die Antwort ist einfach: Nein. Dennoch hat Buffett jetzt mittelbar in Gold investiert. Die Renditelosigkeit des Goldes umgeht er, indem er nicht in physisches Gold investierte, sondern in die Goldminengesellschaft Barrick Gold. Die erwirtschaftet durch die Exploration von Gold ja Dividenden, die er dann wieder anlegen kann. Denn Buffetts wichtigste Erkenntnis ist wohl die, dass nichts so kraftvoll für die Vermögensvermehrung ist wie der Zinseszins, also die Wiederanlage von Erträgen. Das lässt sich natürlich auch auf Dividenden übertragen. Gold selbst hat keinen Zinseszins, warum es auf ganz lange Sicht auch nie die beste Anlage sein kann. Es fehlt die Wiederanlage von Erträgen.

Dennoch: In Zeiten von Inflation und negativen Realzinsen hat das Edelmetall und haben Edelmetalle insgesamt gute Kursperspektiven. Es fehlt die Konkurrenz, wenn es keine Zinsen mehr gibt, und Gold ist nicht unendlich vermehrbar im Unterschied zum unendlich vermehrbaren Papiergeld. Die Menge allen Goldes ist überschaubar und nie so stark zu steigern wie die des Papiergeldes momentan. Das spricht auf jeden Fall für eine Depotbeimischung von Edelmetallen entweder direkt oder in Form von Goldminenaktien.

Ein Überblick über die aktuelle Angebots- und Nachfragesituation

Rund 190.000 Tonnen Gold gibt es Schätzungen zufolge weltweit, das ist verblüffend wenig. Das ganze Gold dieser Erde ergäbe, in einem Klotz zusammengeschmolzen, gerade einmal einen Würfel von gut 20 Metern Seitenlänge. Längst nicht alles wird gehandelt. Das meiste Gold lagert in Tresoren. Die US-amerikanische Notenbank hat eine Goldreserve von rund 8100 Tonnen, danach kommt die Bundesbank mit etwa 3400 Tonnen. Laut eigenen Angaben haben die Notenbanken zusammen rund 30.000 Tonnen Gold.[19]

Die weltweite Goldnachfrage betrug 2020 insgesamt 3759,6 Tonnen. Im Vergleich zum Vorjahr 2019 bedeutete dies einen deutlichen Rückgang um 14 Prozent. Das lag vor allem an Corona und der nachlassenden Nachfrage nach physischem Gold durch die wichtigsten Abnehmerländer Indien und China. Die Nachfrage aus Indien ging um 42 Prozent zurück, die aus China um 35 Prozent.

Diese Zahlen veröffentlichte Anfang 2021 das World Gold Council (WGC),[20] die Marketing- und Lobbyorganisation der Goldminenindustrie. Bei der Gesamtnachfrage selbst wird unterschieden nach vier Segmenten. Diese sind: Schmuck, Investment, Zentralbanken und Industrie. Aufgeteilt nach diesen vier Segmenten unterteilen sich die 3759,6 Tonnen der Gesamtnachfrage im Jahr 2020 wie folgt: 1773,2 Tonnen Gold entfielen auf den Sektor Investment, 1411,6 Tonnen auf den Sektor Goldschmuck, 301,9 Tonnen Gold entfielen auf den Sektor Industrie und 272,9 Tonnen erwarben die Zentralbanken. Viele Jahre waren diese auf der Verkäuferseite, das hat sich jedoch gedreht, seitdem Notenbanken wie die russische oder auch die chinesische sich in Bezug auf ihre Währungsreserven unabhängiger vom US-Dollar machen wollen.

Die Goldförderung lag 2020 deutlich über der Nachfrage bei 4633 Tonnen. Es waren 3400 Tonnen neu gefördertes Gold und gut 1200 Tonnen recyceltes Gold. Dennoch stiegen die Preise 2020, weil nicht alles Gold sofort auf den Markt kam und die Investmentnachfrage entsprechend groß war. Noch gut 50.000 Tonnen Gold sollen sich in der Erde befinden, womit rund 80 Prozent allen Goldes bereits abgebaut sein dürften. Dieses begrenzte Volumen macht es in der Inflation attraktiv.

Das Kurspotenzial, das im Gold steckt, wird deutlich, wenn man sich die Relationen zu anderen Anlagevehikeln anschaut. In Gold-ETFs sind gerade mal knapp 90 Milliarden Euro investiert, das entspricht 0,1 Prozent der weltweiten Aktienmarktkapitalisierung und gut 1 Prozent der Marktkapitalisierung aller ETFs. Natürlich ist das nur ein Bruchteil allen Goldes selbst. Zu den Anlagebeständen müssen natürlich auch Barren und Münzen gezählt werden, die in Tresoren liegen und in gewisser Hinsicht auch der Goldschmuck, der in Indien traditionell als Mitgift verschenkt wird. Diese »Goldinvestments« sind aber natürlich träger und werden in der Regel nicht für Spekulationszwecke genutzt, sondern als langfristige Investments, die oft noch vererbt werden. Will heißen: Korrigiert der Goldpreis an den Finanzmärkten, werden diese Goldbestände nicht gleich aus den Tresoren geworfen, steigt er stark, werden nicht Gewinne mitgenommen. Die kurz- bis mittelfristigen Preisschwankungen dürften fast ausschließlich durch die ETFs und am Terminmarkt zustande kommen.

Käme es in den kommenden Jahren tatsächlich zu einer aufflammenden Inflation, wäre ein Run auf Gold durchaus vorstellbar. Stark steigende Preise dürften die Folge sein mit Feinunzenpreisen, die auch 3000 US-Dollar und mehr erreichen könnten.

Physisches Gold: Barren und Münzen

Erhältlich ist Gold, auch in kleinen und kleinsten Mengen, in Form von Goldbarren. Die für Privatanleger gängigsten Einheiten sind dabei Barren ab einem Gramm (meist eingeschweißt in Plastik) bis hin zu Barren von einem Kilogramm.

Anleger können aber auch Goldmünzen kaufen. Aber Achtung, gemeint sind keine Sammlermünzen oder Medaillen, deren Goldanteil häufig nur bei 30 bis 50 Prozent liegt, sondern Anlegermünzen, die von Profis auch als *Bullion Coins* oder *Nuggets* bezeichnet werden. Zu den bekanntesten gehören der südafrikanische Krügerrand, der australische Känguru, der American Eagle aus den USA, der kanadische Maple Leaf, der österreichische Philharmoniker und der chinesische Panda. Diese Münzen enthalten genau eine Feinunze an reinem Gold oder ein Zwanzigstel, ein Zehntel, ein Viertel, die Hälfte beziehungsweise ein Vielfaches davon. Eine Feinunze entspricht 31,1034768 Gramm, also etwas über 31 Gramm.

Achten Sie beim Kauf unbedingt auf den Spread, also die Spanne zwischen dem Geld- und dem Briefkurs, also dem An- und Verkaufspreis. Der Spread ist eine Art Aufschlag auf die aktuelle Goldnotierung, die der Käufer zahlt, beziehungsweise ein Abschlag, den der Verkäufer hinnehmen muss. Je größer der *Spread*, desto mehr verdient der Goldhersteller beziehungsweise Goldhändler am Verkauf eines Barrens oder einer Münze. Meist ist der *Spread* umso höher, je kleiner die Einheit des gekauften Goldes ist. 1000 Ein-Gramm-Barren sind in aller Regel deutlich teurer als ein Kilogramm-Barren. Wegen des Kaufes wendet man sich am besten an einen spezialisierten Goldhändler. Auch der Goldkauf geht heute wunderbar online. Zwar bieten auch einige Banken Edelmetalle zum Verkauf und zur Rücknahme an, aber sie sind meist etwas teurer. Große Goldhändler wickeln den Verkauf problemlos auch aus der Ferne über einen versicherten Versand ab, der allerdings extra bezahlt sein will.

So oder so: Achten Sie unbedingt darauf, dass es sich um einen seriösen Goldhändler handelt und um zertifizierte Barren! Zuletzt waren immer wieder Fälschungen im Umlauf. Eine Firma aus Hessen bot bis 2019 über Jahre Goldinvestments an, die sogar verzinst wurden. Das Gold der Anleger lagerte angeblich in den Tresoren dieser Firma. Am Ende fehlten große Teile der Bestände. Die Verantwortlichen wurden in Untersuchungshaft genommen und die Anleger verloren große Teile ihres Geldes. Warum Investoren nicht hellhörig und skeptisch werden, wenn sie bei einem solchen Anbieter auch noch Zinsen bekommen, obwohl Gold keinen Zins erwirtschaftet und der Zins sowieso bei null steht, werde ich nie begreifen.

Ich persönlich besitze kein physisches Gold. Ich glaube, wie Sie aus der Lektüre dieses Buches wissen, nicht an Bankenpleiten, Währungsreform oder Ähnliches. Deshalb reicht es mir, von den Kursdifferenzen zu profitieren, was mit anderen Goldformen viel günstiger ist.

Steuerlich, das muss ich zugeben, ist der Kauf von physischem Gold jedoch vor allem seit Einführung der Abgeltungssteuer vorteilhaft: Es fällt, anders als beim Kauf von Silber, keine Mehrwertsteuer darauf an. Und wenn Sie Ihre Goldbarren oder -münzen nicht gerade innerhalb der Spekulationsfrist von einem Jahr wieder verkaufen, bleiben die Gewinne überdies steuerfrei. Die Abgeltungssteuer greift bei physischem Gold nicht. Auch das ist ein wichtiges Argument, das für Gold spricht, denn der Staat zwackt Ihnen von Kursgewinnen nicht gleich wieder ein gutes Viertel ab. Das ist jedoch nur mit physischem Gold zu erreichen.

Abgesehen von den erheblichen Kosten wird der steuerliche Vorteil noch durch einen anderen Nachteil des physischen Golderwerbs aufgehoben. Generell stellt sich für in Euro-Land lebende Goldanleger immer die Frage nach dem Währungsrisiko. Es ist ja sehr schön, wenn Gold im Preis um 10 Prozent steigt. Fällt jedoch der US-Dollar parallel um 10 Prozent, hat der europäische Anleger nichts gewonnen, denn in Euro gerechnet ist der Goldkurs gleich geblieben. Wer am vollen Anstieg des Goldes teilhaben möchte, sollte insofern unbedingt währungsgesichert investieren. Doch das ist mit physischem Gold nicht unproblematisch. Auch wenn die Goldbarren in Deutschland in Euro verkauft werden, ändert sich nichts am Währungsrisiko. Der Goldpreis wird täglich durch den aktuellen Dollarkurs dividiert. Fällt der US-Dollar, fällt auch der Goldpreis in Euro, sofern das Gold auf Dollar-Basis gleich bleibt und den Währungsverfall durch einen steigenden Preis nicht wieder ausgleicht. Um dieses Risiko als Käufer physischen Goldes auszuschließen, muss der Anleger parallel dazu ein Währungssicherungsgeschäft abschließen, sprich im Wert seines Goldes in US-Dollar den US-Dollar gegenüber Euro auf Termin verkaufen. Doch auch dann hat er zunächst nur seinen Einstandspreis gegenüber etwaigen Währungsschwankungen abgesichert. Im Fall von Kursgewinnen müssten weitere Sicherungsgeschäfte abgeschlossen werden, sollen diese ebenfalls abgesichert sein. Sollte der Goldkurs aber einmal zurückfallen, wären diese Geschäfte zwischenzeitlich auch wieder aufzulösen. Sie sehen schon, es wird kompliziert. Die Kursgewinne aus den Devisensicherungsgeschäften unterlägen im Übrigen der Abgeltungssteuer.

Gold-ETFs und Gold-ETCs: Verbriefte, börsengehandelte Goldforderungen

»Gold-ETFs«, »Gold-ETCs« oder »Goldfonds« sind börsennotierte Fonds, ähnlich wie Aktien-ETFs, nur dass sie nicht in Aktien, sondern in Gold investiert sind. Die Abkürzung »ETC« steht für »Exchange-traded Commodity«, zu Deutsch »börsengehandelter Rohstoff«, so wie die Abkürzung »ETF« für »Exchange-traded Fund«, also »börsengehandelter Fonds« steht. Solche ETCs und ETFs können also als ganz normale Wertpapiere an einer Börse gekauft und im Depot gelagert werden. Ihr Wert spiegelt genau die aktuelle Entwicklung des Goldpreises wider. Gold-ETCs sind tatsächlich mit Gold hinterlegt. Nicht immer ist allerdings gesagt, dass ein Gold-

ETC-Anteil komplett mit physischem Gold gedeckt ist, dass also der Anbieter in einem Tresorraum tatsächlich so viel Gold lagert, wie all seine ETC-Anteile zusammen verbriefen. Viele dieser ETCs bilden den Goldpreis teilweise über Terminkontrakte ab, halten also größere Teile ihres Vermögens in Form von »Buchgold« vor anstelle von echten Edelmetallreserven. ETFs sind insofern sicherer als ETCs, als sie Sondervermögen darstellen.

Der Vorteil solcher ETFs und ETCs besteht in ihrer einfachen Handhabung. Sie haben eine Wertpapierkennnummer und können über eine Wertpapierbörse an jedem Handelstag bequem gekauft und verkauft werden. Der *Spread* ist zudem deutlich niedriger als der für Goldbarren und Goldmünzen. Diese Wertpapiere bleiben im Depot und verbriefen dennoch einen Anspruch auf Auslieferung des physischen Goldes.

Wer von diesem Anspruch allerdings wirklich Gebrauch machen möchte, auf den kommen zusätzliche Gebühren für Abwicklung und Transport zu, das ist einer der Nachteile.

Eine andere Variante ist das an der Deutschen Börse gehandelte ETC Xetra-Gold oder das an der Stuttgarter Börse gehandelte EU-WAX Gold, das auch sehr günstig zu erwerben und durch physisches Gold hinterlegt ist.

Für Xetra-Gold und EUWAX Gold wie für fast alle Gold-ETFs und ETCs gilt jedoch, was auch für den physischen Erwerb gilt: Es besteht das Währungsrisiko. Die Zürcher Kantonalbank, aber auch die Deutsche Bank mit ihrer ETF-Tochter XTrackers bieten in Euro oder Schweizer Franken währungsgesicherte Gold-ETFs an. Das ist eine gute Alternative.

Goldzertifikate – wenn, dann währungsgesichert!

Goldzertifikate sind Inhaberschuldverschreibungen, die meist von Banken emittiert werden und die als sogenannte »Partizipationspapiere« an der Entwicklung des Goldpreises partizipieren, sprich teilhaben. Goldzertifikate bilden folglich den Goldpreis genau ab.

Aber aufgepasst: Wie alle Zertifikate unterliegen auch diese Papiere dem Emittentenrisiko. Wenn der Emittent pleitegeht, dann ist eine solche Schuldverschreibung so gut wie nichts mehr wert.

Bestimmte Goldzertifikate zeichnen sich aber durch einen besonderen Vorteil aus: Sie bieten eine Absicherung gegen Währungsschwankungen. Wer eins zu eins in Euro an der Entwicklung des Goldpreises teilhaben möchte, kann das mit einem sogenannten Gold-Quanto-Zertifikat tun. Der Zusatz »Quanto« steht für die Währungsabsicherung, für die der Zertifikatkäufer aber einen Bruchteil der Performance als Gebühr an den Emittenten abgibt.

Auch für Goldzertifikate gilt: Sie unterliegen wie auch ETFs der Abgeltungssteuer; die Kurszuwächse müssen bei einem Verkauf mit einem guten Viertel versteuert werden.

Goldminenaktien

In den 1970er-Jahren profitierten Goldminenaktien noch viel mehr vom Anstieg des Goldpreises als das Gold selbst. Das ist auch relativ einfach erklärt. Eine Goldmine hat die Explorationskosten, also den Preis, der aufzuwenden ist, um eine Unze Gold aus der Erde zu fördern. Liegt dieser wie aktuell bei 900 US-Dollar, macht die Mine bei Feinunzenpreisen von 900 US-Dollar oder weniger keinen Gewinn, sondern sogar Verlust. Bei 1100 US-Dollar verdient sie entsprechend 200 US-Dollar pro Unze. Da die Förderkosten exakt gleich bleiben, egal wohin sich der Goldpreis bewegt, verdoppelt sich der Gewinn der Goldmine schon, wenn der Kurs auf 1300 US-Dollar steigt. Eine Goldmine ist insofern ein wenig wie ein Optionsschein, und die Produktionskosten stellen den Basispreis dar. Bei der Auswahl einzelner Aktien ist es jedoch schwieriger geworden, die richtigen zu finden. Ein Buch taugt auch nicht, um einzelne Aktien zu empfehlen. Zu viel kann in der Zwischenzeit passieren, ohne dass ich eine Chance hätte, meinen Lesern mitzuteilen, dass ich meine Meinung geändert habe. Abraten aber möchte ich pauschal von Pennystocks aus dem Rohstoffbereich, insbesondere wenn sie von irgendwelchen Möchtegern-Börsengurus groß empfohlen werden. Was der Anleger da erwirbt, ist oft nichts anderes als ein Firmenmantel. Reich werden daran immer nur die Aktienverkäufer.

Doch auch mit manchen größeren Goldminen konnte man in den vergangenen Jahren trotz steigender Goldpreise auf die Nase fallen. Das lag an Streiks oder daran, dass manche Minen ihre Goldproduktion auf Jahre im Voraus zu viel tieferen Preisen als heute verkauft hatten.

Seit Gold Mitte der 2000er-Jahre bei Kursen von nur noch gut 300 US-Dollar wiederentdeckt wurde, ist der Goldpreis selbst deutlich stärker gestiegen als Goldminenaktien im Durchschnitt. Sie haben insofern Nachholbedarf. Auch hier gibt es diverse ETFs, mit denen sich breit gestreut in Minenaktien investieren lässt.

Neben Gold kann man natürlich auch in andere Edelmetalle wie Silber oder Platin investieren. Auch dies geht mittels physischer Barren und Münzen, ETFs und ETCs, Zertifikaten und entsprechender Minenaktien. Auch sie dürften in einer Inflation zulegen, und solange gleichzeitig die Konjunktur läuft vielleicht sogar stärker als das Gold. Denn Platin und Silber werden viel stärker industriell genutzt als Gold und hier insbesondere im Wachstumsbereich Elektromobilität und Wasserstoff. Bricht die Konjunktur allerdings mal ein und es kommt zu einer Stagflation, also einer Inflation bei gleichzeitig rückläufiger Wirtschaft, schlägt das Pendel dann genauso stark in die andere Richtung aus. Und ich gehe davon aus, dass bei einem inflationsgetriebenen Run auf Edelmetalle vor allem Gold am meisten nachgefragt sein dürfte. Deshalb bleibt es mein Favorit unter den Edelmetallen.

Immobilien: Lage, Lage, Lage

Eine der beliebtesten Anlageformen in Deutschland ist auf jeden Fall die Immobilie und hier vor allem die Wohnimmobilie. Immobilienfans sprechen auch gerne vom »Betongold«. Der Deutsche mag die Schwankungen am Aktienmarkt nicht und vor allem deswegen schätzt er die Immobilie, weil er glaubt, es gehe immer nur aufwärts. Das ist aber nicht so, auch wenn es für die letzten Jahre zutraf. In Wirtschaftskrisen sinken aber auch die Immobilienpreise und auch die von Wohnimmobilien. Man kann es nur nicht jeden Tag im Internet quasi minütlich auf seinem Smartphone verfolgen. Ich bin der festen Überzeugung, dass, wenn jede einzelne Immobilie börsennotiert wäre und täglich gehandelt würde und ein Preis festgestellt würde, die Deutschen auch stärker vor Immobilien zurückschrecken würden. Zu Beginn der Pandemie hätten auch sie deutliche Kursverluste erlitten, ähnlich wie die Aktien.

Seit der Finanzkrise, also in den letzten zwölf Jahren, sind die Preise für Wohnimmobilien allerdings deutlich gestiegen. Ein Treiber waren mit Sicherheit die tiefen Zinsen. Leider allerdings wurden die Preise nicht von Immobilienkäufern nach oben getrieben, die die tiefen Zinsen nutzten, um eine Wohnung oder ein Haus zur Eigennutzung zu erwerben. Es waren vorwiegend Investoren, die in Mietwohnungen als Kapitalanlage investierten. Günstige Finanzierungskosten auf der einen Seite und mangelnde Anlagealternativen auf der anderen Seite ließen auch hier die Preise steigen. Wie ich in Kapitel 2 im Abschnitt »Inflationstreiber 6: Immobilienpreise und Mieten« schon erklärt habe, verhindern Gesetze, dass die in Deutschland im Vergleich zu anderen Ländern niedrige Immobilienbesitzquote von gut 40 Prozent deutlich steigt. Die Verpflichtung, die Immobilie bis zum Ende der Lebenszeit vollständig zu tilgen, was wegen zu geringer Renten meistens die Tilgung bis zum Erreichen des Rentenalters bedeutet, macht es vielen heute nicht mehr möglich, ein Eigenheim zu erwerben. Vor allem da nicht, wo es besonders teuer ist. Das ist sehr ärgerlich, weil es die Spaltung der Gesellschaft zwischen Arm und Reich weiter vorantreibt. Denn da sind auf der einen Seite die Vermieter, deren Wohnungen immer mehr wert werden und deren Mieteinnahmen ständig steigen, und auf der anderen Seite die Mieter, die sich den Immobilienerwerb nicht mehr leisten können und steigende Mieten zu bezahlen haben.

An Zahlen festgemacht sind die Preise für Wohnimmobilien laut der Deutschen Bundesbank in Deutschland seit 2009 um rund 70 Prozent gestiegen.[21] Das ist aber nur die halbe Wahrheit. In den Städten stiegen die Mieten weitaus stärker. So stiegen sie in 127 ausgewählten Städten um rund 100 Prozent und in den Ballungsgebieten sogar um knapp 130 Prozent. Als Ballungsgebiete gelten in dieser Betrachtung die sieben Städte Berlin, Hamburg, Düsseldorf, Köln, Frankfurt am Main, Stuttgart und München. Damit liegt natürlich nahe, dass die Immobilienpreise in den restlichen Regionen außerhalb der Städte längst nicht so stark gestiegen sind. Lage, Lage, Lage ist daher bei einer Immobilie als Anlageobjekt das A und O. Wer da eine Immobilie gekauft hat, wo es keine Arbeitsplätze mehr gibt, wie in strukturschwachen Regionen, an dem ist der Immobilienaufschwung vorbeigegangen und wird er weiter vorbeigehen, sofern es nicht plötzlich eine Ansiedlung von Unternehmen gibt, die Arbeitsplätze schaffen. Allerdings muss man sagen, dass selbst für Immobilienkäufer zwecks Vermietung die Zeit schon besser war. Denn die Preise sind deutlich stärker gestiegen als die Mieten in der gleichen Zeit von 2009 bis 2020. Sie stiegen nur um rund 40 Prozent und in den Ballungsgebieten um rund 60 Prozent. Das war immer noch mehr als die durchschnittliche Inflation, aber eben deutlich weniger als der Anstieg der Immobilienpreise. Der Run auf Immobilien durch Kapitalanleger war einfach größer als das, was sich Mieter noch leisten können. In der Folge sank die Mietrendite. Man spricht auch vom sogenannten Vervielfältiger. Hatte dieser Wert laut Wirtschaftsinstitut HWWI früher im Schnitt bei 17,5 Kaltmieten gelegen, so lag er zuletzt im Bundesdurchschnitt bei 24.[22] Und noch eines, das eher wenig verwundert: Diese Bewertung ist in einigen Landkreisen und Städten turmhoch höher. So muss in Frankfurt beim Immobilienkauf das 34-Fache der Kaltmiete auf den Tisch gelegt werden. In München ist es sogar das 37-Fache und auf der Urlaubsinsel Sylt das 72-Fache. Aber dort kauft man schon seit Jahren nicht mehr aus Renditegesichtspunkten, sondern weil man es sich leisten kann und aus Prestige.

Immobilien kaufen

Grundsätzlich gilt: Wer eine selbst genutzte Immobilie sein Eigen nennt, wird von zu erwartenden Mietsteigerungen in einer Inflation verschont bleiben. Wer finanziell dazu in der Lage ist, auch unter den erschwerten Bedingungen eine Finanzierung mit einer Bank hinbekommt und absehen kann, wo er die kommenden Jahre oder am besten für immer leben wird und berufstätig ist, der sollte diesen Schritt unbedingt gehen. In diesem Fall ist die Lage auch nicht so entscheidend, weil der Wert der Immobilie nur theoretisch von Bedeutung ist. Solange man selbst darin wohnt, spielt es keine Rolle, wie viel man dafür erzielen könnte, wichtig ist allein die Tatsache, keine Miete mehr zahlen zu müssen. Die nach Abzahlung des Hypothekendarlehens gesparte Miete ist auf alle Fälle ein starkes Argument in Sachen Inflationsschutz. Und auch wenn die Raten hoch sind, weil viel getilgt werden muss: Man zahlt wegen der tiefen Zinsen das meiste ins eigene Vermögen ein und nicht an einen Vermieter. Und die gesparte Miete hat noch einen Vorteil: Im Gegensatz zu Mieterträgen erhebt der Staat keinerlei Steuern (von der geringen Belastung mit Grundsteuern einmal abgesehen).

Kommen wir zu Immobilien als Vermietungsobjekten. In diesen Fällen ist die Wahl des richtigen Objekts entscheidend dafür, ob die Anlage sich zum Schluss als echter Inflationsschutz erweist, und hier lautet das Motto: Lage, Lage, Lage. Bei Immobilien auf dem Lande kann man nicht von einer Wertsteigerung ausgehen, im Gegenteil: Es gibt in ländlichen strukturschwachen Regionen sogar Leerstände. Es kann durchaus sechs bis zwölf Monate dauern, bis ein solches Haus einen Käufer oder Mieter findet, wenn überhaupt. Häuser in ländlichen Regionen kommen also vor allem für die Selbstnutzung infrage. Das wiederum ist aber nur dann eine Option, wenn der Käufer dauerhaft am gewählten Wohnort bleiben kann und auch bleiben möchte.

Gute Aussichten auf eine Wertsteigerung und auf solide Mieterträge haben Stadtwohnungen in zentraler Lage. Hier ist der Wiederverkauf in aller Regel kein Problem, obgleich natürlich auch solche Objekte an Wert verlieren können. Wer eine Immobilie kaufen will, sollte darauf achten, dass sie keinen Renovierungsstau aufweist, und wenn doch, dass die Kosten für die nötige Instandsetzung sich in einem entsprechend verringerten Kaufpreis widerspiegeln. Rechnen Sie außerdem damit, dass Sie die Mieten bei Wohnimmobilien nicht im Gleichklang mit den ansonsten steigenden Preisen anheben können. Der Inflationsschutz beruht vor allem auf dem bleibenden beziehungsweise nominal steigenden Wert der gekauften Immobilie. Dass dagegen die Mieten mit dem Anstieg der Verbraucherpreisindizes mithalten, ist nur in Stufen zu vollziehen, weil die Gesetze Mietsteigerungen nur zulassen, wenn das allgemeine Mietniveau gestiegen ist, und in jedem Fall begrenzt auf ein Intervall von 15 Monaten von Mieterhöhung zu Mieterhöhung. Die Mieterhöhung darf insgesamt nicht mehr als 20 Prozent innerhalb von drei Jahren betragen, in angespannten Regionen sind es nur noch 15 Prozent. Zieht die Inflation an und steigt das allgemeine Preisniveau schneller, läuft man mit den Mietanpassungen den Marktpreisen hinterher. In Berlin sah es seit Einführung des Mietendeckels ganz anders aus. Dort waren zuletzt die Mieten sogar gefallen, bis das Bundesverfassungsgericht das Gesetz im April 2021 kippte. Das war auch gut so, weil das Problem der Wohnungsnot damit nur größer wurde. Denn welcher Vermieter und welche Wohnungsbaugesellschaft hat schon Lust, Wohnimmobilien zu errichten, wenn die Regierung in dieser Weise in den Markt eingreift? Dennoch ist nicht auszuschließen, dass bei einem Regierungswechsel es auf Bundesebene eine derartige Regelung gibt, wo die Not zu groß wird.

Die Großstädte mit den größten Preissteigerungen wie eben Berlin, Hamburg, München und so weiter erscheinen zum Erwerb von Mietwohnungen zum Zwecke der Kapitalanlage aber auch aus noch ganz anderen Erwägungen nicht mehr als der ideale Standort. Die Mietrendite ist hier mittlerweile am geringsten, weil die Mieten – wie beschrieben – nicht mehr mit den Kaufpreisen mithalten. Besser sind mittlere Städte, die ebenfalls Zulauf haben, aber noch nicht unter so extremer Wohnungsnot leiden wie die vorgenannten. Ich bin hier kein Experte, aber Münster, Freiburg oder auch meine Heimatstadt Bremen erscheinen zumindest zentrumsnah attraktiver in Bezug auf das Verhältnis von Kaufpreis zu Mietzins.

Zu allen Inflationsschutz- und Renditeerwägungen kommt bei Mietobjekten noch folgende Überlegung hinzu: Der Aufwand, den die Verwaltung einer vermieteten Immobilie erfordert, ist nicht zu unterschätzen. Neben der Suche nach Mietern gehören auch die ständige Instandhaltung und die allgemeine Verwaltung zu den Aufgaben, die Sie als Vermieter erwarten und die Sie allenfalls gegen Geld an einen externen Dienstleister delegieren können.

Beachten sollten Sie bei einem Immobilienkauf außerdem die Nebenkosten. Üblich ist bei Wohnimmobilien eine Maklercourtage abhängig vom Bundesland zwischen 7,14 und 5,95 Prozent des Objektpreises zuzüglich 19 Prozent Mehrwertsteuer. Allerdings gilt seit dem 23.12.2020 die hälftige Teilung der Maklerprovision. Die Käufer werden seitdem entlastet, denn zukünftig muss der Verkäufer die Hälfte zahlen. Die Provisionen liegen also zwischen 3,57 und 2,98 Prozent, wobei sich mit der neuen Regelung auch die landesüblichen Provisionen noch ändern können. Auch der Staat greift Immobilienkäufern in die Tasche und verlangt – auch bei Wohnobjekten – beim Kauf die Grunderwerbssteuer. Diese liegt ebenfalls von Bundesland zu Bundesland unterschiedlich zwischen 3,5 und 5 Prozent.

Natürlich kann man auch Gewerbeimmobilien zwecks Geldanlage und Inflationsschutz erwerben, hier gibt es aber abhängig von der Konjunktur schon stärkere Preisschwankungen und schnell mal Leerstände zu verkraften.

Ich persönlich würde von Gewerbeimmobilien-Investments derzeit aber ohnehin Abstand nehmen. Selbst wenn die Corona-Pandemie ausgestanden ist, dürfte der Trend zum Homeoffice anhalten. Zwangsweise haben wir alle mittlerweile gelernt, mit den Konferenzsystemen Microsoft Teams, Zoom, GoTo et cetera zu arbeiten. Die Nachfrage nach neuem Büroraum könnte schwach bleiben. Neben Bürogebäuden sind natürlich auch Ladenlokale eine Möglichkeit, in Gewerbeimmobilien zu investieren. Doch hier sieht es schon länger nicht mehr sehr rosig aus. E-Commerce oder anders ausgedrückt Amazon setzt den Einzelhändlern in den Innenstädten zu. Corona hat das massiv beschleunigt und viele, die vorher noch nicht online eingekauft haben, wissen jetzt, wie komfortabel es ist, und werden nicht wieder mit jedem Einkauf in die Ladengeschäfte zurückkehren. Außerdem ist diese Form der Anlage ohnehin nur etwas für sehr potente Anleger, weil ein komplettes Gewerbeobjekt sehr schnell viele Millionen kostet. Es sei denn, man kauft Fondsanteile. Hier unterscheiden wir zwischen offenen und geschlossenen Immobilienfonds.

Offene Immobilienfonds

Wer selbst keine Immobilie kaufen möchte, kann in Anteile von Immobilienfonds investieren. Beginnen wir mit den offenen Immobilienfonds, denen ein Anleger jederzeit beitreten kann und deren Anteile er umgekehrt zumindest vor der Finanzkrise auch jederzeit gegen Auszahlung des Barwerts wieder an den Fondsanbieter zurückgeben konnte. In der Praxis funktionierte dieses Konzept allerdings infolge der Finanzkrise nicht mehr, denn die Fonds sahen sich nach der Lehman-Pleite mit massiven Mittelabflüssen konfrontiert. Anleger gaben ihre Anteile zurück, was die offenen Immobilienfonds in erhebliche Liquiditätsschwierigkeiten brachte. Ihnen blieb nichts anderes übrig, als die Mittel einzufrieren und bis auf Weiteres keine weiteren Fondsanteile von ausstiegswilligen Anlegern zurückzunehmen. Zwölf Immobilienfonds in Deutschland froren im Oktober 2008 ihre Gelder ein. Damit hatte zuvor niemand gerechnet.

Die Schließungen versetzten den offenen Immobilienfonds daher einen harten Schlag. Zuvor hatten sie sich extrem großer Beliebtheit erfreut. Der Preis war stabil und ging stetig leicht nach oben und es gab ordentliche Ausschüttungen deutlich über dem Zinsniveau. Im Grunde war dies aber immer schon Augenwischerei gewesen. Ging es mit der Wirtschaft abwärts, bewertete man die Immobilien im Fonds trotzdem nicht neu. Stattdessen wurden Tricks angewendet. So wurden Mieten nicht gesenkt, aber dafür bei fünf- bis zehnjährigen Mietverträgen am Anfang jahrelange miet- freie Zeiten eingeräumt. So blieb die Grundmiete gleich, obwohl sie real betrachtet natürlich viel geringer war. Es war immer klar, dass in dem Moment, wo sehr viele Anleger ihre Anteile würden zurück- geben wollen, die Fonds illiquide würden. Denn so etwas passiert natürlich in einer Wirtschaftskrise, und die Immobilien dann zu einem guten und dem bilanzierten Preis loszuschlagen, ist quasi unmöglich. Um solche Situationen in Zukunft zu vermeiden, hat der Gesetzgeber auch reagiert und eine Mindesthaltedauer von zwei Jahren und eine Haltefrist von einem Jahr vorgeschrieben. Damit handelt es sich im Grunde nicht mehr um offene Fonds. Offene Immobilienfonds bringen damit im Prinzip das gleiche Problem mit sich wie ein Direktinvestment in Immobilien: Die Gelder sind ge- bunden und ohne erhebliche Verluste lassen sich die Objekte von heute auf morgen nicht verkaufen.

Wer glaubte, damit würde diese Produktgruppe nur noch ein Schattendasein fristen, der irrte sich gewaltig. Seit 2015 fließen wieder jedes Jahr Milliarden in diese Fonds. Denn sie bringen noch Ausschüttungen von 3 Prozent, was im Nullzinsumfeld natürlich attraktiv ist. Die hohen Zuflüsse dürften das Fondsmanagement in ziemliche Not gebracht haben. Fließen einem Fonds viele Millionen zu, muss er geeignete Objekte für ein Investment finden. Gibt es diese nicht, muss er zu hohen Preisen kaufen, um Investitionsob- jekte zu bekommen. In Zeiten, in denen es noch 3 bis 5 Prozent Zinsen gab, war das noch nicht das Problem. Da konnte man das Geld parken und auf geeignete Objekte warten. Dem Fonds flossen immerhin Zinserträge zu, die den Anlegern zugutekamen. Heute müssen für die Barbestände Minuszinsen bezahlt werden, was einen Investitionsdruck auslöst.

Man wird sehen, wie sich nach Corona die Preise für Gewer- beimmobilien entwickeln. Denn die sind entscheidend für die Entwicklung der offenen Immobilienfonds, denn diese investieren in Gewerbeimmobilien. Allein deshalb würde ich sie meiden, aber auch weil sie vollkommen intransparent sind und eine Stabilität vorgaukeln, die es eigentlich nicht gibt.

Geschlossene Immobilienfonds

Neben den offenen Immobilienfonds gibt es auch noch die geschlossenen Immobilienfonds, die durch eine besondere Konstruktion das Problem der unberechenbaren Mittelzu- und -abflüsse nicht haben. Hier werden die Anlegergelder von vornherein in ein bestimmtes Objekt investiert, meist eine Gewerbeimmobilie, manchmal auch in mehrere, beispielsweise in Bürohäuser. Ist genug Geld eingesammelt worden, werden keine weiteren Investoren in den Kreis der Anteilseigner aufgenommen. Umgekehrt legen sich auch die Anleger fest. Sie können ihr Geld während der gesamten Laufzeit nicht aus dem Fonds herausziehen, sondern müssen es ihm meist auf mehrere Jahre – oft zehn Jahre und mehr – zur Verfügung stellen. In Sachen Ertragskraft und Inflationsschutz gilt hier aber Ähnliches wie bei offenen Immobilienfonds. Das Gros der Einnahmen wird durch Mieten und nicht durch den günstigen Kauf und teuren Wiederverkauf von Immobilien erzielt.

Problematisch ist oft die Rechtsform von geschlossenen Immobilienfonds. Nicht selten wird ein Anteilseigner hierbei zum Mitunternehmer, der manchmal nicht nur mit seiner Einlage haftet, sondern womöglich darüber hinaus auch noch eine Nachschusspflicht bei Verlusten oder Haftungsfällen hat.

Seit Jahrzehnten versenken deutsche Anleger Milliarden in viel zu teure geschlossene Immobilienfonds. Die größten Verluste sind nach der Wiedervereinigung mit all den vollkommen überteuerten Objekten in den neuen Bundesländern gemacht worden. Wegen der extrem starken steuerlichen Vorteile in Form von kurzen Abschreibungszeiten kauften die Anleger aus den alten Ländern Immobilien – was auch immer man ihnen anbot – für Preise, die oft mehr

als das Doppelte des eigentlichen Wertes betrugen. Diverse Miet-
garantien der Fondsinitiatoren erwiesen sich als nicht haltbar und
platzten. Nachdem die steuerliche Förderung für den Osten auslief,
brachen die Preise völlig zusammen. Seit geraumer Zeit sind die
steuerlichen Gestaltungsmöglichkeiten für geschlossene Immobilienfonds sehr eingeschränkt, wodurch dieses Geschäft erheblich
an Bedeutung verloren hat. Zum Glück, muss man sagen, denn
auch wenn es sicher ein paar seriöse Projekte gab, es überwogen
die Skandale. Zuletzt gab es wieder ein Objekt in Kanada, bei dem
deutsche Anleger wohl ihr Geld verloren. Es sollte eine Ferienanla-
ge entstehen. Eingeworben hatte die Anleger ein Franchisenehmer
des Immobilienmaklers Engel & Völkers, was sicher für Vertrauen
sorgte. Das Handelsblatt hatte umfangreich darüber berichtet.[23]

Doch selbst wenn Projekte nicht völlig platzen, grundsätzlich
gilt, dass bei geschlossenen Fondskonstruktionen die Kosten besonders hoch sind. Fondsinitiator, Treuhänder und Anwälte, Bauträger
und der Vertrieb, alle wollen mitverdienen. Es gab nicht selten Fälle, bei denen diese weichen Kosten bis zu 30 Prozent ausmachten.

Neben geschlossenen Immobilienfonds gibt es oder gab es auch
geschlossene Fonds, mit denen in Schiffe, Container, Filme, Wind-
kraftanlagen oder Flugzeugleasing investiert wurde. Ihnen allen
haften die gleichen Probleme an wie den geschlossenen Immobilienfonds, und die Liste der Skandale ist unendlich lang. Mein Rat
daher: Finger weg!

Inflationsgeschützte Anleihen –
realer Kapitalerhalt

Sachwertanlagen sind das Credo in inflationären Zeiten, um sich vor
der Geldentwertung zu schützen. Sie alle verbindet aber eben auch
ein Nachteil: Die Preise schwanken und es gibt keine Garantie, dass
man das investierte Kapital nominal betrachtet zurückbekommt. Es

gibt jedoch eine Ausnahme, wenn auch mit Einschränkungen: inflationsgeschützte Anleihen. Insofern muss ich meine Aussage, dass Geldwerte in jedem Fall zu meiden sind, etwas relativieren. Denn es gibt Anleihen, überwiegend sind es Staatsanleihen, die einen Inflationsschutz eingebaut haben. Hier gibt es den festgeschriebenen Zinssatz zuzüglich der jeweiligen Inflation. Natürlich bringen sie beim Kauf nicht sofort den Zins einer in der Laufzeit vergleichbaren normalen Staatsanleihe zuzüglich der Inflation. Das wäre zu schön. Erwartet der Markt eine gleichbleibende Inflation, dann rentieren sie auf gleichem Niveau wie eine normale Staatsanleihe mit gleicher Laufzeit. Liegt der Zins für zehnjährige Anleihen beispielsweise bei 0,5 Prozent und die Inflation bei 1,5 Prozent, dann werfen sie zur gleichen Zeit ebenfalls 0,5 Prozent über die Laufzeit ab. Der nominale Zins liegt dann eben bei −1 Prozent plus die Inflation von 1,5 Prozent. So ergibt sich somit ebenfalls eine Verzinsung von 0,5 Prozent. Steigt nun die Inflation zum Beispiel auf 3 Prozent, dann erhöhen sich dementsprechend die tatsächlichen Ausschüttungen um 1,5 Prozent. In diesem Fall wäre die Anlage in solchen Anleihen vorteilhaft gewesen. Denn die normale Anleihe würde ja über die gesamte Laufzeit 0,5 Prozent abwerfen, während in diesem Fall der Coupon steigt. Erwartet der Markt hingegen eine steigende Inflation, nehmen die inflationsgeschützten Anleihen dies sogar vorweg und bieten weniger Zins als normale Staatsanleihen.

Inflationsgeschützte Anleihen nehmen insofern die Erwartung des Marktes schon vorweg. Verzinsen sich übliche zehnjährige Staatsanleihen mit 0,5 Prozent und erwartet der Markt eine Inflation von 2,5 Prozent, dann notieren diese Anleihen bei minus 2,0 Prozent, obwohl die tatsächliche Inflation aktuell vielleicht sogar geringer ist. Der Kauf solcher Anleihen macht daher nur dann einigermaßen Sinn, wenn der Markt keinen Inflationsanstieg oder sogar eine fallende Inflation erwartet. Kauft man dann, hat man schnell Renditevorteile, wenn der Markt sich irrt und die Inflation plötzlich stärker anspringt. »TIPS« *(Treasury Inflation-Protected Securities)* heißen diese Anleihen in den USA, in Deutschland heißen sie einfach »inflationsindexierte Bundesanleihen« oder »Bundesobligationen«. Die Laufzeiten gehen von 10 bis 30 Jahren.

Der Anleger muss zudem darauf achten, dass sich der Inflationsschutz auch auf den Nominalwert bezieht und nicht nur auf die Höhe des Zinscoupons. Angenommen, ein Papier verspricht einen sicheren Zinscoupon von 1 Prozent über dem Verbraucherpreisindex. Dann richten sich die jährlichen, vergleichsweise geringen Zinsausschüttungen zwar stets nach der aktuellen Inflationsrate. Bei Fälligkeit wird aber dennoch nur der Nominalbetrag zurückgezahlt und dieser kann zwischenzeitlich erheblich an Kaufkraft verloren haben. Die Coupons abzüglich des Zinsaufschlags von 1 Prozent auf die Inflationsrate müssen daher angespart werden, damit man am Laufzeitende zusammen mit dem zurückgezahlten Nominalbetrag real noch den gleichen Wert hat. Das Problem dabei ist natürlich, dass die ausgeschütteten Gelder dann auch wieder der Inflation unterliegen und wieder neu abgesichert werden müssten. Besser sind deshalb die Konstruktionen, die bei Fälligkeit einen Betrag zurückzahlen, der über die Laufzeit um die Inflationsrate gewachsen ist.

Außerdem macht die Abgeltungssteuer ein Viertel der vermeintlichen »Gewinne« wieder zunichte. Ein voller Inflationsausgleich ist daher nicht möglich im Gegensatz zu Aktien, Immobilien oder Edelmetallen.

Ich will offen sein: Ein großer Fan dieser Papiere bin ich nicht, vor allem derzeit im Frühjahr 2021 nicht, da schon sehr viel Inflationserwartung in diesen Anleihen eingepreist ist.

Sehr sicherheitsbewusste Anleger, die nicht ihr gesamtes Vermögen auf Aktien, Immobilien und Edelmetalle aufteilen wollen, können diese inflationsgeschützten Anleihen aber beimischen. Einzelne Anleihen müssen gar nicht gekauft werden. Auch hier gibt es mittlerweile ETFs, mit denen sich ein solches Investment darstellen lässt. Auch innovative Formen gibt es. So hat Tabula einen ETF emittiert, der einen Mix aus der Inflationserwartung und der tatsächlichen Inflation abbildet.[24]

Bitcoin und andere Kryptowährungen

Wenn man heute ein Buch zum Thema Inflation und Sachwerte schreibt, dann können der Bitcoin und Kryptowährungen nicht fehlen. Gehört haben Sie sicher schon davon, aber wissen Sie auch genau, worum es geht? Ich versuche es zu erklären: Kryptowährungen sind infolge des Vertrauensverlustes in unser Bankensystem auf dem Höhepunkt der Finanzkrise entstanden. Hierbei handelt es sich um digitale Währungen, die nicht von Zentralbanken herausgegeben werden, sondern zumeist in einem dezentralen Netzwerk entstehen. Der entscheidende Unterschied zu unserem Geld- und Bankensystem ist die Dezentralität. Während unser Finanzsystem mit den Notenbanken im Zentrum und den Privatbanken um sie herum als Brücke zu uns Privatleuten und den Unternehmen zentral organisiert ist, gibt es beim Bitcoin keine »Zentrale«, sondern ganz viele Server, die an das Bitcoin-Netzwerk angeschlossen sind und die parallel jede Transaktion abspeichern. Das macht den Bitcoin quasi zu 100 Prozent fälschungssicher, da eine Manipulation gleichzeitig auf allen angeschlossenen Computern vorgenommen werden müsste. Ein unmögliches Unterfangen. Abgespeichert wird auf der Blockchain. Sie ist im Grunde so etwas wie ein Kassenbuch, in dem alle Transaktionen eingetragen werden, die mit Hilfe von Kryptografie, also einer Art Geheimsprache, die aus Codes von Zahlen und Buchstaben mit einer festen Länge besteht, verschlüsselt werden. Bei der Mutter aller Kryptowährungen, dem Bitcoin, entstehen neue Bitcoins nach einem Algorithmus, bei dem Differenzialgleichungen gelöst werden müssen. Die an das Bitcoin-System angeschlossenen Computer – beziehungsweise Serverfarmen, wie man heutzutage sagen muss – rechnen um die Wette, um diese Gleichungen zu lösen: Wer sie als Erster gelöst hat, bekommt einen neuen Bitcoin. Eine Eigenart dieser Differenzialgleichungen ist, dass die jeweils nächste immer ein wenig schwerer ist als die vorherige, so dass mittlerweile unglaubliche Rechenkapazitäten notwendig sind, um die Aufgaben zu lösen. Es ist ja viel über den enormen Stromverbrauch des Bitcoin-Schürfens, auch »Mining« genannt, berichtet worden. Er soll so hoch liegen wie der Stromverbrauch eines Landes wie Argentinien.[25] Maximal 21 Millionen Bitcoins wird es geben. Dann ist Schluss. Das ist der Punkt, der ihn in einer Welt der ständigen Geldvermehrung attraktiv macht als Wertaufbewahrungsmittel ähnlich dem Gold, dessen Menge auch begrenzt ist. Der Bitcoin und auch andere populäre Kryptowährungen sind somit zu einer Art weiterer Asset-Klasse geworden.

Immer wieder wurde auch darüber spekuliert, ob der Bitcoin auch als Zahlungsmittel unsere bisherigen Währungen ablösen könnte. Das aber wird nicht der Fall sein. Da lege ich mich fest. Die Ankündigung von PayPal, den Bitcoin zukünftig als Zahlungsmittel zu akzeptieren, ändert daran nichts, im Gegenteil, sie stützt meine These. Denn die Meldung signalisiert eigentlich das Gegenteil. Denn wenn PayPal nun den Bitcoin akzeptiert, dann liegt es ja nahe, dass man zwar sein PayPal-Konto mit Bitcoin bestücken kann, Zahlungstransaktionen aber über den Service von PayPal abwickelt. Der Bitcoin eignet sich als Zahlungsmittel auch schon deswegen nicht, weil Transaktionen viel zu lange dauern und im dezentralen Peer-to-Peer-System ja auf jedem Rechner, der angeschlossen ist, jede einzelne Transaktion verbucht werden muss. Das allein löst schon einen Stromverbrauch aus, der unter dem Gesichtspunkt des CO_2-Fußabdrucks kaum gesellschaftliche Akzeptanz finden würde. Auch würden die Notenbanken und Regierungen dies ganz sicher nicht zulassen. Sie bestimmen in ihrem jeweiligen Land oder der Währungszone, für die sie zuständig sind, das gesetzliche Zahlungsmittel. Das hat sich schon mit der Ankündigung von Facebook gezeigt, eine Kryptowährung namens »Libra« zu erschaffen. Auch die vorhandenen Kryptowährungen neben dem Bitcoin werden diese Rolle nicht übernehmen, dafür schwanken sie viel zu stark gegenüber den üblichen Währungen. Es ist alles viel zu unkalkulierbar. Wenn es irgendwann digitale Münzen gibt, dann werden sie ein Äquivalent des jeweiligen gesetzlichen Zahlungsmittels eines Landes sein und von den Notenbanken herausgegeben werden. Daran wird ja auch schon gearbeitet.

Wertaufbewahrungsmittel aber könnten die Kryptowährungen zukünftig bleiben, so meinen jedenfalls die Bitcoin-Fans wie beispielsweise der Hedgefondsmanager Ray Dalio. Warren Buffett und sein Partner Charlie Munger hingegen sind ganz anderer Meinung. Sie denken, die Kryptowährungen werden irgendwann zusammenbrechen, wenn es keinen noch Dümmeren gibt, der einen noch höheren Preis bezahlt.

Gold wie auch Bitcoin haben keinen inneren Wert. Es gibt keine Rendite, die diese Anlageklassen erwirtschaften, so dass sich über eine Dividendenrendite oder einen Zins ein Wert berechnen ließe. Der Preis ist ein rein ideeller. Einzig und allein die Explorationskosten haben einen Einfluss auf das zukünftige Angebot. Sinkt der Preis darunter, wird weniger Gold geschürft und demgemäß auch weniger Bitcoins. Beim Bitcoin ist der Strompreis der entscheidende Faktor. Gold aber hat natürlich die längere Tradition. Deshalb tue ich mich schwer, Bitcoin als weitere Anlage neben Aktien, Immobilien und Gold zu empfehlen. Dafür sind die Schwankungen auch einfach zu groß. Der Bitcoin erreichte zum Jahreswechsel 2017/2018 20.000 US-Dollar. Dann ging es runter auf gut 3000 und zuletzt erreichte er sogar 60.000 US-Dollar. Tagesschwankungen von 10 Prozent sind keine Seltenheit. Dafür muss man die Nerven haben. Dennoch, wer es wagen will, der kann bei etablierten Kryptobörsen wie Kraken oder Coinbase eine Wallet eröffnen. So heißt das in der Welt der Blockchain. Es gibt mittlerweile aber auch Zertifikate, die den Bitcoinpreis und andere bekannte Kryptowährungen nachbilden. Dann braucht man gar kein neues Konto, um hier teilzunehmen.

Konzentrieren würde ich mich aber auf alle Fälle auf die etablierten Kryptowährungen. Neben dem Bitcoin zählt sicher Ethereum dazu. Denn viele der mittlerweile Hunderte von Kryptowährungen dürften sich nicht etablieren und irgendwann wertlos werden. Womöglich bleiben am Ende nur wenige übrig.

Fazit:

Wer einer Inflation entkommen will, braucht Sachwerte. Wie viel wovon, das hängt von der Risikoneigung des Einzelnen ab. So oder so werden gewisse Risiken in Bezug auf die vorübergehende Wertstabilität akzeptiert werden müssen. Die risikolose Anlage mit realen Erträgen, die gibt es nicht mehr und wird es absehbar noch sehr lange nicht geben. Wer dies bereit ist zu akzeptieren und in einem seiner Risikobereitschaft entsprechenden Verhältnis sein Vermögen auf Aktien und/oder Aktien- und Mischfonds, Gold und andere Edelmetalle sowie Immobilien aufteilt, der braucht sich vor der Inflation nicht zu fürchten. Er dürfte am Ende sogar davon profitieren.

ANMERKUNGEN

1   Dr. Hendrik Leber studierte Betriebswirtschaft in Saarbrücken, St. Gallen (Schweiz), Syracuse und Berkeley (USA). Bevor er im Jahre 1994 die ACATIS Investment Kapitalverwaltungsgesellschaft GmbH gründete, war er 1989 bis 1994 für das Bankhaus Metzler und 1984 bis 1989 für die Unternehmensberatung McKinsey tätig. Dr. Leber ist Sprecher der Geschäftsführung und Portfoliomanager von ACATIS.

2   Deutscher Bundestag (2013): »Unterrichtung durch die Bundesregierung: Bericht zur Risikoanalyse im Bevölkerungsschutz 2012«, Deutscher Bundestag, 17. Wahlperiode, Drucksache 17/12051, 03.01.2013, Seite 5–6, https://www.bbk.bund.de/SharedDocs/Downloads/BBK/DE/Downloads/Krisenmanagement/BT-Bericht_Risikoanalyse_im_BevSch_2012.pdf?__blob=publicationFile.

3   Deutsche Bundesbank (2021): »Geldvermögen privater Haushalte gestiegen«, Deutsche Bundesbank, 15. Januar 2021, https://www.bundesbank.de/de/aufgaben/themen/geldvermoegen-privater-haushalte-gestiegen-822120.

4   *Handelsblatt* (2021): »Lieferengpässe aus Fernost bringen Reedereien schwere Kritik«, Christoph Schlautmann, Handelsblatt, 19. Januar 2021, https://www.handelsblatt.com/unternehmen/dienstleister/ueberbordende-frachtraten-lieferengpaesse-aus-fernost-bringen-reedereien-schwere-kritik/26831918.html?ticket=ST-2680494-75ePekefL1qYKMyi2aYfap2.

5   Goodhart, Charles & Pradhan, Manoj (2020): *The Great Demographic Reversal: Ageing Societies, Waning Inequality, and an Inflation Revival*, London: Palgrave Macmillan.

6   Goodhart, Charles & Pradhan, Manoj (2020): *The Great Demographic Reversal: Ageing Societies, Waning Inequality, and an Inflation Revival*, London: Palgrave Macmillan.

7   Deutsche Bundesbank (2021): »Pressenotiz – Private Haushalte«, Deutsche Bundesbank, 15. Januar 2021, https://www.bundesbank.de/resource/blob/801988/f84f9dda4e2cb-119260433895ce79478/mL/2021-01-15-geldvermoegen-anlage-data.pdf.

8   *Der Spiegel* 08/2009: »Die Schamlosen. Innenansichten einer unbelehrbaren Zunft«, 16.02.2009.

9   Crowther, Samuel (1929): »Everybody Ought to Be Rich: An Interview with John J. Raskob«, *Ladies' Home Journal*, August 1929.

10 Galbraith, John Kenneth (2008): *Der große Crash 1929*, München: FinanzBuch Verlag, 4. Auflage, S. 39.

11 *The New York Times* (1929): »FISHER SEES STOCKS PERMANENTLY HIGH; Yale Economist Tells Purchasing Agents Increased Earnings Justify Rise. SAYS TRUSTS AID SALES Finds Special Knowledge, Applied to Diversify Holdings, Shifts Risks for Clients.«, *The New York Times*, 16.10.1929, S. 8.

[12] Lawrence, Joseph Stagg (1929): *Wall Street and Washington*, Princeton, S. 179; zitiert nach: Galbraith, John Kenneth (2008): *Der große Crash 1929*, München: FinanzBuch Verlag, 4. Auflage, S.107.

[13] CPI Inflation Calculator (o. J.): »Value of $38 from 1971 to 1986«, Ian Webster, CPI Inflation Calculator, https://www.in2013dollars.com/us/inflation/1971?endYear=1986&amount=38.

[14] Ederer, Günter (1991): *Das leise Lächeln des Siegers: Was wir von Japan lernen können*, Düsseldorf: Econ.

[15] Jung, Alexander (2009): »Nationales Trauma«, *Der Spiegel Geschichte* 4/2009, »Geld!«, 27.07.2009, https://www.spiegel.de/geschichte/nationales-trauma-a-6859678f-0002-0001-0000-000066214356?context=issue.

[16] Friedman, Milton (1970): »The Counter-Revolution in Monetary Theory«, London: Institute of Economic Affairs, Wincott Memorial Lecture, IEA Occasional Paper, no. 33, https://miltonfriedman.hoover.org/internal/media/dispatcher/214480/full.

[17] *Financial Times*, Yahoo! Finance.

[18] Finanzen.net (2015): »Warren Buffett: Darum hasst der Starinvestor Gold«, Finanzen.net, 16. November 2015, https://www.finanzen.net/nachricht/rohstoffe/34-faules-edelmetall-34-warren-buffett-darum-hasst-der-starinvestor-gold-4610929.

[19] World Gold Council.

[20] Siehe zum Beispiel: Brandt, Mathias (2021): »Goldnachfrage fällt um 14%«, *statista*, 28.01.2021, https://de.statista.com/infografik/24047/weltweite-goldnachfrage/.

[21] Deutsche Bundesbank.

[22] Deutsche Bundesbank.

[23] Frohn, Philipp (2021): »Totalverlust statt Megarendite: Millionenschwerer Anlegerskandal belastet Maklerfirma Engel & Völkers«, *Handelsblatt* online, 09.02.2021, https://www.handelsblatt.com/finanzen/immobilien/flop-investments-in-kanada-totalverlust-statt-megarendite-millionenschwerer-anlegerskandal-belastet-maklerfirma-engel-und-voelkers/26894234.html?ticket=ST-3315287-17A5T6qRZcdTJAyePfOu-ap4.

Frohn, Philipp (2021): »Flop-Investments in Kanada: Landgericht Hamburg schlägt Vergleich mit Engel & Völkers Resorts GmbH vor«, *Handelsblatt* online, 26.02.2021, https://www.handelsblatt.com/inside/real_estate/forest-lakes-country-club-flop-investments-in-kanada-landgericht-hamburg-schlaegt-vergleich-mit-engel-und-voelkers-resorts-gmbh-vor/26948668.html.

[24] Tabula US Enhanced Inflation ETF.

[25] *Futurezone* (2021): »Bitcoin hat höheren Stromverbrauch als ganz Argentinien«, *Futurezone*, 20.02.2021, https://futurezone.at/digital-life/bitcoin-hat-hoeheren-stromverbrauch-als-ganz-argentinien/401194973.

ÜBER DEN AUTOR

Stefan Riße ist seit 2018 Kapitalmarktstratege bei Acatis Investment, einem der größten unabhängigen Fondsanbieter in Deutschland. Seit seinem 16. Lebensjahr beschäftigt er sich intensiv mit den internationalen Finanzmärkten. Bereits im Alter von 17 Jahren lernte er den im September 1999 verstorbenen Börsenaltmeister André Kostolany kennen, mit dem ihn bis zu dessen Tod eine enge Freundschaft verband. Bekannt wurde Stefan Riße aber vor allem wegen seiner Berichte für N-TV, die von 2001 bis 2005 live vom Frankfurter Börsenparkett gesendet wurden. Auch heute ist er dort regelmäßiger Interviewpartner.

Die größte Chance aller Zeiten

Marc Friedrich

Wirtschaft, Politik, Arbeit, Gesellschaft. Nichts wird so bleiben, wie es ist oder kürzlich noch war. Wir stehen vor großen Verwerfungen und dem größten Vermögenstransfer in der Geschichte der Menschheit. Die Corona-Pandemie ist nicht der Grund der jetzigen Krise, sondern lediglich ein Brandbeschleuniger. Die wahren Ursachen liegen viel tiefer. Wir befinden uns in einem Zyklenwechsel.

Der fünffache Spiegel-Bestsellerautor Marc Friedrich zeigt Ihnen mit seinem neuesten und wichtigsten Buch, wie Sie für sich und wir als Menschheit die Krise als einmalige Chance nutzen können. Gekonnt kontrovers, realistisch und verständlich wirft er einen Blick auf die Welt und die bevorstehenden Umwälzungen und zeigt auf, wie Sie sich mental und finanziell darauf vorbereiten können.

384 Seiten | Hardcover | 20,00 € (D) | 22,70 € (A) | ISBN 978-3-95972-457-9

Die neue große Depression

James Rickards

Die aktuelle Krise ist nicht wie die Finanzkrise 2008 oder die Weltwirtschaftskrise 1929. Die
neue Depression, die aus der COVID-Pandemie entstanden ist, ist die schlimmste Krise in der
Geschichte der Weltwirtschaft. Die Welt erleidet zurzeit die größte Pandemie seit 1918 und
den größten wirtschaftlichen Kollaps seit 1929 – und das zur gleichen Zeit! Deflation, Verschuldung und Demografie werden jede Chance auf eine Erholung zunichtemachen, soziale Unruhen drohen. Das noch andauernde Kursfeuerwerk an den Börsen ist eine Illusion. Das
Schlimmste steht noch bevor.

Bestsellerautor James Rickards blickt erneut hinter die Kulissen, um die wahren Risiken für
unser Finanzsystem zu enthüllen und aufzuzeigen, was kluge Anleger tun können, um diese
Zeit der unvergleichlichen Turbulenzen zu überleben – und sogar zu gedeihen. Pflichtlektü-
re für alle Fans und für Investoren in aller Welt.

256 Seiten | Hardcover | 24,99 € (D) | 25,70 € (A) | ISBN 978-3-95972-420-3

Die Wirecard-Story

Volker ter Haseborg; Melanie Bergermann

Der Fall Wirecard ist der wohl spektakulärste Betrugsfall der deutschen Wirtschaftsgeschichte. 1,9 Milliarden Euro – der Unternehmensgewinn aus mehr als fünf Jahren – sind nicht da. 20 Milliarden Euro Börsenwert – vernichtet. Der ehemalige Konzernchef Markus Braun kam in Untersuchungshaft, Ex-Vorstand Jan Marsalek gelang eine filmreife Flucht. Wirecards Geschichte – sie war zu schön, um wahr zu sein. Von Anfang an. Aufseher, Ermittler und Wirtschaftsprüfer sind blamiert, doch nicht nur das: Der Fall Wirecard ist eine Niederlage für den Wirtschaftsstandort Deutschland.

Wie konnte das passieren? Dieser Frage gehen Melanie Bergermann und Volker ter Haseborg nach. Die Reporter der WirtschaftsWoche sind seit Jahren kritische Begleiter von Wirecard. Jetzt dokumentieren sie die facettenreiche Geschichte des Unternehmens. Für ihre Recherchen im Fall Wirecard wurden sie 2020 mit dem Deutschen Journalistenpreis ausgezeichnet.

272 Seiten | Hardcover | 19,99 € (D) | 20,60 € (A) | ISBN 978-3-95972-415-9

Das Märchen vom reichen Land

Daniel Stelter

Wir leben in Deutschland in der scheinbar besten aller Welten, doch schon bald werden wir feststellen, dass wir nicht das reiche Land sind, das uns Medien.und Politik glauben machen wollen. Denn der Boom der hiesigen Wirtschaft ist nicht unser Verdienst, sondern in erster Linie eine Folge der tiefen Zinsen, des schwachen Euro und des Verschuldungsexzesses im Rest der Welt. Um unseren Wohlstand zu sichern, müssten die regierenden Politiker den aktuellen Aufschwung nutzen, um in Infrastruktur, Bildung und Digitalisierung und somit in die Zukunft des Landes zu investieren. Doch stattdessen werfen sie das Geld für höhere Renten und Sozialausgaben zum Fenster raus.

Daniel Stelter zeigt: Wenn wir weitermachen wie bisher, wird nicht nur unsere Wirtschaftskraft in den kommenden Jahren rapide sinken, sondern nachfolgende Generationen werden die finanziellen Lasten, die uns heutige Politiker aufbürden, nicht stemmen können. Es droht der volkswirtschaftliche Kollaps. Doch der Bestsellerautor zeigt auch konkrete Wege auf, wie wir dem Albtraumszenario entgehen können.

256 Seiten | Hardcover | 19,99 € (D) | 20,60 € (A) | ISBN 978-3-95972-153-0